华夏文明史诗

星球研究所 著

HI I'M
CHINA

这里是中国3

中信出版集团 | 北京

图书在版编目（CIP）数据

这里是中国．3 / 星球研究所著．-- 北京：中信出版社，2024.9（2025.9重印）
ISBN 978-7-5217-5108-6

Ⅰ．①这… Ⅱ．①星… Ⅲ．①地理－中国－普及读物 Ⅳ．①K92-49

中国版本图书馆 CIP 数据核字（2022）第 250950 号

这里是中国 3

著　　者：星球研究所
出版发行：中信出版集团股份有限公司
（北京市朝阳区东三环北路27号嘉铭中心　邮编　100020）
承 印 者：北京尚唐印刷包装有限公司

开　　本：887mm×1192mm　1/16　　印　　张：33.75　　字　　数：395千字
版　　次：2024年9月第1版　　印　　次：2025年9月第3次印刷

审 图 号：GS京（2024）0787号
书　　号：ISBN 978-7-5217-5108-6
定　　价：198.00元

我们创造了文明
文明定义了我们

目录

4 创造，沧海遗珍

3 互动，融合交流

— 特别鸣谢 —

为本书提供影像作品的
全体机构和摄影师！

1 起源，满天星斗

2 生长，众城崛起

推荐序一

黎明：中国文明的起源

《这里是中国 3》是一部有关中国文明起源、生长、融合与创造的论述。何谓中国文明的起源？

中国文明起源是一个重大的学术问题。何为文明，有多种定义。但是从经典作家到现代考古学家，一个根本的共识是，文明是指文化发展到某个高级阶段的产物，具体而言，就是指出现了阶级和国家。按照司马迁《史记》的记载，中国第一个王朝是夏，距今 4100 年到 3700 年前后。但是，从考古上看，出现阶级分化，出现国家文明的时间，要比夏王朝早一千年左右。

1958 年，美国人类学家克拉克洪提出以城市、文字和礼仪建筑作为判断文明的标准。1968 年，英国考古学家格林 · 丹尼尔对此加以补充，提出更加具体的文明标准：1. 要有城市，且城市的人口在 5000 人以上；2. 要有文字，因为没有文字，人类的思想就没办法保存和传播；3. 要有大型的礼仪建筑，比如埃及的金字塔。后来，又有学者加入了冶金术。

不管如何，按照这个标准，殷墟遗址无疑是文明的体现，因为它完美地具备了所有的文明要素。所以长期以来，殷墟代表的商代晚期已经进入文明时代，是没有任何争议的，以殷墟为代表的商文明因此也被认为是考古上可以认定的中国文明的源头。

1959 年，考古学家在河南偃师发现了二里头遗址，大约距今 3800—3500 年。经过长期讨论，多数考古学家认为以二里头为代表的考古遗存，是夏代晚期的都城遗址。二里头有大型的宫殿建筑，有围绕宫殿建筑的宫城，有大型网格状道路和围墙，显示已有严格的城市规划和布局；有王室控制的青铜器作坊、绿松石器作坊，还有规模虽然不大，但是随葬品丰富的墓葬，有鼎、斝、盉、爵等青铜礼器，所以二里头是一个伟大的文明，而且就是商文明的前身。所以，尽管二里头还没有发现甲骨文那样的文字，但也被学术界认定是一个早期国家，是中国文明的开始。但是，二里头文明是否就是中国文明的开端呢？

其实不然。抛开文献，从考古上看，社会出现明显的分化，是在距今 5800 年以来，尤其是距今 5300 年前后。在这个时间段，长江流域、黄河流域和西辽河流域等地区，都出现了社会分化的明确迹象。比如，大型城址开始出现，聚落产生了明确的等级分化，大的超过了 100 万平方米，甚至更大，小的只有几万，甚至数千平方米；墓葬也出现了分化，大墓出土数以百计的玉器、陶器，小墓一无所有；甚至可能也出现了由高等级贵族控制的手工业。长江中下游的凌家滩文化、良渚文化，黄河流域的仰韶文化中晚期、大汶口文化中晚期，西辽河流域的红山文化晚期，都出现了明显的社会分化。以良渚为代表的考古遗存，年代在距今 5300—4300 年，具有超过 300

III

万平方米的用土石筑成的城市，有建造在人工土台之上的大型建筑和大型墓葬，有高等级贵族控制的玉器加工业，有发达的、种类繁多的玉器，有数量众多、大小不一的大型水利工程，还可能具有比较一致的宗教信仰，所以把良渚文化称为文明或最初的国家，作为中国文明的一个源头，是没有问题的。

距今 4300 年以来，长江流域的早期文明先后衰落，黄河流域文明崛起。河南、山东、陕西、山西、河北、内蒙古东南部都出现了很多黄土夯筑或石头垒筑的大型城址，著名者如山西襄汾陶寺、陕西神木石峁，前者近 300 万平方米，后者达 400 万平方米。陶寺已发掘了 1000 多座墓葬，墓葬可分为四个等级，站在塔尖上的少数几座大墓规模较大，有木棺，随葬玉器、漆木器、彩绘陶器、猪头、猪下颌骨等，数量惊人；多数小墓一无所有，显示出社会的高度分化。最高等级的贵族或国王，居住在宫城环绕的大型宫殿建筑里，也可能拥有专门化的手工业作坊。在临汾盆地，聚落分为四个等级，陶寺高居在聚落群的顶端，显然陶寺是一个范围不小的地区性国家，是中国文明的重要源头。石峁遗址，有由石块堆筑的巨大外城、内城和最高等级贵族居住的“皇城台”（也就是宫城）所构成。该地已经发现了高大的宫城、广场、道路、墓葬、大型礼仪建筑和大型门址等，也发现了数以百计的玉器，刻画着人物、动物及兽面纹的大型石雕，石雕跟商周时代的各种纹饰显然存在继承关系。还发现了殉人和众多的人祭现象，仅外城东门址就发现了数个人头坑，埋葬 100 多个青年女性的头骨。虽然还没有发现与城址相匹配的王墓，但无疑也可以把石峁认定为一个早期国家，显然它也是中国文明的源头之一。

在龙山时代城墙林立的基础上，产生了夏商周文明，以中原为中心的历史趋势终于形成，中国文明的古典时代于焉产生。

我们对中国文明起源的认识，与 20 世纪 80 年代以前显然是不一样的。那个时候，中国文明的起源最多追溯到二里头时代，也就是文献上所说的夏代。在传统史观中，中国文明的起源是一元的，就是从黄河中游甚至中原地区产生的。如果把二里头作为中国文明的源头，这种说法也不能算错。

但是，在二里头之前，中国的文明化进程已经进行了一两千年。就考古材料看，从距今 5800 年前后开始，包括黄河、长江和西辽河在内的中国广大地区的区域文化，已经开始了频繁的互动和交流，变成你中有我，我中有你，文化的趋同性越来越明显。同时，社会也越来越分化，越分层，终于在距今 5000 年前后，出现了区域性的早期国家。这些不见于文献记载的国家，范围大小不一，延续时间有短有长，可谓此消彼长，此起彼伏，都对中国文明的形成做出了贡献。

在距今 3800 年前后，以二里头为中心的考古学文化异军突起，成为中国乃至东亚地区最耀眼的一颗明星，从此开启了夏商周古典文明的宏阔进程。与此同时，中原地区之外的其他地区，也在发展着，变化着。比如三星堆文明，既接受了中原地区的青铜文明，又与包括中原在内的周邻地区进行着频繁的交流和互动，并最终汇入中国古代文明的洪流。

在这个宏阔的文明起源和发展过程中，中国各区域文明跟域外文明也在进行着各种各样的交流和互动。比如，从西亚地区传入的小麦、大麦、青铜技术、黄牛和绵羊，以及稍后传入的马和马车等，陆续成为中国文明的重要组成部分，甚至也可以说形塑了中国古代文明。中国文明生生不息，绵延至今，跟中国各区域文明的密切联系及各区域文明同域外文明的长期交流、互动，是密不可分的。

《这里是中国 3》这本书正讲述了中国文明从起源，到生长、互动交流，再到中国人生生不息的创造历程。作者团队下了很多功夫，除了对中华文明发展历程进行了精彩讲述，还附上诸多摄影图片，增加了图书的美感，尤其是数十张想象复原图，给读者带来很大的想象空间，值得称赞！

是为序。

中国社会科学院学部委员
考古研究所所长
陈星灿

2024 年 8 月 2 日

推荐序二

这个文明未曾中断

5800 年前，文明曙光在中华大地上出现。

距今 5500 年到 3500 年，在今浙江余杭良渚、山西襄汾陶寺、陕西神木石峁、河南偃师二里头这四处形成都邑，在黄河流域、长江流域、辽河流域形成其他中心性聚邑。距今 5100 年到 4300 年，一些社会发展较快的地区相继出现了早期国家，跨入了文明阶段。

距今 4300 年至 4100 年，长江中下游的区域文明相对衰落，中原地区持续崛起，在汇聚吸收各地先进文化因素的基础上，政治、经济、文化持续发展，为进入王朝文明奠定了基础。距今 3800 年前后，在河南偃师二里头形成同时期全国范围内规模最大的都邑，在中原各地形成不少人口集中的聚邑。

这些都邑和聚邑，被称为“国”（國）。这样的国当时已经有很多，所以有了“万国”的说法。商朝的统治范围和影响所及比夏朝更大，国的数量应该更多。随着国家形态的形成和强化以及行政中心功能的完善，商王的驻地由不断迁移转变为长期稳定，商朝成为当时最大、最重要的国，其地位与重要性已远在其他任何国之上，因而被称为“中国”。到了周朝，其首都——原来的宗周和新建的成周——就是中国。

进入春秋时代，周天子“天下共主”的地位名存实亡。强大的诸侯相互争夺兼并，春秋时有名有氏的国还有一千多个，战国时已经只剩下秦、楚、齐、燕、韩、赵、魏七国和几个无足轻重的附庸小国。“中国”早已不是周天子的专属，诸侯国，特别是地处中原的诸侯国，都已将自己的都城或自己统治的国当作中国。公元前 221 年秦灭六国，实现统一，首都咸阳当然稳居中国的地位，而六国的首都和疆域也都成了秦的统治范围，“中国”概念得以延续，整个秦朝的统治区都成了中国。

此后建立的中原王朝，自汉、晋、隋、唐，到宋、元、明、清，无不以中国自称，无不以中国为本朝国号的代名词。

1912 年中华民国成立，在多数场合即称中国。从此，“中国”成为我们国家的正式名称，其空间范围覆盖我国的全部领土。中华人民共和国成立后，“中国”作为国号和国名的概念与含义延续至今。

五六千年前散居各地的部落，在生存的过程中逐渐结成部落联盟，以迁移的方式规避天灾人祸。经过在夏朝数百年的聚居，形成了部族集合体——夏人。由于他们并没有完全融合为一个种族，因而被称为诸夏。

商人来自诸夏聚居区之外，他们尽管在军事上征服了夏人，但始终无法改变诸夏在人口数量上和文化上的优势。商朝人口的主体仍以夏人自居。周人虽是灭商的主力，但直到周朝建立，周人在总人口中还居少数。周朝分封的范围几乎都是诸夏的聚居区，因而除了周人在关中的旧地，占人口大部分的诸侯国的民众仍以夏、诸夏自居。

华，本义是花，引申为美丽、典雅、高尚，由赞扬夏人服饰之“华”扩展为形容夏人之“华”，如今日之称“美丽中国”。诸夏、夏人乐意接受，并逐渐以此自称为“华夏”。以后，华夏亦被简称为“夏”或“华”。

到东周时，随着华夏人口的增加和农业区的扩展，一部分非华夏部族由牧业、狩猎或采集转化为农耕，并与华夏融合，一部分迁往北方。到秦朝时，长城之内的黄河流域，基本上已没有聚居的非华夏部族。

先秦以降，就不断有华夏人口迁入边疆各地。到了近代，成百上千万的内地移民闯关东、走西口、渡台湾、迁新疆，开发和巩固了祖国的边疆，也不断与少数民族融合。在两汉之际至宋元之际，一次次大规模的人口南迁使华夏人口遍布南方各地。在这一过程中，南方的三苗、百越、巴、氐、蛮、滇、僰（bó）、爨（cuàn）、僚、俚、僮等，大部分逐渐融入华夏。

历代王朝的疆域内，一直在大量吸收境外或周边区域的非华夏移民。匈奴、东瓯、闽越、南越、乌桓、鲜卑、西域诸族、昭武九姓、突厥、粟特、吐谷（yù）浑、吐蕃、党项、高丽、新罗、百济、契丹、奚、女真、蒙古、满等先后迁入，这些民族的整体或大部分人口最终融合于中华民族之中。

清朝末年筹办宪政，提出“五族”的概念，即满、汉、蒙、藏、回。中华民国建立时，定五色旗为国旗，象征汉、满、蒙、藏、回五族共和。

中华人民共和国成立后，形成以汉族为主体的，包括其他 55 个民族的中华民族大家庭。

五千多年来，中华文明、中华民族在这片土地上形成和发展，产生过无数精美绝伦的器物、宏伟壮丽的建筑、繁荣富庶的城市、四通八达的道路、绵延万里的长城、沟通南北的运河、浩如烟海的典籍、千姿百态的艺术。岁月沧桑，天灾人祸，它们大多已成历史陈迹，或被深藏地下，踪影全无，或成鲁殿灵光，岿然独存，或为国之重宝，罕现真容。

百余年来，经过几代考古学家、历史学家、地理学家、文物博物馆专家的发掘、研究、复原、重构、收藏、维护，特别是中华文明探源工程的杰出贡献，大批重大遗址遗物重见天日，大量出土和传世文物再现原貌，中华文明、中华民族的形成过程和发展历程越来越清晰具体。现在，通过星球研究所的努力，将上百位摄影家聚焦文明脉络的精准传神之作汇聚起来，展现在我们面前——让我们一起走进这个未曾中断的、各族人民共同创造的伟大文明！

复旦大学文科特聘资深教授

中央文史研究馆馆员

葛剑雄

2024 年 7 月 16 日

序

一起看遍中华文明的伟大创造

世界上本没有中国，是中国人创造了中国。

这片土地山脉广布、江河纵横。这片土地上的创造，也是如此深厚、如此多样。

地上、地下、水下有不可移动文物 766722 处和可移动文物 108154907 件（套），它们共同见证了我们的华夏文明史诗。[1]

1 万多年以前，我们的祖先在南方驯化了水稻，之后又在北方驯化了粟、黍。这是人类历史上的一个关键时刻，我们的生活方式从狩猎、采集，开始了彻底的变革，人们称之为“农业革命”。农业为之后文明的产生奠定了基础。此后，我们的创造加速发展，建设农田、村镇、城市，造物的类型、数量都越来越多。[2]

国家历史文化名城 142 座、名镇 312 个、名村 487 个、传统村落 8155 个、历史文化街区 1274 片、历史建筑 6.72 万处，是我们的伟大创造；总长达 21196.18 千米的长城，历经两千年战与和，诉说四万里家与国，是我们的伟大创造；总长 3166 千米的中国大运河，全球开凿时间最早、使用时间最久、空间跨度最大，是我们的伟大创造；总面积超过 5 亿亩的梯田，让漫山皆云梯，是我们的伟大创造；两端直线长度相当于赤道 1/4 的陆上丝绸之路，以及梯航万国的海上丝绸之路，则是我们和东西方众多文明共同的伟大创造……

它们是如此重要!

正因为这些伟大创造，我们才可以自豪地说，我们创造了蓝色星球上最灿烂的文明之一。正因为这些伟大创造，这片土地才成为中国，这片土地上的人类才成为中国人。**我们创造了文明，文明也定义了我们。**

更幸运的是，这些宏大的文明遗迹至今都在大地之上，历历在目。它们值得我们去探索，去发现，去记录。

所以，又一个 3 年!《这里是中国 3》终于和大家见面了。

我们从上一本书开始，采用三大时间尺度讲述中国地理，分别是：6500 万年以来的中国，探索极致的华夏山水；1 万年以来的中国，讲述农业起源后灿烂的中华文明；100 年以来的中国，记录巨变的现代中国。这本，便是讲述 1 万年以来的中国。

1. 上述数据包括了部分旧石器时代的文物，但以新石器时代以来的居多。
2. 根据中华文明探源工程，中华文明的起源和形成过程可以归纳为以下阶段：万年奠基，八千年起源，六千年加速，五千多年进入（文明社会），四千三百年中原崛起，四千年王朝建立，三千年王权巩固，两千两百年统一多民族国家形成。也就是说，在约一万年前进入新石器时代，农业起源为中华文明的形成奠定基础；距今五千年前后，以各地“古国”社会形成、“最初的中国”形成和良渚文化构建早期国家为标志，中华文明形成。因而本书中的华夏文明史诗，是指从约一万年前农业起源到进入文明阶段的历史，包括了文明起源前的积累阶段，并非单指文明的时间长度。

但是，讲述中华文明的角度是如此丰富，我们只能选择一种思路，选择其中不足万分之一的篇目，呈现给大家。在这本书中，你将看到四个部分：

1 起源：早期，这片土地还是一片蒙昧时，良渚、二里头、三星堆等在各地陆续崛起。就像黑暗中的火柴，不断点燃又熄灭。

2 生长：后来，越来越多的村镇、城池在各地兴起，像长安、南京、丽江等，在华夏大地上，它们就像持续燃烧的灯火，照耀千年。

3 互动：在华夏文明发展过程中，内外部的交流互动非常频繁，包括长城、大运河、陆上丝绸之路、海上丝绸之路，在大地上，画出了一条条闪亮的动脉，促进了中华文明的发展，也让中华文明对世界产生了广泛的影响。

4 创造：这是中国更加繁多的物质文明创造史，它们如同沧海遗珠，弥足珍贵，包括民居、梯田、古塔、兵马俑、圆明园等。

所以，我们期望通过这本书，与读者一起看遍这些伟大遗产，一起看遍中华文明的伟大造物。也希望这本书的读者，翻开一页，就是千百年；翻开一页，就能看到无数先民的智慧。

此外，这次将同样带给你极致的视觉体验。上百位摄影师和机构的 421 幅摄影作品，带你走进中华文明的现场，看见中华文明之美。星球研究所设计师和地图师精心准备的 75 幅可视化制图，尤其是 5 张长拉页，将为大家展现一幅幅文明的画卷和最有想象力的文明创造。

请和我们一起继续那个梦想：

有一天，我们要将中国的雪山看遍。
有一天，我们要将中国的江河看遍。
有一天，我们要将中国的城市看遍。
…………

这里的我们，也包括你。

星球研究所所长
耿华军

耿华军

2024 年 6 月 25 日

故宫体仁阁和中国尊，中华文明在古今交融中延续、生生不息 / 摄影 张林

1

起源，满天星斗

一万年前，

农业的诞生揭开了人类文明的帷幕。

在中华大地上，

早期文明在不同的环境中萌芽。

它们散落各处，

如同满天星斗，各自闪耀。

它们是中华文明的星辉，也是中华文明的序曲，

至今我们依然可以看见它们的模样。

1.1 良渚

5000年前的烟雨江南

中华文明五千年，
短短七个字早已深深烙印在
每个中国人心中。

但就是这句在我们看来理所当然的话，
却一度不被国际社会承认。
由于缺乏直接的考古证据，
在相当长的一段时间内，
中华文明史被认为
只能追溯到距今 3600 多年的商朝。

所谓的五千年文明，仿佛只存在于传说之中。
改变这一切的，是长江下游的一处考古遗址。
虽然此地曾经的名字已无从得知，
但它现在却有一个美丽的名字——良渚。

良渚的申遗成功，让世界认同了中华文明五千年不只是传说。[1]

早在五千年前，江南就已经发展出早期的国家形态，生活在这片土地上的人们，建立了自己的浪漫国度。他们的都城是一座无与伦比的“水上之城”。

1. 2019 年 7 月，良渚古城遗址被列入《世界遗产名录》。

良渚究竟有着怎样强大的实力？它为何能够证明中国拥有五千年的文明史？在故事的最初，我们需要回到史前的烟雨江南，在这里见证一个“基建狂魔”的诞生。

良渚古城遗址公园 / 摄影 肖奕叁

良渚古城遗址是一处由宫殿区、内城和外城三重结构组成的都邑性遗址，面积约 630 万平方米，相当于 9 个故宫。图中所在位置在莫角山宫殿区东坡、钟家港古河道附近，标注内容为部分房屋基址遗址。

壹 基建狂魔：水利工程与稻作农业

在人们以往的印象中，良渚所在的江南地区应该一直是被水滋润的地方。但出乎意料的是，水一度是良渚最大的敌人。

在良渚文化尚未诞生之时，近两千年的时间里，这片土地均处于海水之下。[1] 经历之后的漫长岁月，即使海水退却，沿海地区的生活也并不平静。每年的初夏，这里都会迎来持续的梅雨。雨期过长会带来洪水，过短则会造成干旱。到了夏秋之际，这里又台风频发，每次过境都会伴随大风和暴雨，甚至带来风暴潮。

虽然饱受水灾的侵扰，但无法否认的是，丰富的水源也浇灌出了文明之花。经过两千年的积累，这片土地不仅遍布生机，文明也随之悄然萌芽。

1. 约 9400—7600 年前，受全新世早期大海侵影响，良渚所在的太湖平原曾被海水淹没，如今的太湖平原依然遍布湖泊与湿地。

左页图　良渚文化主要遗址点分布

右页图　杭州西溪湿地梅花 / 摄影　吕杰琛
或许几千年前的良渚人就生活在相似的水乡泽国中。

良渚人深知，若想突破发展的桎梏，当务之急便是解决频发的水患。水来土掩，他们决心修筑一座“超级水坝”。良渚所在的西边山地，丘陵此起彼伏，只要用水坝连接山体，就能阻挡从山谷流出的洪水。

为了加强坝体，良渚人用草茎包裹泥块，作为水坝的坝芯，并在其外堆筑一层又一层不同材质的泥土。就这样，11 条水坝被陆续建造在绵延的山脉间，组成了世界上同时期规模最大的水坝系统。

整个水坝系统的蓄水量超过 4600 万立方米，相当于 3 个西湖的蓄水量。筑坝蓄水可以抵御水患，各个山谷还能够通过水路彼此连接。山上的石料和诸多动植物资源能够沿水而下，形成了一套便捷的水上交通运输网络。

最重要的是，水利系统能够为农业提供稳定的灌溉用水。位于上游的水库如同心脏，与之相连的河道、水渠如同血管。下游一旦遭遇干旱，它们便能为下游的大片稻田源源不断地输送水源。

长江下游地区本就是水稻的发源地之一，经过世世代代的传承与发展，到了良渚时期，水稻种植技术有了不小的进步。耕种用的石犁能够大大加快土地开垦的速度，收割用的石镰能够一并收集秸秆与稻穗。为了更好地观察农时与节气，良渚人还精心设计了两座方形的高台，这也许就是他们平日里祭祀和观象测年的地方。

良渚人的雄心远不止于此，水坝的修筑其实还有一个更重要的目的，那就是护卫下游的城池，一座无与伦比的“水上都城”。

本页左上图　良渚古城外围水利遗址，谷口高坝区石坞遗址 / 摄影　石庆盛

本页右上图　良渚古城外围水利遗址，谷口高坝区秋坞遗址 / 摄影　石庆盛

本页下图　良渚古城外围水利系统分布

截至目前，良渚古城遗址外围已发现 11 条人工坝体遗址，它们共同组成了谷口高坝、平原低坝和山前长堤区。良渚水坝系统是中国目前发现最早的大型水利系统。

a 石坞水库坝体

b 秋坞水库坝体

贰 水上都城：城市建设与原始文字

对于都城的选址，良渚人可是经过了慎重考虑。此地西部有山脉和水坝护卫，能够便利地取得山区资源；东部开阔的河网平原适宜稻田耕作，蜿蜒而过的河流更让此地有了便利的水上交通。

这是一座独特的“水上都城”，9 座城门中有 8 座为水门。城内更是以水为路，51 条河道在此纵横交错，它们中的绝大多数均为人工挖掘。城内外水系相互连通，形成了一套完整的水陆交通网络。

与普通的城墙不同，良渚古城的城墙宽度一般在 50 米左右，最宽处甚至能达到 250 米。城墙除了拱卫都城，还有居住和防洪的功能。为了避免河水对城墙的渗透，良渚人从山区运来大量的黄土与碎石，将碎石垫在墙基底部，再在其上堆筑起数米高的墙体。

河道旁是一个又一个供人居住的台地，最高的台地处在城池的中心，这是一个面积近 30 万平方米、最高海拔达 18 米的台地。高台之上是大大小小的宫殿，这里也许是良渚的统治者举行重大仪式的场所。在城池的东部，与宫殿区一河之隔的地方，分布着一系列手工业作坊。不论是修筑宫殿的木材，还是供统治者使用的玉器、漆器，都在这里生产。

良渚古城里居住着 1.5 万~ 2.3 万人，除了王室、贵族，其余的人都从事手工业生产。城内的粮仓堆满了稻谷，让城内的人即使不务农，也能获得稳定的食物来源。

就这样，良渚人用他们的创造力与想象力，在一片平原河网之上，构筑起一座独一无二的“水上都城”。

人们平日里出行，需要前往码头搭乘独木舟或木筏，河道虽然不宽，却挤满了大大小小的船只。小舟顺着河流缓缓前行，游过了巍峨的王城，经过了繁忙的作坊。两岸木屋泥舍遍布，芦苇丛丛，此时的良渚古城，俨然一番江南水乡的景象。

良渚古城：5000年前的“水上都城”

5000年前，良渚人来到环太湖流域。面对眼前的一片湿地泽国，良渚人不断探寻着自己的生存法宝。他们修水坝，以挡住山上的洪水；他们筑高地，在沼泽地上建起安全的生存空间；他们挖河道，搭起便利的水上“高速路”……就这样，5000年前的良渚人用他们的智慧建起了一座无与伦比的“水上都城”。

注：该场景并非严格还原，仅作示意。

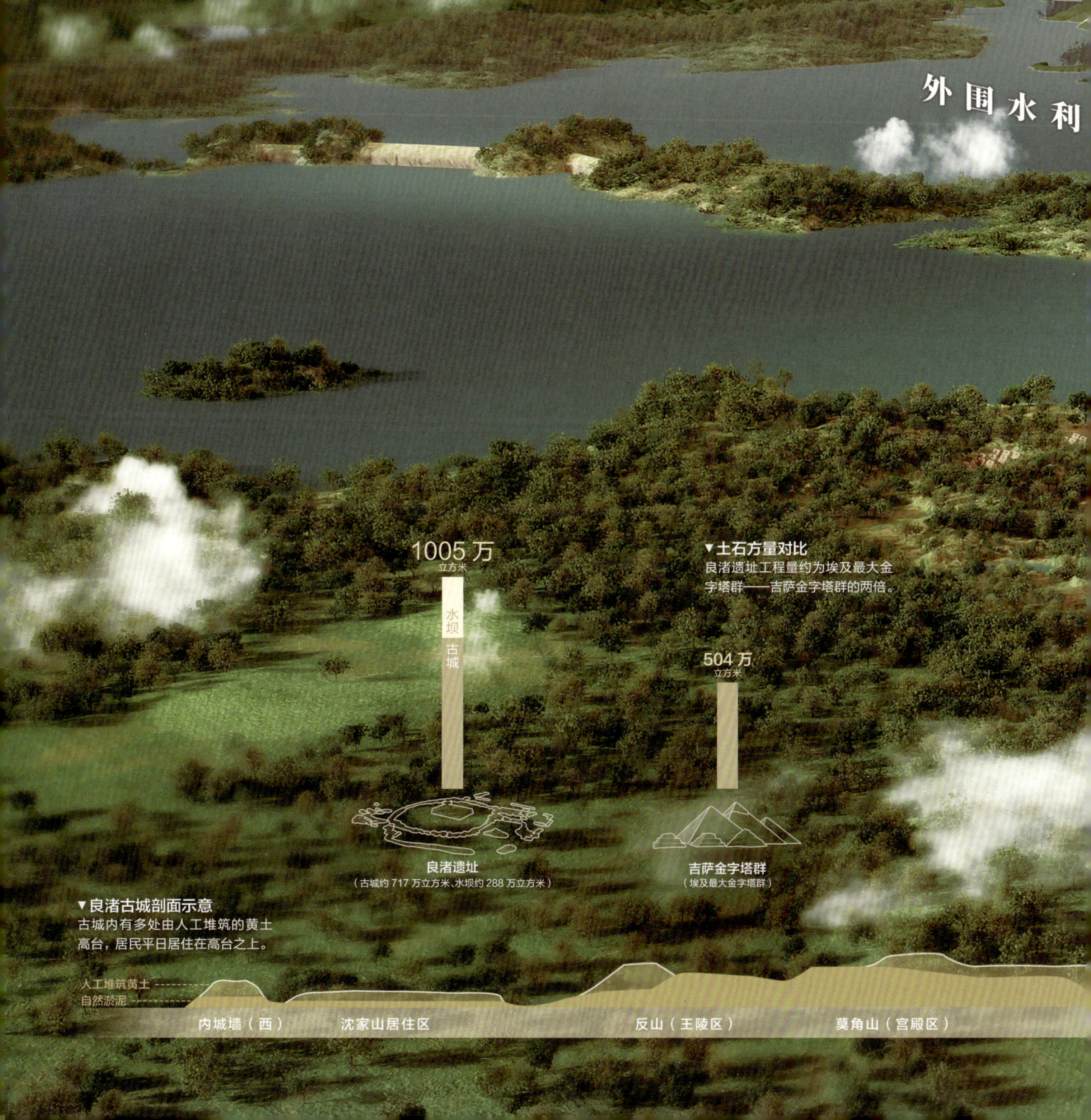

▼土石方量对比

良渚遗址工程量约为埃及最大金字塔群——吉萨金字塔群的两倍。

▼良渚古城剖面示意

古城内有多处由人工堆筑的黄土高台，居民平日居住在高台之上。

◀城墙结构示意

城墙兼具居住和防水的功能，其采用分层夯筑法，先在底部垫上碎石，再用黄土堆筑墙体，以防止河水向上渗进墙体。河岸边还会竖起木桩，以进一步防水。

西水门2
北水门1
内
城
北水门2
墙
雉山
东水门2
山
陵区
莫角山
(宫殿区)
古城
山
文
钟家港
(作坊区)
南水门1
东水门1
墙

◀良渚古城平面规划
良渚古城是中国目前同时期规模最大、最完整的城址，它分为宫殿区、内城区和外城区三重结构，面积约630万平方米。

城市面积对比
良渚古城内城面积约300万平方米，相当于故宫面积的4倍。

稻田区
远离古城的地方，有规划整齐的大型稻田，大规模专业生产模式能够提供古城居民所需的粮食。

良渚古城南城墙展示点 / 摄影 肖奕叁

良渚计数式样符号

良渚图画式样符号

不过建造这样一座城池远非易事，良渚古城及周围水利系统的总土石方量达到了一千多万立方米。这是一个什么概念？就体量上而言，相当于建造四座最大的古埃及金字塔。就时间上而言，在不包括木材运输和房屋建造的情况下，假设上万人参与建设这样的工程，也需要数十年才能完成。

试想一下，如果要组织上万人开展一场长达数十年的浩大工程，仅凭口头传递信息，似乎是一项不可能完成的任务，也许平日里良渚人就已经会使用特殊的符号记录重要信息。

良渚的陶器上刻有形态各异的符号，它们中的一部分笔画简单，或许代表着数字。还有一部分符号形象生动，一眼便能看出其含义。有的符号还能互相排列组合，似乎在传达一些复杂的信息。这些符号或许正是良渚人使用的原始“文字”，它们的创造无疑方便了人们的沟通。

但是，在尚不发达的五千年前，若想长久地统摄和管理如此众多的人力，还需要一种更加强大和超越物质的力量，这便是神明的力量。

皂诸夹砂黑皮刻符陶罐（皂诸博物院藏）/ 摄影 周勇

叁 如水似玉：宗教信仰与社会等级

在良渚人的心目中，也许只有共同的信仰，才能凝聚所有人。

但神明又是何种模样？也许它头戴巨大的羽冠，双臂张开，怒目圆睁，下身像是一只蹲踞的野兽。用什么材料能摹刻出神明的模样，什么材料能成为神明的载体？那便是玉！在良渚人的心目中，这种材料如水般温润纯洁、美丽而又稀有，只有它才有资格承载神明的形象。

于是，各式各样的玉器被创造出来，并被赋予不同的功能。玉琮，这种内圆外方的器物，四面均雕刻着神徽，其中间的穿孔象征着贯天通地的法力。玉钺，形似斧头，象征着军权与王权，只有王和贵族才能拥有。玉璧，浑圆如天，是祭天的法器，后来成为财富的象征。

良渚神徽图解示意

玉琮上的神徽是一种神人兽面像，由神人、神兽两部分组成。神人头戴羽冠，张开手臂，兽面双眼圆瞪，尖牙利爪。这些纹饰一般用浅浮雕和阴刻线的技法雕刻而成。

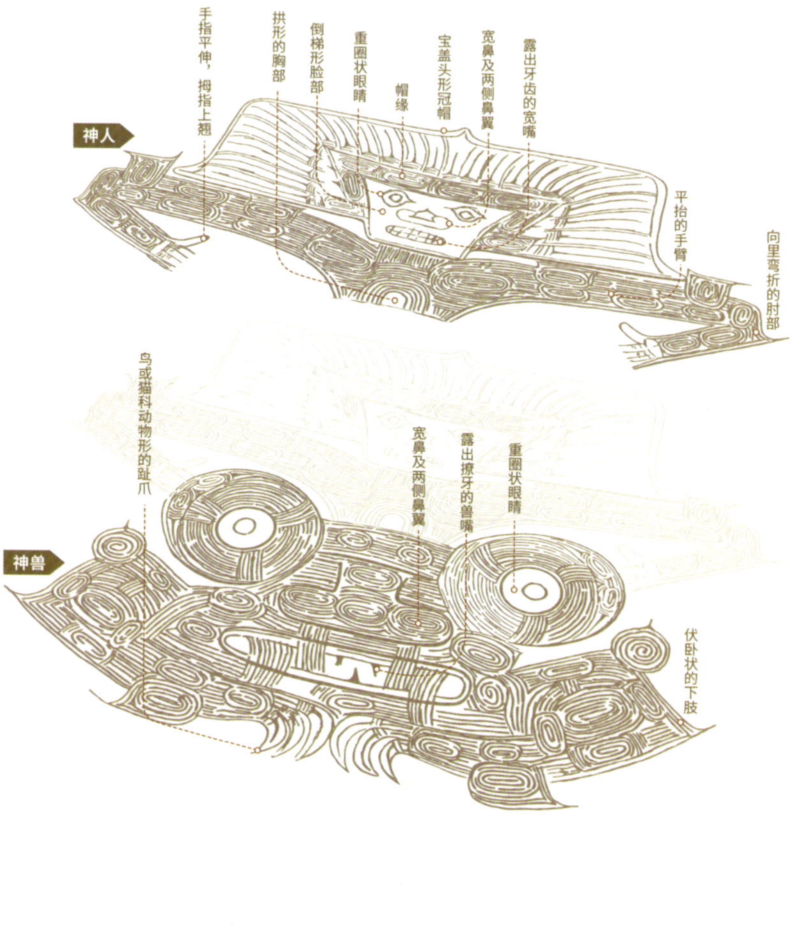

良渚玉琮王 / 摄影 张林

出土于良渚遗址反山墓地，形为方柱体，内圆外方，通高 8.9 厘米，是已发现的良渚玉琮中最大、最重的一件。在良渚，玉琮是神权的代表，所以其四面雕刻着繁复精致的神徽纹饰。

良渚的玉器种类多达数十种，对于它们的使用，良渚人有着相当严格的规定。不同的性别佩戴不同种类的玉器，不同等级的人群使用的玉器种类和数量也天差地别。

在良渚古城西部的王陵区内，人们发现了 11 座大墓，每一座大墓中的随葬品都极其丰富，其中最大的一座墓中仅玉器就出土了 600 余件。

“玉不琢，不成器。”承载了人们信仰与身份的玉器，自然需要配以最高超的制作技艺。良渚古城以北的天目山，自古便被称为“浮玉之山”。人们在山上与河谷中采集玉料，运回制玉作坊。

“他山之石，可以攻玉”，为了切割原始的玉料，人们在山上采集特殊的砂石，将其研磨成细砂，是为“解玉砂”。用绳子或石片蘸上解玉砂，在原料上来回打磨，便可切割出整块的玉料。良渚工匠的制玉技术可谓出神入化，他们用燧石刻画在玉面上的花纹，其线条最细处仅 0.1~0.2 毫米。

下图　良渚神人兽面纹玉三叉形器 / 摄影　潘劲草

出土于瑶山遗址，三叉形器出土时位于墓主人头部，应属冠帽上的饰物。有三个叉，左右两叉刻侧面相向的神人头像。

右页上图　良渚神人兽面纹玉冠状器 / 摄影　潘劲草

出土于瑶山遗址。玉冠状器，又称玉梳背。高约 6 厘米，厚度仅 0.35 厘米，器物正面中间雕琢神人兽面纹，左右两侧是神鸟图案。

右页下图　良渚镂空神人纹玉冠状器 / 摄影　潘劲草

▼国王（反山12号墓）

反山12号墓是反山墓地所有男性贵族墓地中等级最高的，主要体现在其出土了刻有神徽的“玉琮王”和“玉钺王”，体现墓主人可能集王权、神权于一体。

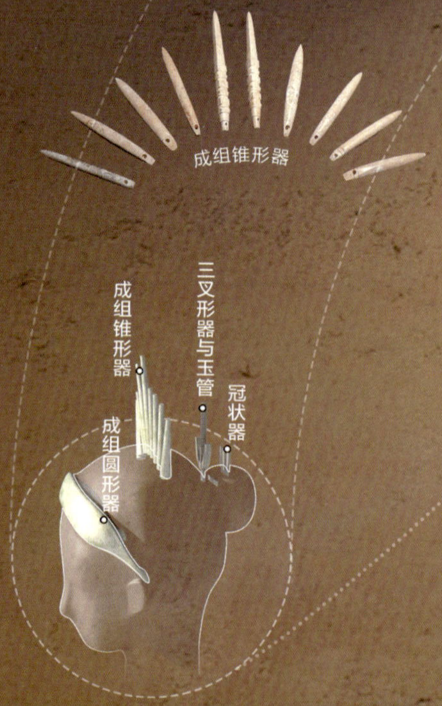

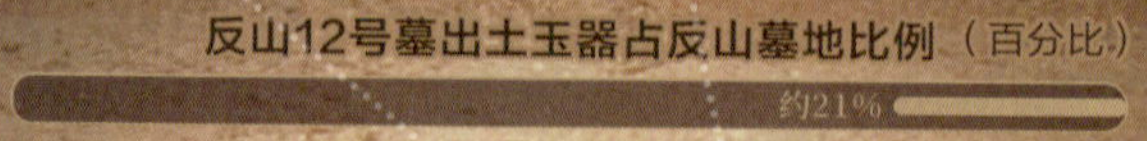

良渚：神玉王国

良渚人成就了灿烂而繁荣的玉器文化，玉器种类繁多，形状各异，有着不一样的用途。这不仅满足了良渚人对典礼的需求，还成为良渚人身份地位和权力的象征，形成了等级分明的玉礼器系统。等级越高的墓葬，其随葬的玉器种类越丰富，本图以较高等级的两座墓葬及部分实物图为例，呈现其纷繁多样的玉器。

注：对于良渚贵族来说，玉器的使用有性别之分。一般来说，随葬玉璜、玉纺轮、玉圆牌的，基本为女性，随葬玉钺的一般为男性贵族。

摄影图来源：摄影师@ 梁小君、刘晓宁、肖怡宁、余宽、庄琮葵

▼王后（瑶山11号墓）

在反山、瑶山发掘的8座女性贵族墓中，瑶山11号墓玉器的数量、种类为其中之最，也超过了多数男性贵族墓。

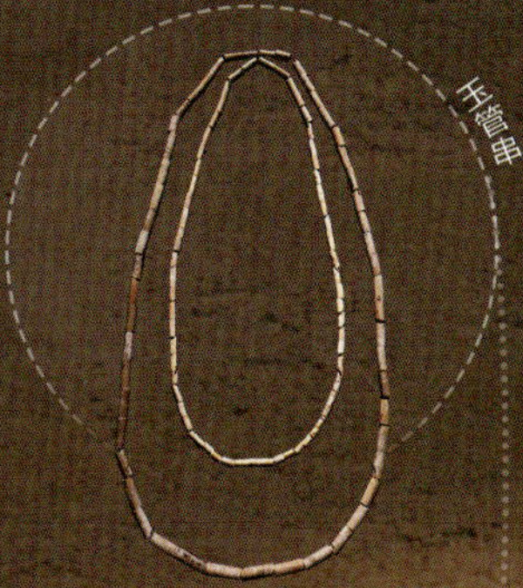

瑶山11号墓出土玉器占瑶山墓地比例（百分比）

约21%

王后墓葬主要玉礼器占瑶山女性贵族墓比例（百分比）

玉冠状器	16%
玉璜	40%
玉圆牌	42%
玉镯	47%
玉锥形器	33%
玉织具	50%

▼良渚社会等级示意

王和王族	掌握神权和军权。随葬品以玉礼器为主，主要有玉琮、玉璧、玉钺、玉璜、冠状饰、三叉形器、锥形器等。
贵族	掌握军权，多随葬玉琮和玉钺，并随有石钺。
工匠和武士	为手工业管理者和兼职战士，以石钺为主。
普通平民	仅有少量随葬品。

良渚古城遗址公园稻田景观 / 摄影 潘劲草

在如玉般文化的浸润下，良渚人的生活有着一种江南水乡特有的“精致感”。良渚人的食谱里，不仅有稻田里的大米，还有果蔬。每到夏秋时节，人们会外出采集果蔬。平日里，人们划着小舟，前往河湖捕捞渔获物。他们还会猎捕野猪和鹿，其中的一些野猪被驯养起来，成为人们稳定的肉食来源。饮食精细的良渚人使用的餐具自然十分讲究，米饭、果蔬、汤水都有相应的配套餐具。

太湖流域桑树广植，除了穿用普通的麻布，良渚人还养蚕织丝。轻薄透明的蚕丝是地位与身份的象征，纺蚕丝的织具甚至专门用玉器打造。

在玉与水的浸润下，人们怀着虔诚的信仰各居其所，各司其事。他们都在用自己的创造与想象经营着这片堆金积玉地、温柔富贵乡。既然江南地区有过如此辉煌的文明，那为何良渚没能成为中国历史上的第一个王朝？良渚文明的末期究竟发生了什么？

肆 消失的江南：文明的消亡与重生[1]

在距今 4200 年前后，全球范围内曾出现一次大规模的气候异常事件，此时间段正好与良渚文明消失的时间重合。这或许不是巧合，也许正是那场四千多年前的气候突变，导致中国南方地区旱涝灾害频发，最终毁灭了良渚人的农田与家园。

气候异常带来的不仅是洪水与干旱，还有一件事同样发生在距今四千年左右，那就是海平面的上升。也许随着气候的变化，海岸线再次逼近，连连袭来的浪潮使海水倒灌进农田，盐碱化的土地再也无法种植水稻，失去食物来源的良渚人只能放弃他们的家园。

依水而生，与水相伴，因水而亡。辉煌的神王之国就这样迎来了它的尾声，在之后的很长一段时间里，这里再无人居住。良渚的消失夹杂着一丝遗憾。如果它的土地没有被水淹没，如果这支文明能够稳定地演进，良渚或将改写中国的历史。

但凡事没有如果，也无须为此感到忧伤。在国家与文明瓦解之后，四散而走的良渚人最终被各地不同的族群吸纳，而他们带去的技术与文化也一并被继承与流传。

因此，良渚并没有真正消失，而是早已深深地融入中华文明的血脉。

1. 关于良渚文明消失的原因，学术界目前有多种推测，如“洪水说”“海侵说”“战争说”“瘟疫说”“内部危机说”等，本书仅对前两种说法进行说明。

右页左图　江苏常州寺墩遗址十二节玉琮 / 摄影　王羊

寺墩遗址是位于太湖北部的良渚文化中心聚落，距今有 5000 多年历史，以出土大量高等级良渚玉器闻名。

右页右图　良渚文化十节青玉琮 / 摄影　张艳

这件青玉琮被认为是良渚文化晚期的玉琮，但出土于长江上游的四川成都金沙遗址，不是金沙文化制造。据推测在三四千年前，该玉琮从长江下游的良渚被带到了长江上游的金沙。

高31.8厘米
玉琮一节
高22.2厘米
玉琮一节

在故事结束之前，让我们回到最初的问题：为什么良渚能够证实我们拥有五千年文明？

要知道，虽然在距今五千年前后，中华大地上的各个区域都相继踏上了社会复杂化发展的道路，但并非所有的考古学文化都能被称为“文明”。

凭借着非凡的水利工程和发达的稻作农业，良渚的生产力得到了快速发展。大量人力从农业中脱离，从事各种手工业。至此，社会分工出现。

作为良渚文化的核心，良渚古城拥有完整的城池结构及交通体系，能够与周边区域通过水运相呼应，一座都邑性质的都城由此出现。铭刻在良渚玉器上的神徽统一了人们的信仰，以琮、璧、钺等玉器为代表的礼仪系统划分了人们的等级。在王权与神权的结合之下，社会出现明显的阶级分化，一个辉煌的神王之国由此诞生。

社会分工、都邑性质的城市、阶级分化，种种迹象均表明，良渚已然迈入文明的门槛，率先成为东亚地区的国家文明社会。[1]

史前的江南迸发出耀眼的文明之光，数千年之后，人们再次在这片土地之上创造了一个水乡。这次，它又会成为怎样一个“烟雨江南”？

1. 在考古学中，关于文明的标准存在争议。国内外学术界曾经以冶金术、文字和城市三要素作为文明产生的标准。三要素只是一种看法，是从两河流域文明和古埃及文明的特征中总结出来的，不应成为判断一种文化是否进入文明阶段的生硬公式。本书采用的是中华文明探源工程对于文明的解释。

反山遗址墓地复原场景 / 摄影 周勇

反山遗址位于良渚古城内，与良渚王居住的莫角山宫殿一河之隔。在反山遗址，发掘出大墓和随葬品，其中以玉器最多、最出众。因而，考古学家认为，反山遗址的陵墓就是王陵。

1.2

二里头

寻找中国『第一王朝』

距今 4000 年前的一天，
传说中的英雄大禹三过家门而不入。
催促他脚步的，
是一场前所未有的大洪水。

历经十余年的治理，
水患终于平息。
但大禹没有意识到的是，
他的家族将开启一个怎样的王朝，
又将怎样改变中国的命运。

要了解神话迷雾背后的真相，
我们需要先将时光倒回到 5000 多年前。

壹 文明的桎梏：都邑初兴

在 5000 多年前的中华大地上，众多古国兴起，如点点繁星。虽是小国寡民，却也各自为政，欣欣向荣。但好景不长，这些古国无一例外地走向衰亡。

有人说，它们毁灭于自然灾害；有人说，它们覆灭于内部动乱；有人说，它们湮灭于外敌入侵……真正的原因已不得而知。伴随着众多古国的衰亡，各地的文明进程也纷纷陷入低潮。

兴起—繁荣—衰落，在这样的轮回持续上演之时，一场突如其来的洪水向着中原袭来。这是大禹治理的那场洪水吗？真实的答案也已无从知晓。但洪水退去后，洛阳盆地的冲积平原却变得更加肥沃。

距今 3800 年左右，来自今河南嵩山地区的一个族群看上了这块土地，并在古伊洛河北岸的高地上建起了一座面积超 300 万平方米的大型都邑[1]，一座当时东亚大陆上最发达的都邑。都邑的名字我们不甚了了，想必和后世的长安、洛阳一样耀眼。今天，我们只能根据都邑遗址所在的村落名称，将其称为“二里头”[2]。

1. 由于曾受到河流侵蚀，二里头遗址的实际面积可能达到 400 万平方米。
2. 1959 年春，古史学家、考古学家徐旭生踏上了“寻夏”之旅，来到河南偃师一个名叫二里头的村庄。谁能想到，在这个如今不过几千人口的小村庄的庄稼地下，竟然埋着三千多年前东亚大陆上最发达的城市。随着考古发掘取得进展，越来越多的学者认为，这个地方很有可能是夏王朝中晚期的都城。

上图　洛河畔二里头遗址航拍 / 摄影 焦潇翔

a 洛河
b 二里头村
c 一号宫殿
d 二号宫殿

左页图　二里头遗址位置示意

二里头位于洛阳盆地，有学者推测，在距今 4000 年左右，洛阳盆地伊洛河区域曾出现特大洪水，导致河流决口和改道，从而扩大了冲积平原。

在都邑建立之初，二里头就有明确的规划。数条纵横相交的大道将整座都邑划分成至少 9 个部分，它们组成了中国最早的城市主干道网。道路网的中心是总面积约 11 万平方米的宫殿区，里面有两组大型宫殿建筑群。这是中国迄今发现最早的沿中轴线规划的大型宫室建筑群，其方正规整、择中立宫的规划理念，成为后世宫城的“鼻祖”。

难道，这是大禹家族的宫殿？难道，这是中国历史上第一个王朝“夏”的都城？在许多学者眼中，答案都是“最有可能”。

以如今的标准来看，这些宫殿或许“其貌不扬”，但在当时，它们的工程量不容小觑。仅一号宫殿的夯土量就超过 2 万立方米，这意味着每天安排 1000 人劳作，也需要 200 天才能完成。而完成宫殿区所有的建筑工程，所

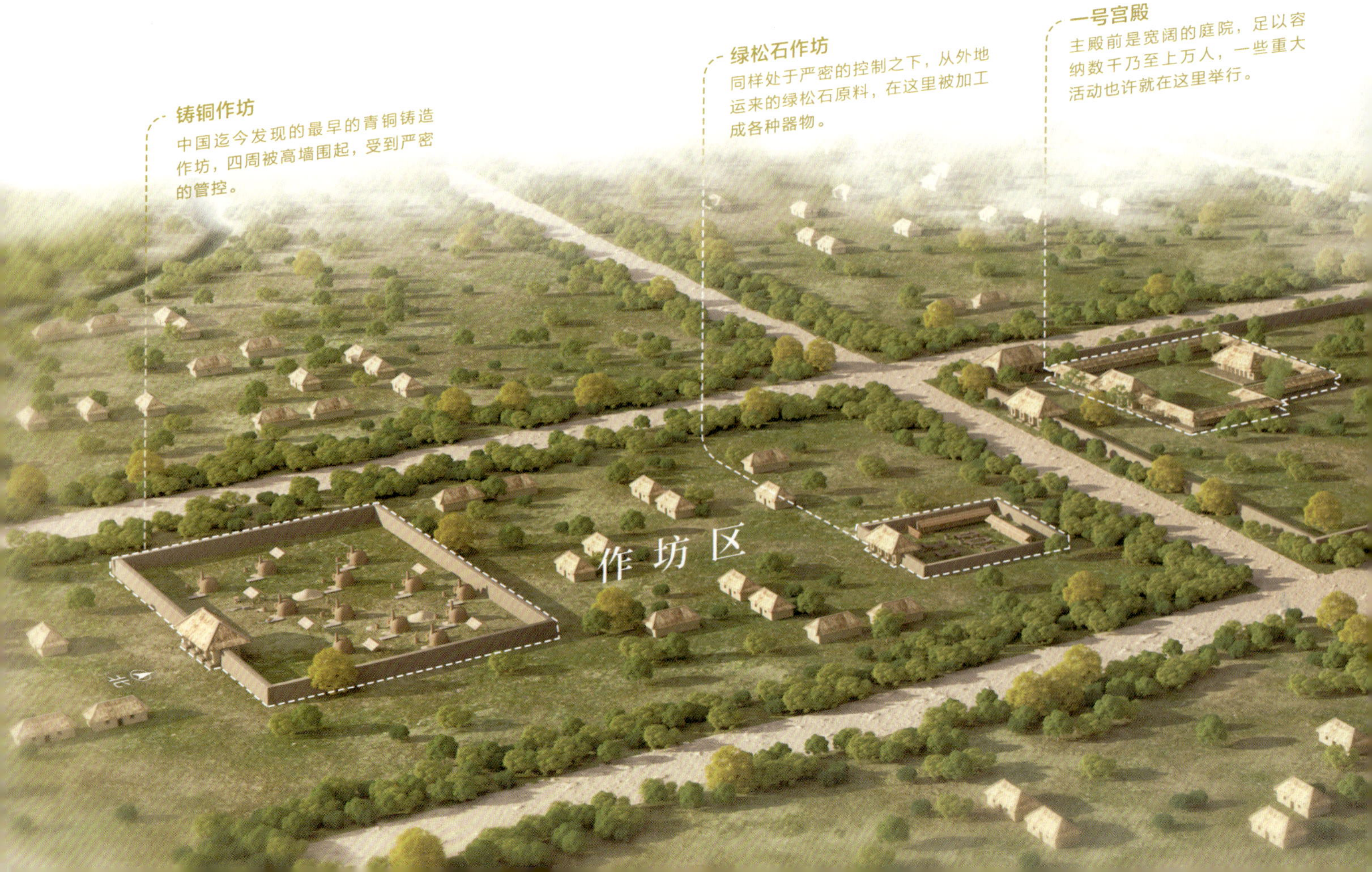

需劳动日数可达数十万乃至百万。毫无疑问，若想建造如此规模的都邑，必然需要大量的人口。据估算，二里头都邑当时的人口规模超过 2 万，是同时期普通聚落人口的 20 倍。

这么多人从何而来？二里头遗址的人骨分析结果表明，其中有不少人是从外地迁移过来的，二里头可谓“中国最早的大规模移民城市”。

种种迹象表明，二里头背后的国家绝非小国寡民，也绝非昙花一现的古国，这个“最有可能”的中国第一王朝的都城，一定有着特殊之处。

二里头遗址复原

遗址现存面积约 300 万平方米，规模宏大，布局严谨，是当时中国乃至东亚规模最大的都邑聚落。

多网格式布局：遗址中心区发现的主干道路，将二里头都邑划分为多个区域，形成多网格式布局。

木骨墙基
夯土墙基
廊庑

二里头二号宫殿遗址 / 摄影 康宏雷

位于宫城东部偏北，由主殿、庭院及廊庑组成，面积约为 4000 平方米，布局方正、结构对称，可能属于宗庙建筑。

贰 挣脱桎梏：农业与青铜

也许命运的轮盘自二里头先民踏上洛阳盆地的那刻起，就已悄然转动。地处中原腹地的洛阳盆地，地理位置可谓得天独厚，有四面环山作为天然屏障，黄河的支流纵横其间。

与华北地区传统的旱作农业不同，亚热带与暖温带的交错让这片平原既能种植粟、黍一类的旱地作物，也能播种水稻这样的水田作物。多元的粮食结构，让二里头能够在最大限度上避免旱涝灾害对农作物造成的“毁灭性打击”。当然，除了天灾，还有人祸。

若想挣脱桎梏，靠农业的支撑仍然不够。此时的二里头人还需要一项“高新技术”的助力，这便是青铜铸造。

距今 3000—2000 年中国农业区分布示意及二里头出土农作物数量比重统计

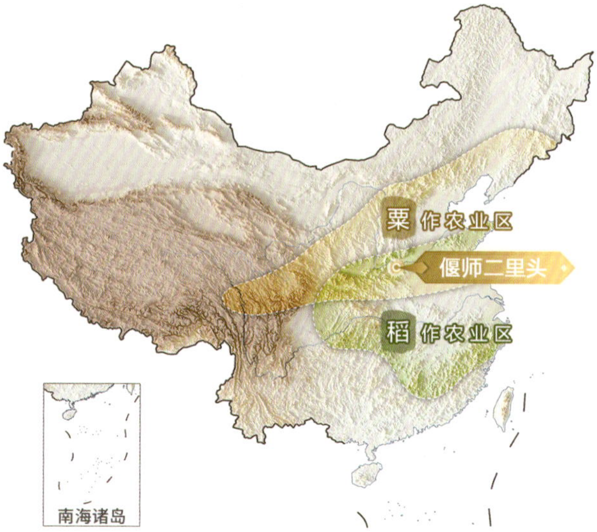

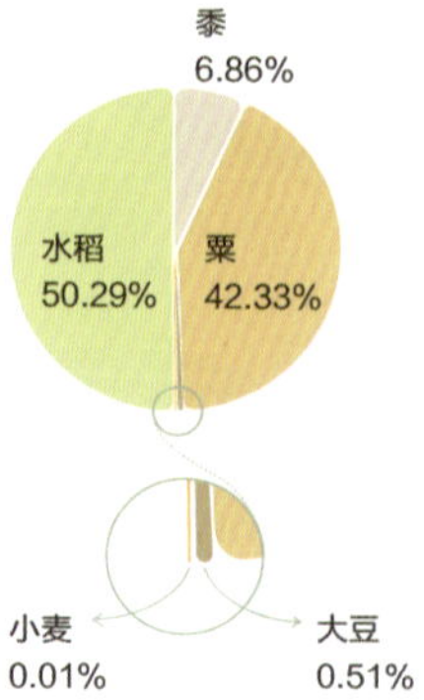

洛阳伊川一带麦田景观 / 摄影 唐振明

传说夏人已有发达的青铜技术，能将铜铸成鼎。《史记·封禅书》记载，“禹收九牧之金，铸九鼎”，意为大禹收集了九州的铜铸成九鼎。而二里头人正是当时中华大地上“最强的青铜铸造者”。

早在二里头之前，中国西北地区的一些聚落就已经开始尝试铸造铜器。但铸造方法十分原始，只能做出简单的器形。也许是文化的交融碰撞出了火花，在二里头这个四方文化汇聚的中心之地，一场“技术革命”悄然开始，青铜铸造技术变得更加复杂。

工匠们用泥土捏制出独特的器形，放入窑中烧制成模型。随后，将泥料覆盖于陶模表面，凝固后成为外范。同时，在陶模的内部填充泥土，硬化后成为内范。最后，内外范组合，将铜液倒入两者间的空腔之中，待冷却后打碎内外范，一件复杂的青铜器由此诞生。

复合范技术的发明，让复杂的器形得以出现，铜液中金属配比的优化更是让器壁变得薄而均匀。此时的二里头，拥有中国最大的青铜生产基地。遥遥领先的铸铜技术，将为二里头开辟出一条“征服之路”。

作为奢侈品，稀有且昂贵的青铜器是身份与等级的不二象征。因此，将稀有的青铜打造成祭祀祖先与供奉神灵的礼仪用器，更能彰显“王权神授”的合法性，从而进一步规范等级秩序，达成对底层民众和周边聚落的“精神征服”。

作为兵器，坚硬又锋利的青铜兵器对普通的木石兵器有压倒性的优势。有了武力的保障，国家的军事力量大大加强，由此实现对底层民众和周边聚落的“物理征服”。

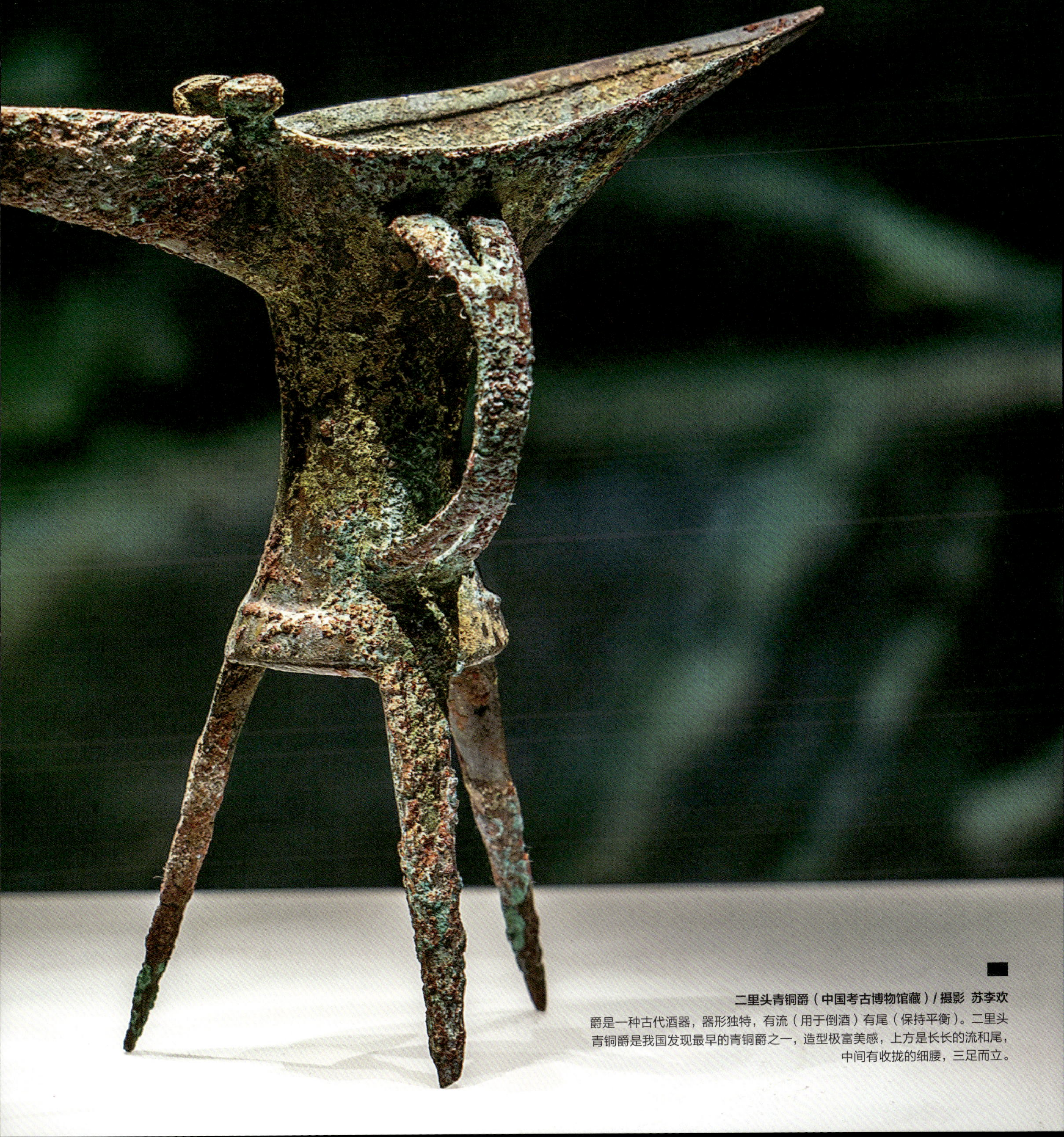

二里头青铜爵（中国考古博物馆藏）/ 摄影 苏李欢

爵是一种古代酒器，器形独特，有流（用于倒酒）有尾（保持平衡）。二里头青铜爵是我国发现最早的青铜爵之一，造型极富美感，上方是长长的流和尾，中间有收拢的细腰，三足而立。

二里头的“科技革命”

复合范技术的出现，让工匠们能够创造出复杂器形的青铜器，这场“科技革命”揭开了中国青铜时代的序幕，青铜器逐渐成为统治者彰显身份与地位的象征。

注：关于中国青铜时代发端的观点源自许宏的著作《最早的中国：二里头文明的崛起》。

◀ **新石器时代青铜器**

复合范技术出现前，铸造方法较为原始，做出的器形也相对简单。

▼**青铜器金属占比变化**

青铜器中铅含量的增加可以提高合金的流动性，有利于铸造薄壁青铜器。

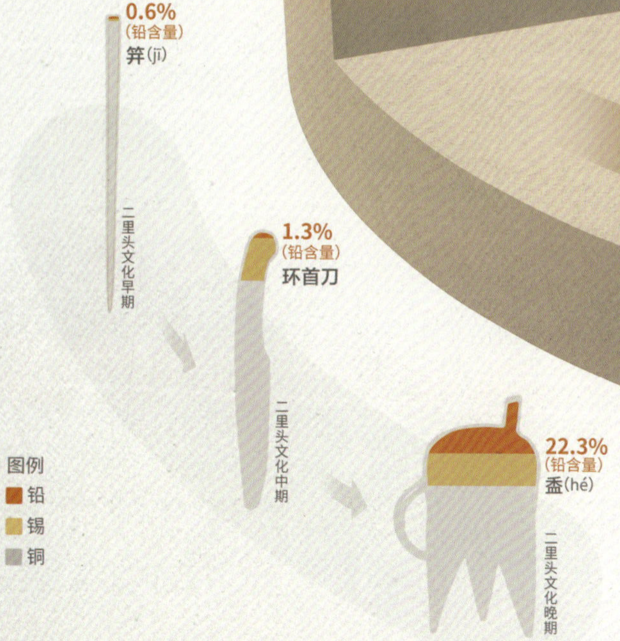

▶二里头时期青铜器

复合范技术的出现，使人们可以创造更多的型号，二里头出现了中国最早的青铜礼器群。

摄影图来源：摄影师@范沛卓、苏李欢、王长春、张林

▼单范技术与复合范技术的对比

单范只有外范，复合范由多块内范与外范组合而成。

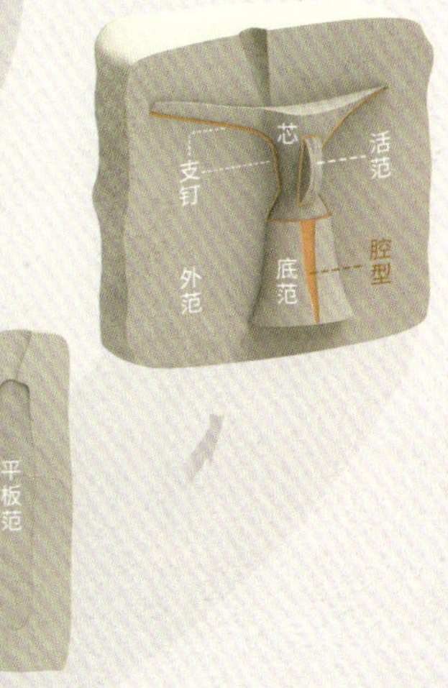

本页上右图　三星堆持璋青铜小人／摄影　张艳

在三星堆遗址，可以看到手握牙璋祭拜的青铜小人。

本页上左图　二里头玉璋／摄影　余宽

这件玉璋长约 50 厘米，来自一座贵族墓葬，牙璋因沾染朱砂而呈现红色。璋是一种玉制礼器，用于祭祀，一般由援（锋刃）、栏（扉牙状的绳索系痕部分）和内（木柄镶装部分）组成。

本页下右图　肩扛象牙人形纹玉璋／摄影　张艳

肩扛象牙人形纹玉璋，成都金沙遗址出土。为平行四边形玉璋，两面分别用极浅的线条刻画出两组肩扛象牙的人物图案。

本页下左图　三星堆祭山图玉璋／摄影　张艳

有学者推测三星堆人祭拜的山为岷山，三星堆博物馆藏。

优越的地理位置与多元的农业结构，增强了二里头对自然灾害的抵抗力。青铜生产技术的进步，则大大稳定了二里头内外的局势。二里头文化的分布范围，也首次突破了盆地地理单元的限制，几乎遍布整个黄河中游地区。而它的文化辐射范围则要更广：北达燕山以北，南至东南沿海，东及鲁豫交界，西到甘青高原。

此时的二里头，不论是社会发展程度，还是文化影响力，都远远超过了以往的古国文明。它突破了石器时代的桎梏，叩开了青铜时代的大门。它结束了以往小国林立的局面，创立了一个拥有广袤国土和强大王权的国家，亦是中国历史上第一个广域王权国家，即最有可能的“中国第一王朝”。

“二里头”成了彼时中华大地上最闪耀的存在，如同皓月当空，使周围群星骤然黯淡。这便是考古学家们口中的中华文明由“满天星斗”向“月明星稀”的转变。

而在二里头遗址，这个中国最早的“青铜王都”，又有着何等恢宏的王都生活？不妨让我们推想一下。

二里头文化辐射范围示意

这里以二里头牙璋的传播为例。牙璋作为古代玉礼器，虽然不在二里头最早出现，但二里头接受它之后，便以二里头为中介，开始大范围向外传播。

叁 王都掠影：一位二里头贵族的一天[1]

清晨，朝阳初升，雾气还未从河畔退去。一位贵族神色匆匆地离开了家门，今早有一场重要的活动需要参加，为此他一刻也不能耽搁。也许是时辰尚早，宽阔的都城大道上还没有多少人影，不过再过些时候，这里就会变得热闹起来。

道路网的中心便是他此行的目的地，这里是城市的中央，也是国家权力的中心——宫城。他朝着宫城的东北角快步走去，那里有一个巨大的土坑，以前是夯筑宫殿的取土点，如今成了祭祀坑。一场隆重的祭祀仪式将在这里举行，达官显贵们恭敬地等候在祭坛旁。不久，祭坛中心的篝火被点燃，两旁挂有铜铃的旌旗随风飘扬，旗面上的游龙呼之欲出。

1. 本节根据现有考古资料加以适当的文学想象，将发生在二里头不同时期的事件集合在同一天进行描述。

龙旂（qí）阳阳，和铃央央，钟磬齐鸣，鼓乐同奏。仪式正式开始，王缓缓走来，侍从们紧跟其后，手捧着盛放美酒佳肴的青铜礼器，将它们依次摆放于祭坛之上。几只幼猪被现场宰杀，成为献给神明的祭品。王高高举起手中的玉璋，祈求神明和祖先的护佑，并向他们询问来年的国运。在舞乐与祷告声中，祭司将一截兽骨放在火上灼烧，骨头被烧出了斑驳的焦痕。占卜的答案，就藏在这些痕迹之中。

祭祀仪式复杂而漫长，好在占卜结果令人欣喜。王向众人高声宣布：在神明的护佑之下，这个国家定会日益兴盛。祭台下，众人纷纷跪拜在地，齐声高呼，赞颂王的英明。

二里头夏都遗址博物馆 / 摄影 焦潇翔

祭祀结束后，该贵族随即前往铸铜作坊进行日常视察。作坊位于城南的沿河高地之上，作为国家的核心技术产业，这里受到严密的管控。四周被高墙围起，仅有少数权贵和相关从业者被允许进入，整个国家能够铸造青铜礼器的地方仅此一处。

该贵族刚进室内，裹挟着金属撞击声的热浪便扑面而来。作坊里一片忙碌的景象，从远方运来的铜料在这里被工匠们加热至熔化，铸成光彩照人的国之重器。同样受到王室直接控制的，还有紧邻着宫殿区的绿松石加工作坊。绿松石在这里被切割打磨，镶嵌在玉器、铜器与漆器之上。

从作坊区出来后天色已晚，此时，这位忙碌了一整天的贵族只想早点儿回到家中，与宾客们把酒言欢。随着夜幕降临，晚宴终于拉开帷幕。舞台之上，乐师们奏响乐器，舞者们翩翩起舞。屋宇之内，石磬空灵，铃音清脆，漆鼓沉稳，陶埙（xūn）悠扬。舞台之下，贵族与宾客们席地而坐，仆从依次为他们端来各类美食佳肴，谷物蔬果与鲜美烤肉均被盛放在制作精美的陶器之中。

伴着钟磬舞乐，众人畅饮着用稻米和小麦酿成的美酒，高声谈论着彼此最近的见闻，不知不觉间宴会已到尾声。但在酒阑人散后，这位贵族并未有酒足饭饱后的满足之感，让他感到忧虑的是他在宴会上听到的一条传闻。据说离国家东北方不远处的其他部族势力正在不断壮大，他的内心隐隐有些不安：等待这个国家的会是怎样的未来呢？

左页图　嵌绿松石兽面纹铜牌饰 / 摄影 余宽

二里头遗址一共出土过 3 件绿松石铜牌饰，这是 1981 年最早出土的一件，长 14.2 厘米、宽 9.8 厘米，出土时位于墓主人胸部偏左侧，以“金镶玉”技术制作而成。学者一般推测，铜牌饰与宗教信仰有关，系于使用者的胸前，纹饰有的理解为饕餮纹，也有的理解为虎龙纹等。

肆 王都沦陷：二里头的覆灭

与史书中的夏朝一样，二里头人也遇到了同样的敌人——商人。

这个来自东边的部族，对二里头虎视眈眈，最终与二里头爆发了战争。虽然其过程无从知晓，但结果却很明显：二里头失败了。

二里头的都邑被占领，随之而来的是一场前所未有的浩劫。入侵者无视原本的城市规划，将房屋与垃圾坑肆意建在道路上、城墙边与宫城内。昔日的繁华都邑已然面目全非，但城南的铸铜作坊却未曾被破坏。对于商人而言，只要控制了这里，便控制了那个时代顶尖的技术。这里的作坊被继续使用，直到商人能够真正掌握铸铜技术。

虽然占领了二里头，但商人并没有打算把这里当成他们的都城。与之相反，他们在距二里头东边不远处相继建立了两座大型都邑，如今它们被称为偃师商城和郑州商城。在苟延残喘了数十年后，随着铸铜技术的转移与新城的建成，失去利用价值的二里头都邑被彻底遗弃。二里头最后的繁华，最终被掩埋在了层层黄土之下。

兴起—繁荣—衰落，这又是一个轮回吗？对于二里头而言，这并不是轮回，与之前衰亡的古国相比，它的文明并没有断档。商人虽征服了二里头，却也完整地接受了它的遗产：以青铜器为核心的礼仪制度被商周完美地继承和延续，乃至成为后世中原礼乐文明的基础。

对于中华文明而言，这却是一个新的轮回。二里头虽然消逝了，但以它为先导的中原王朝才刚刚迈上历史舞台。至此，文明流转，王朝更迭，中华文明迈入了新的阶段。

二里头绿松石龙形器 / 摄影 苏李欢

它由 2000 多片厚度不足 1 毫米的绿松石片镶嵌而成，巨头蜷尾，身长 64. 5 厘米。一般学者认为，这是中国早期龙的形象，有可能装饰于旌旗之上，也有认为龙形器是作为权杖的龙牌。龙形器的中间是一个铜铃，或许对应了《诗经》中“龙旂阳阳，和铃央央”的记载。

夏商周礼器演变 / 摄影 包浩霖、范沛卓、冯思绪、林康、李琼、魏富林、吴其平、余宽、张林

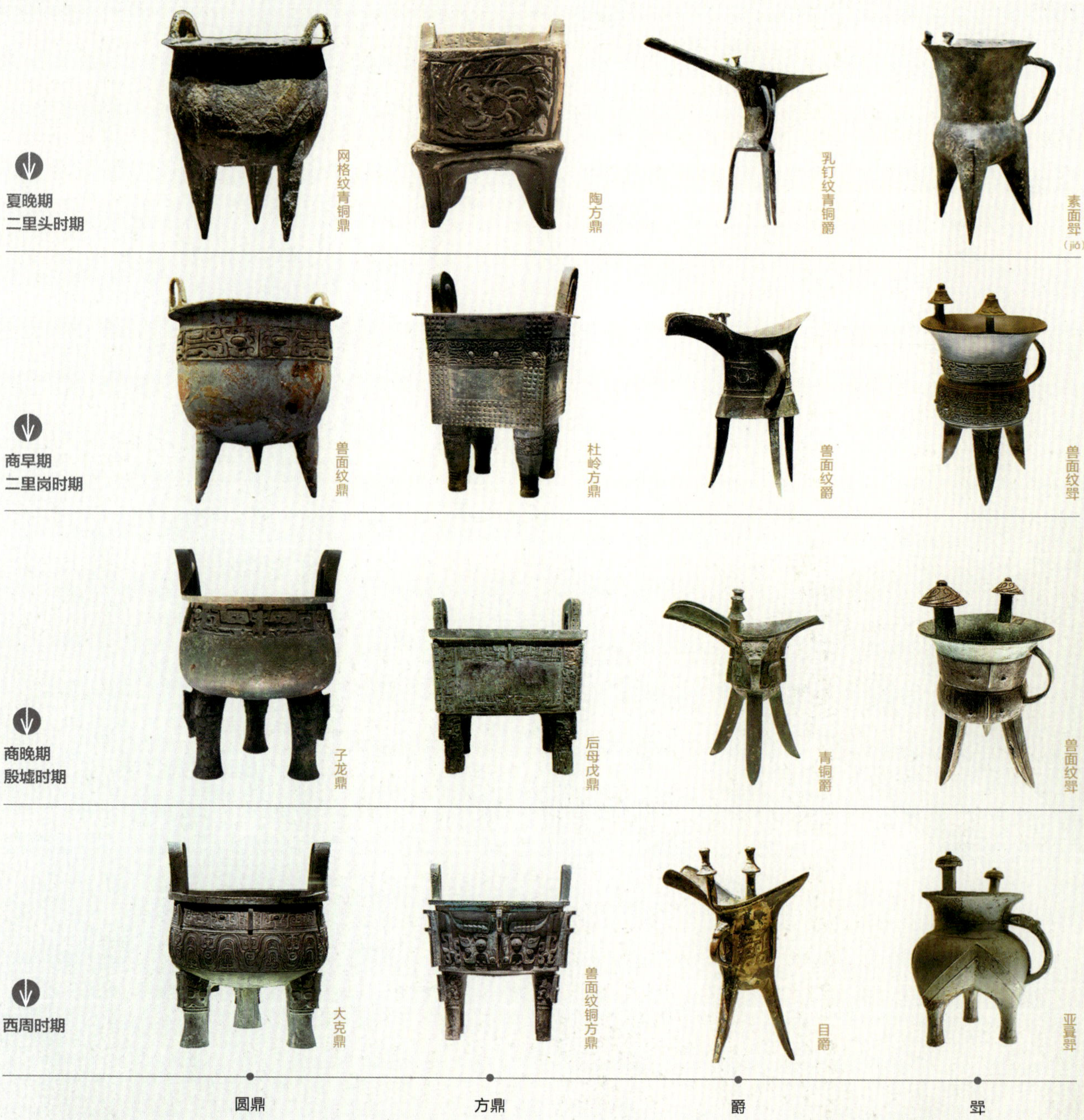

伍 尾声：二里头与夏

伴随着二里头遗址的发掘，一个问题摆在了人们眼前：史书中记载的中国“第一王朝”——夏，究竟与二里头有着何种关系？二里头遗址会是夏朝的都城所在吗？二里头的衰败与偃师商城的兴起是否代表着夏商的王朝更替？

对此，学术界的争论从未停止，从文献资料上看，二里头遗址的位置与古史记载相符，年代也与夏朝大致相当。《史记·周本纪》记载，“自洛汭延于伊汭，居易毋固，其有夏之居”，其大意为：洛水到伊水之间平坦而无险阻的地域，曾是夏朝定居的地方。

到目前为止，虽然二里头遗址尚未发现如甲骨文那样可以确证史实的文字资料，但从考古材料上看，二里头遗址的规模和发展程度俨然是一国都邑的水平。在时间上，二里头紧列商王朝之前；在文化面貌上，商周王朝与其一脉相承。二里头遗址极有可能是夏王朝的都邑所在。[1]

无论学术上的争议如何，不可否认的是，彼时的中华大地上曾存在东亚大陆上辉煌的文明。前路漫长，300 万平方米的二里头遗址里，今天的发掘面积尚不到其中的 2%，更多的线索或许就深埋在地下。它们将为我们带来故事的真相，还是更多的谜团？二里头的考古工作仍在继续，而我们也将一直寻找下去。

1. 关于二里头遗址的王朝归属问题仍存在争议，目前主流观点认为，该遗址极有可能为夏王朝中晚期都邑。夏朝，这个文献中的中国第一个世袭制王朝，充满神话色彩，学术界也曾围绕它展开多次争论，在没有诸如文字等直接物证出现的情况下，争论仍会持续下去。不过，考古研究并非一蹴而就，所有的探索仍在进行当中。从 1959 年到现在，关于夏朝的存在及其模样已经清晰了许多，让我们一起期待后续的考古发掘成果。

1.3 三星堆 唤醒另一个宇宙[1]

1. 目前有关三星堆的研究，仍有较多争论，本书仅提及其中一部分观点。关于三星堆祭祀器物埋藏坑有多种说法，如“祭祀坑”“器物坑”，本书采用较为中性的说法，统称为“三星堆埋藏坑”。关于三星堆的造神原因尚未有定论，本书仅为猜想。

这个世界上真的存在神明吗?
不同的人或许有着不同的回答,
但对于三千多年前的三星堆人来说,
这个答案似乎是肯定的。

三星堆,它的造物是如此“离经叛道”,
它的子民们也将不计其数的资源与精力,
倾注在一片虚幻的世界。

对于三星堆人来说,神似乎是一切。
为此,他们试图穷尽所有,去唤醒“另一个宇宙”。
那个宇宙究竟是何种模样?
又是何种原因导致了它的崩塌毁灭?

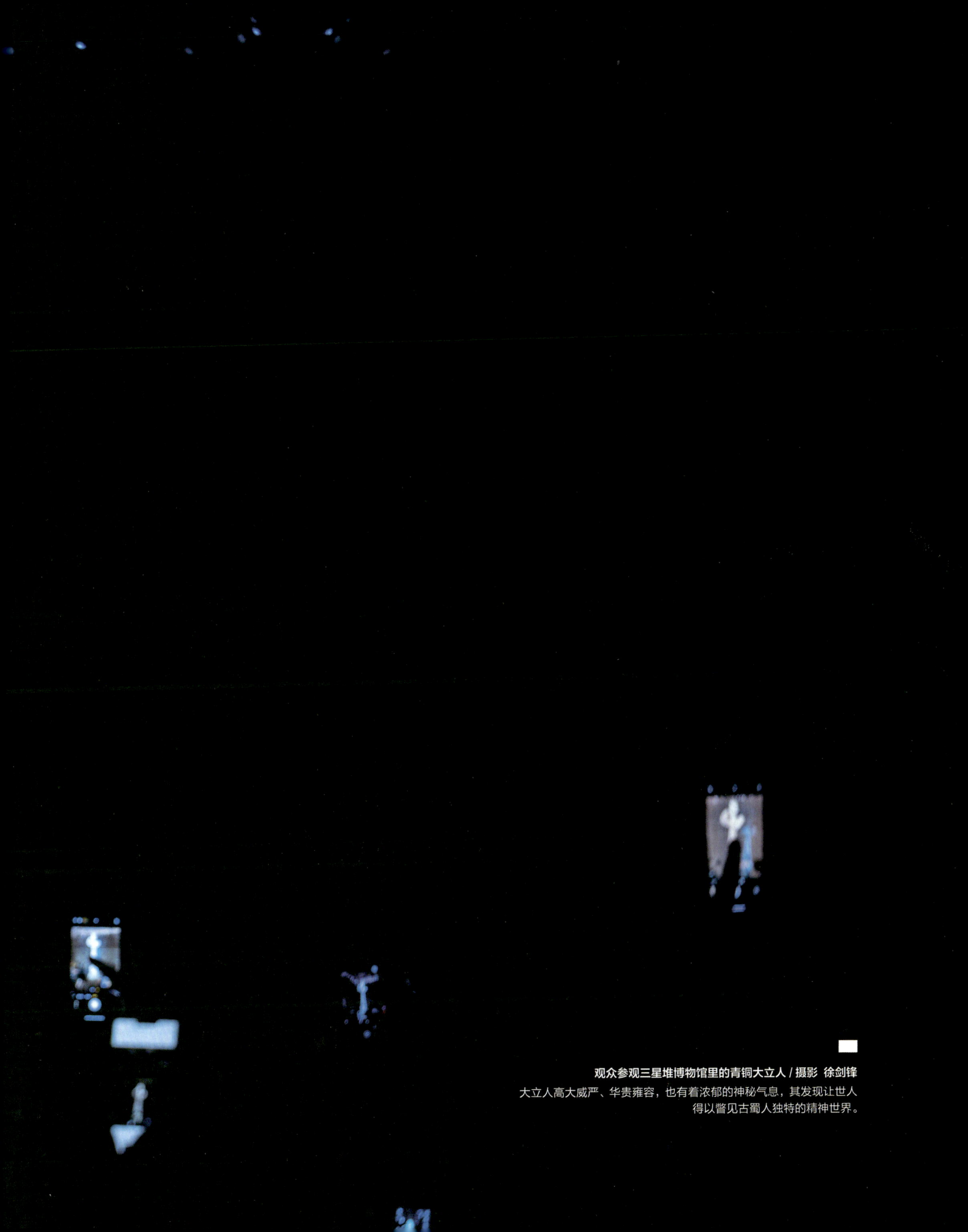

观众参观三星堆博物馆里的青铜大立人 / 摄影 徐剑锋

大立人高大威严、华贵雍容，也有着浓郁的神秘气息，其发现让世人得以瞥见古蜀人独特的精神世界。

壹 危机与希望

5000 多年以前，文明之花绽放于中华大地之上，被高山阻隔的成都平原却仍是一片蒙昧。也许是受到气候的影响，居住在川西高原上的人们开始了数百年的迁徙，他们最终来到了成都平原，来到了这片“世外桃源”[1]。或许，彼时的他们还未意识到，不久的将来，在这片平原之上，他们将会创造出怎样的灿烂文明。

沱江的支流——鸭子河，它的南面有一座形似月牙的台地，再往南有三座小土堆，当地俗称“三星堆”。就在约 3800 年以前，这里诞生了一座全新的城市。[2]

城北为宫殿区，这里有一座人工夯筑的大型台地，宏伟的宫殿矗立其上。城西南为祭祀区，人们在这里举行祭祀活动，祭祀中用过的贵重礼器被一一埋藏于此。普通居民则生活在该城的其他区域，用“木骨泥墙”建造自己的房屋。他们在这里养蚕缫丝，织出花纹繁复的服饰。他们在这里种植水稻，剩余的粮食被拿来酿酒。人们在繁忙的劳作后吃着“火锅”[3]，喝着小酒，生活简单而快乐。

1. 四川营盘山遗址是四川境内最早的新石器时代遗址之一，其中发现有甘肃马家窑文化的彩陶，且两地的饮食类型和人种都十分相似，两地之间还曾发现一系列相关的新石器时代遗址，因此判断有可能是马家窑文化人群在南下迁徙的过程中，将彩陶带到了四川营盘山，并在随后不断南下，先后到达桂圆桥、宝墩和三星堆。
2. 三星堆文化有很长的发展史，从距今 4000 年到 3100 年，存续了近 900 年。不过，我们今天熟悉的三星堆青铜遗存（其 8 个埋藏坑）的年代是在距今 3200 年前后，相当于商朝晚期。
3. 三星堆遗址出土物中有陶三足炊器，其足底可生火，宽大的敞口盘可用来蒸煮食物，有点儿类似现在的火锅。

三星堆“木骨泥墙”建筑示意

但看似平静的生活之下，仍然暗藏着危机与不安。丰富的水源既浇灌出成都平原的肥沃，也为临河而居的三星堆人埋下了一颗定时炸弹——洪水的阴影时刻笼罩着他们。自然的危机尚未解决，作为一个国都，三星堆还必须时刻警惕周边的外敌。

面对种种威胁，尚且懵懂的三星堆人将希望投向了神之世界，也许神明的力量将协助他们保护家园。为了唤醒这股力量，他们决心打开另一个宇宙。

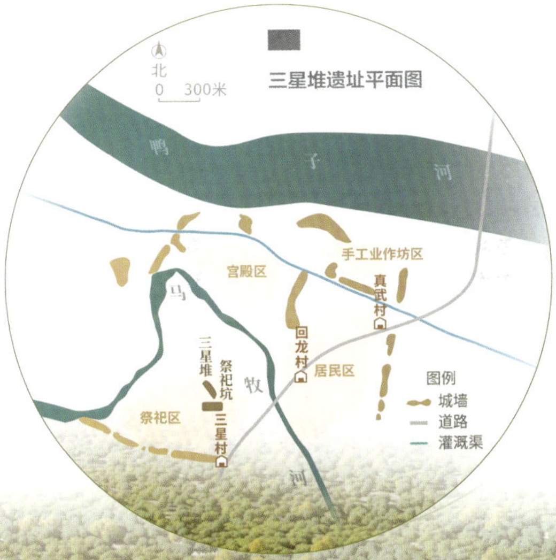

三星堆遗址平面图

三星堆古城复原图

注：三星堆目前没有发现确切的祭台，此处数据源自成都羊子山祭台数据。

三星堆博物馆老馆
（1997 年建成开放）
鸭子河
龙门山脉

三星堆博物馆旧馆与新馆 / 摄影 王谦

博物馆建在三星堆遗址附近，其旁边就是从龙门山脉发源而来的鸭子河。几千年前，三星堆人在成都平原的西部创造了神秘的古蜀文明，而其西部就是盆地的边缘。

贰 另一个宇宙

这个宇宙里会居住着怎样的神明？三星堆人相信他们的祖先肯定是其中之一。《华阳国志·蜀志》中写道："有蜀侯蚕丛，其目纵，始称王。"

蚕丛，传说中古蜀国的创始者，是他带领着族人来到了川蜀之地，也是他教会了民众养蚕缫丝。三星堆人将他奉为神明，他那突出的双目自然也成为神明的特征。

三星堆青铜小面具 / 摄影 赖波
在三星堆的众多青铜面具中，还有一部分是小型的面具，它们的杏状突棱眼球与尖鼻令人印象深刻，勾画出三星堆人心目中神明的模样。

青铜戴冠纵目面具／摄影 朱思宇

这具面具高约 82.5 厘米，出土于三星堆遗址二号祭祀坑。面具双眼眼球呈柱状外凸，向前伸出约 10 厘米，双耳向两侧展开，额铸高约 70 厘米的夔龙形额饰。面具突出的眼部，可能是对蚕丛“目纵”的形象体现，代表着三星堆人的祖先崇拜。

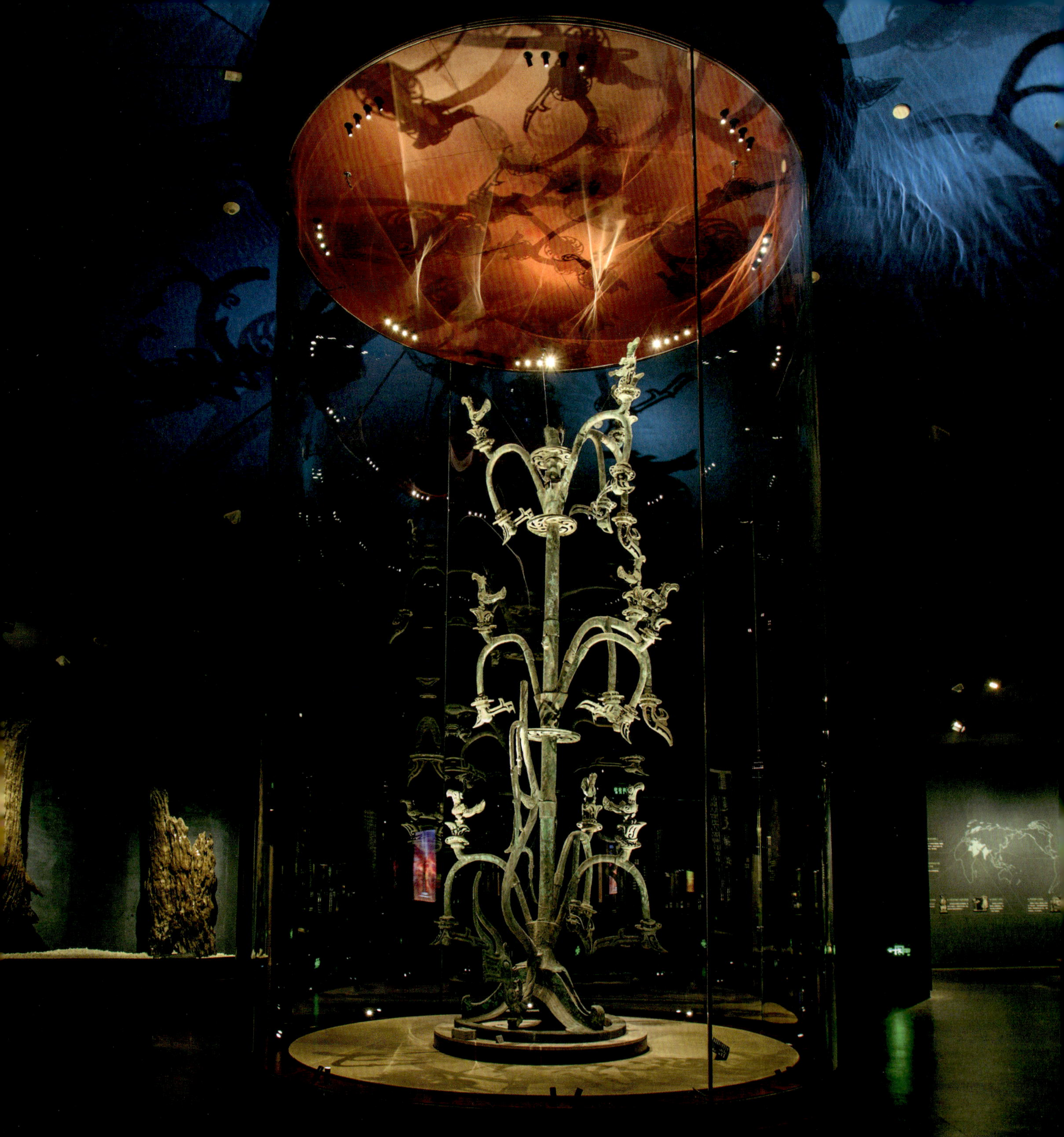

三星堆 1 号青铜神树 / 摄影 吴渝

三星堆共出土了 8 棵青铜神树，1 号青铜神树是目前已出土的最高神树，体形巨大，展现了三星堆人狂热的宗教信仰，修复后高达 396 厘米。

三星堆戴金面罩青铜人头像 / 摄影 朱嘉麒

金面罩用金箔制作，用土漆和生石灰做黏合剂，贴合在青铜头像之上，双眼双眉镂空、鼻部凸起。

通高260.8cm
人像高180cm

服饰拆解

人像衣着华丽，分为里外三层。

头戴筒形高冠，前部饰有变形的兽面纹。

神秘莫测的自然万物也有着各自的神性。古蜀大地山川环绕，四周山脉高耸入云。在三星堆人的想象中，这里居住着神明，通往天界。或许是苦于巴蜀地区湿润多雨的天气，太阳的力量受到了三星堆人的崇拜。

他们制造出青铜神树，树枝上栖息的十只神鸟，代表了天上的十个太阳，它们轮流“值班”，照耀着古蜀大地。三星堆人似乎对鸟有着特殊的感情，或许在他们的想象中，神明有着鸟的模样。

这个宇宙是如此奇幻多彩，那么要如何才能把它展现在世人面前？神所在的另一个宇宙，必须用最贵重的材料打造。

珍贵的青铜，在铸铜作坊工匠的手中被铸成了神明的模样。稀有的黄金，被锻造成神明的“面具”，这是神明最为尊贵的面容。纯洁的玉石，被打磨成与神沟通的礼器，只有最纯粹的力量才能“感动”神灵。神所在的另一个宇宙，还应该有着让人畏惧的尺度。大，大，大，必须做得足够大！只有这样，才能有足够的威慑力，向世人宣示神明的力量。

三星堆青铜大立人像

这件人像是同时期全世界体量最大的一座青铜人物雕像，象征着三星堆集神、巫、王三者身份于一体的领袖人物。

摄影图来源：摄影师 @ 徐剑锋、张艳

双臂环抱于胸前，两手中空，手中原本可能握有象牙、玉琮或权杖一物。

两耳有穿孔，脑后有斜向的插孔，人像原本可能佩戴有耳环、发簪一类的饰物。

三星堆戴金面罩青铜人头像 / 摄影 朱嘉麒
粘贴了黄金面具的青铜头像，更增加了几分尊贵和威严气势。

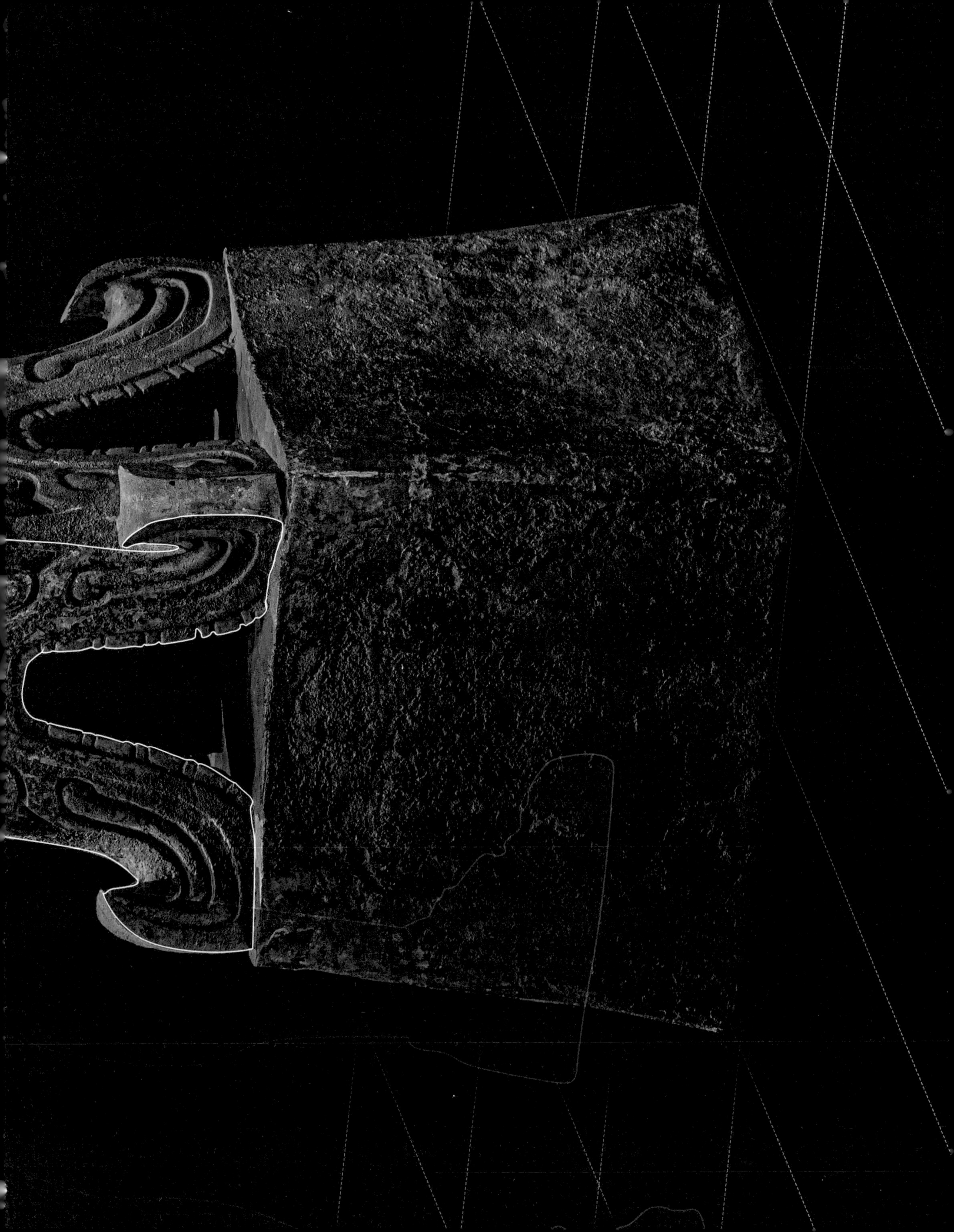

纹饰拆解

人像上的纹饰十分繁复，以龙纹为主，辅以兽面纹、虫纹与回纹。

主纹

辅纹

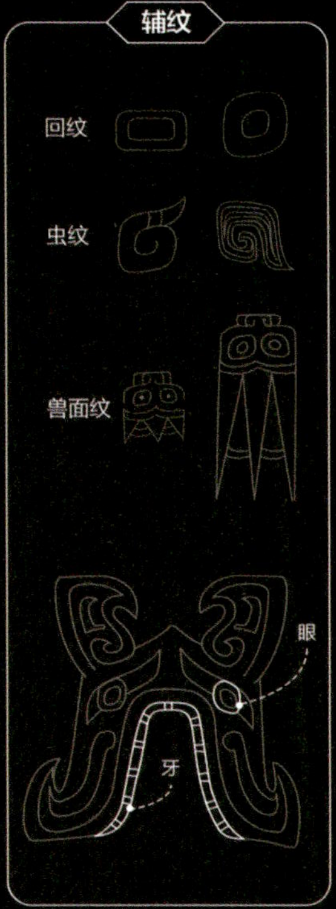

外衣上配有一条编织的长“绶带”，左斜挎肩，两端结扎于人物背后。

人像赤足站立在方形怪兽底座之上。

不过，并非所有人都有资格与这个宇宙对话。神所在的另一个宇宙，只有最尊贵之人才能与之沟通，一个等级森严的统治集团把持着朝政与宗教。他们既是王国的统治者，也是一个严密的巫祀集团，更是神明的代言人。最高统治者之下，是众多的贵族阶级，他们装束各异，似乎代表着不同的派系。

为了打开另一个宇宙，自然需要一场隆重且独特的祭祀仪式。不妨让我们想象一下这盛大的场面，为首的是三星堆的最高统治者，他头戴王冠，衣着华丽，高举手中的象牙，率领群巫进行祭拜。祭司们戴上了特制的面具，此刻，他们不再是凡人，而是人与神之间沟通的使者。高级别的祭司更是脸覆金面，或许有了黄金的助力，能让沟通变得更加通畅。

向神明供奉祭品的方式更是各有不同。有的祭司跪坐于象征着神山的祭台前，将铜尊高举过头顶。有的祭司双手握着玉璋，将其虔诚地平举于胸前。有的祭司戴上了奇异的兽冠，为神明献上珍贵的象牙。其余的祭司则跪坐于祭台周围，为神明奉上自己的祷告。他们或站或跪，或唱或舞，在人工堆筑的祭台前为神灵奉上祭品，以此愉悦神明，渴望沐浴在神永恒的庇佑之下。

但古蜀人倾尽全力颂唱的赞歌，真的能被神明听到吗?

三星堆青铜跪坐人像 / 摄影 张艳

在三星堆的青铜人像中，还有一系列小型的跪坐人像，它们身着对襟长服、腰间束带，双手放于大腿之上，或单膝跪地，或双膝跪地，它们好像是在禀报或拜辞，显示一种古蜀礼仪。

三星堆青铜人头像与头饰 / 摄影 张艳、包浩霖、孙弋、吴渝

三星堆人发型和头饰的差异，可能象征着不同的等级或部族。也有学者推测，三星堆内部可能经历过权力更迭，以辫发为代表的社群取代了以笄发为代表的社群。

▼祭祀组织构成示意
受祭者
被奉为祭祀对象，放置在祭台之上，种类复杂，可能代表着三星堆人敬仰的神明与祖先，如太阳形器、眼形器、各种青铜面具与青铜头像等。
祭台
祭器与祭品
形象神秘奇异，可能起到与神明沟通的作用，如青铜神树、神坛、青铜罍（léi）等。
祭祀者
引导和参与祭祀过程，可能包含国王、祭司、贵族等。
小型人面具与兽面具
象征着先祖及地下神明
人头像
象征着曾经的三星堆首领或贵族
国王
头戴王冠，衣着华丽，手中持有象牙，率领群巫进行祭拜

与神明的对话

三星堆祭祀场景想象

“国之大事，在祀与戎”，对于宗教仪式浓厚的古蜀社会而言，祭祀在当时的社会生活中占有重要地位。三星堆出土的诸多器物，也许在当时的祭祀场景中，有着各自不同的地位与作用。

注：关于三星堆埋藏坑出土物所展现的祭祀场景，一直以来都是学者们讨论的焦点。本图主要选取了张昌平、孙华等学者的研究成果来进行艺术化想象复原，仅作示意。

叁 宇宙坍塌

若想唤醒另一个宇宙，要付出的代价或许远超想象。

三星堆 1986 年发掘的两个埋藏坑中出土的青铜器总重量超过了 1 吨，按照当时的冶炼水平来算，打造出如此规模的青铜器至少需要消耗数千吨的矿石原料。但三星堆附近尚未发现同时期的大型铜矿，这意味着巨量的矿石可能需要从遥远的云南或江西运输而来。

而不计其数的海贝经由“蜀身毒道”[1]，从遥远的南中国海、印度与缅甸辗转而来，成为奉献给神明的财富。一根成年雄性亚洲象的象牙重量可达一百来斤，这样的象牙在三星堆还有数百根，要获取这些数量可观的庞然大物，绝对不是一件容易的事。[2]

献祭的器物之中，有些是一个国家最具战略意义的资源，有些是一个国家最宝贵的物质财富。但在耗费了不计其数的人力物力后，却统统成了趋奉神权的礼物。

---

1. 古代由我国巴蜀地区经云南通往印度次大陆的一条交通线路。身毒为印度的古称，是我国汉文史籍对古代印度地区最早的称呼，唐朝僧人玄奘改称其为印度。三星堆出土的部分海贝产自印度洋沿岸地区，可能曾作为货币使用。
2. 经过鉴定，三星堆的象牙均出自雄性亚洲象。有学者推测，这些大象来自四川本地。毕竟 3000 多年以前的成都平原处于热带和亚热带气候区，适宜大象生存，甚至曾经象群遍地。但矛盾的是，在三星堆目前的考古发掘中，尚未出现除象牙外的大象遗存。所以，也有学者推测，这些象牙并非来自本地，而是“进口商品”。

最后的告别
三星堆埋葬坑的形成及结构
（以二号坑为例）
三星堆埋葬坑年代主要处于商朝晚期，虽然形成原因尚未有定论，但可以肯定的是，这里埋藏了三星堆文明最后的辉煌。
1 打碎
将器物打碎成数块。
2 焚烧
在燎祭仪式上焚烧器物和象牙。
▶被破坏的祭祀器物
坑中出土的多数器物，有被砸碎和焚烧痕迹，可能是在入坑前的某种宗教仪式上被故意破坏的。
3 埋藏
按照特定的顺序，掩埋破坏后的器物。
约2.2米
▼祭祀器物埋藏顺序
首先掷入海贝、玉石、青铜杂件等小型器物，其后投入大型青铜器，最后堆放象牙。
约1.68米
第三层 象牙
第二层 大型青铜器
第一层 小型青铜器等
5.3米

三星堆祭祀坑内刚发掘出土时的青铜器，“沉睡数千年，一醒惊天下”/ 摄影 余嘉

倾尽国力打造的神界，终是一场自我安慰。过度的资源消耗，严重阻碍了正常的生产活动，内忧外患之下，昔日的神权古国被推向崩溃的边缘。

也许是再度袭来的洪水淹没了三星堆人赖以生存的农田，也许是日益激化的内部矛盾让三星堆陷入了长久的内乱。无论危机为何，此时的三星堆人已无回天之力。也许他们试图用最后一场祭祀祈求洪水的平息，也许斗争中得势的一方摧毁了对手曾经的信仰。

不论为何，三星堆人最终亲手毁掉了他们的神庙，神庙内的所有礼器也在一场盛大的仪式后被打碎并埋藏。这是他们面对灾难的最后一场祭祀，也是他们对神明最后的告别。这个曾经盛极一时的青铜王国就这样迎来了它的落幕。

三星堆难道就此消失了吗? 在它的不远处，成都西郊的金沙遗址，或许埋藏着答案。

这是一处在商晚期兴起的具有都邑性质的中心聚落。这里出土的器物与三星堆有太多相似之处，生活在金沙的人们同样崇拜太阳与神鸟，象征王权的金饰之上有着与三星堆金杖别无二致的纹样。种种迹象表明，金沙人与三星堆人共享着同一套神权价值观与信仰体系，他们之间或许存在继承关系。

虽然同样崇拜神明，但金沙人更加“务实”。他们不再制作外形巨大的青铜器，器物变得小而轻薄。他们依然会举行祭祀仪式，但不只依赖于祭祀。若想治理水患，若想国家兴旺，人的劳作必不可少。新的蜀王杜宇显然明白其中的道理：“后有王曰杜宇，教民务农。”（出自《华阳国志·蜀志》）民间相传他死后化为杜鹃鸟，每到谷雨时节，便会“布谷、布谷”地鸣叫，以催民务农，金沙人重视农业的程度可见一斑。

作为一个国家，三星堆或许走向了终点。但作为一支文明，它仍绵延不绝。金沙继承了它的信仰与文化，将古蜀文明推向了新的辉煌。

金沙遗址位置示意

金沙遗址位于四川省成都市金沙村，距三星堆遗址 38 千米。

商周铜立人（金沙遗址博物馆藏）/ 摄影 张艳

这件青铜立人不足三星堆的十分之一高，可能意味着世俗政治权力的增强和宗教神权的衰落。

高 10.7 厘米

商周大金面具和太阳神鸟金箔 / 摄影　张艳

两件文物都出土于金沙遗址，金沙遗址博物馆藏。在金箔中，首足相接的四只神鸟围绕着太阳，可能表现了“金乌负日”的传说。太阳神鸟金箔体现了古蜀人对太阳和鸟的崇拜，其图案已成为中国文化遗产标志。

肆 尾声

对于一种文明而言，神明究竟意味着什么？也许所谓神明，其实是古人认识世界的一种方式，是迷茫的他们对世间万物的解释。

在早期中国，无数种文明的模式都在探索之中，它们有的务实，有的豪奢，有的精于文化，有的长于农业，这些探索就像在黑暗中不断划亮火柴又熄灭。

三星堆为神而来，也因神而去，只留下一个又一个谜团，等待着后人解答。但无论答案为何，世人都将知道，在今天中国西南部的这片土地上，在神秘色彩的迷雾背后，曾闪耀着怎样璀璨的文明之光。

云雾之下的三星堆博物馆 / 摄影 王谦

神秘的三星堆古蜀文明一醒惊天下，考古工作者通过不懈的努力，为公众一层层揭示神秘的三星堆人世界。但它仍有许多未知和疑问，它更多的神秘，等待着进一步的云开雾散。

2

生长，众城崛起

城，所以盛民也。

从六千多年前开始，古人造城而居。

随后，它们开枝散叶，

由少而多，由稀而密，由小而大，不断生长，

最终遍布中国的东西南北。

它们不是孤立的存在，而是地域的中心，

也是一个个连接的节点。

由点而面，众多节点最终将不同的地域

联结为一个多元的统一体，

织成我们的疆域。

2.1

古城

中国人的伟大造城史

生活在钢筋水泥的“森林”中，
我们很难想象，
我们的祖先创造过多少伟大的古城池。

这些古城池绝不仅仅是西安、
平遥那样的少数明星。
它们更多的是大地上平凡而坚强的存在，
即便历经千百年风霜，
也会留下明显区别于其他事物的痕迹，

它们的设计者、建造者早已湮灭于历史，
但现代中国人却没有理由将它们遗忘。
因为这些遗存呈现了历史长河，
见证了灿烂的华夏文明。

元上都遗址航拍 / 摄影 和平

元上都遗址位于内蒙古自治区锡林郭勒盟正蓝旗，地处金莲川草原之上，闪电河从其南蜿蜒而过。上都始建于元宪宗六年（1256 年），都城遗址主要由宫城、皇城、外城等遗存组成。元至正十八年（1358 年），红巾军攻陷上都城，宫阙城池毁于兵火。

a 宫城
b 皇城
c 外城

a

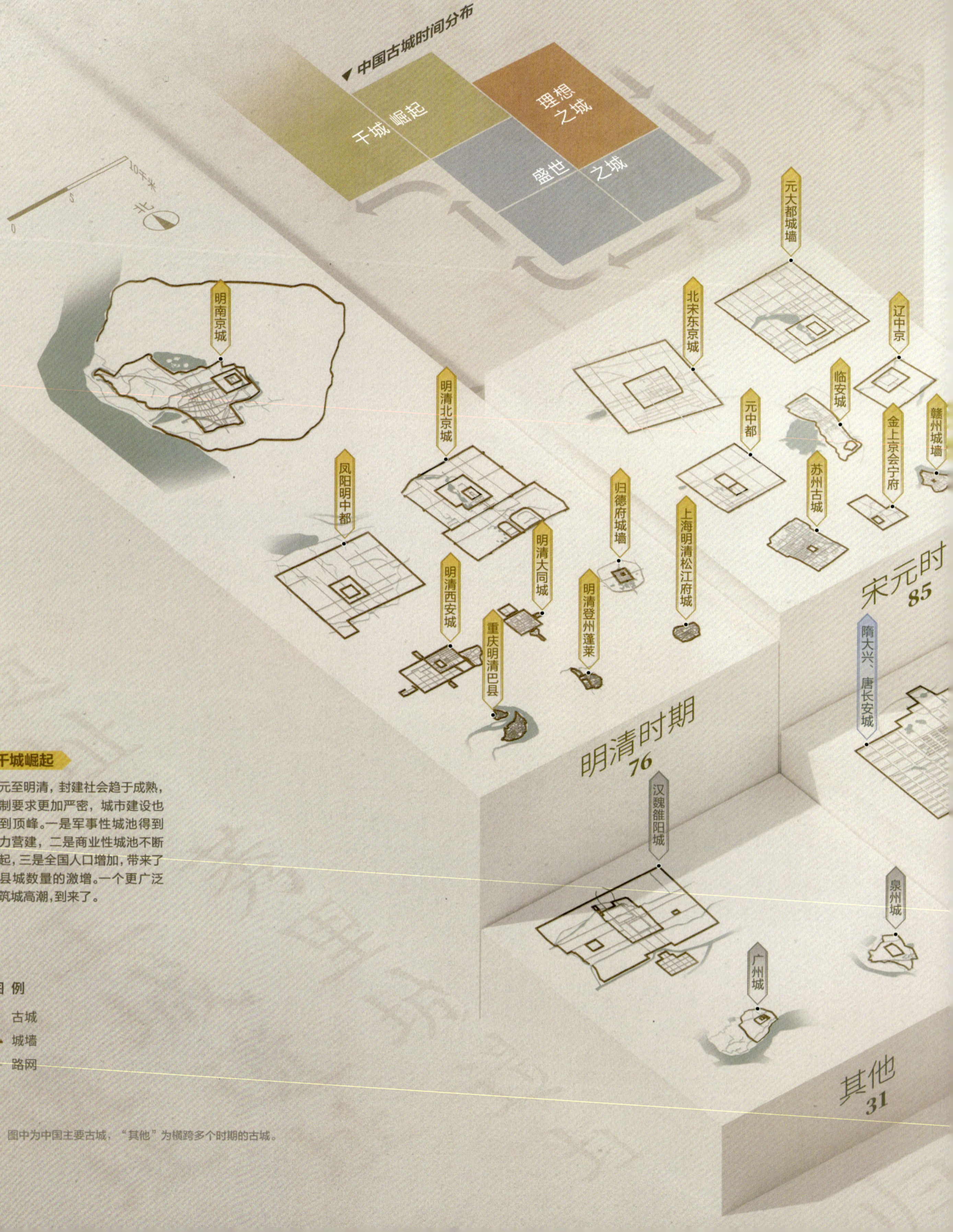

千城崛起

宋元至明清，封建社会趋于成熟，礼制要求更加严密，城市建设也达到顶峰。一是军事性城池得到大力营建，二是商业性城池不断崛起，三是全国人口增加，带来了府县城数量的激增。一个更广泛的筑城高潮，到来了。

图例
- 古城
- 城墙
- 路网

注：图中为中国主要古城，“其他”为横跨多个时期的古城。

千城千面

从周朝的理想之城，到秦汉隋唐的盛世之城，再到宋元明清的千城崛起，每座古城都有着独一无二的面貌，独一无二的故事。我们从537座位列国家重点文物保护单位的古城中，挑选出44座主要古城，以此来展示这段伟大的造城史。

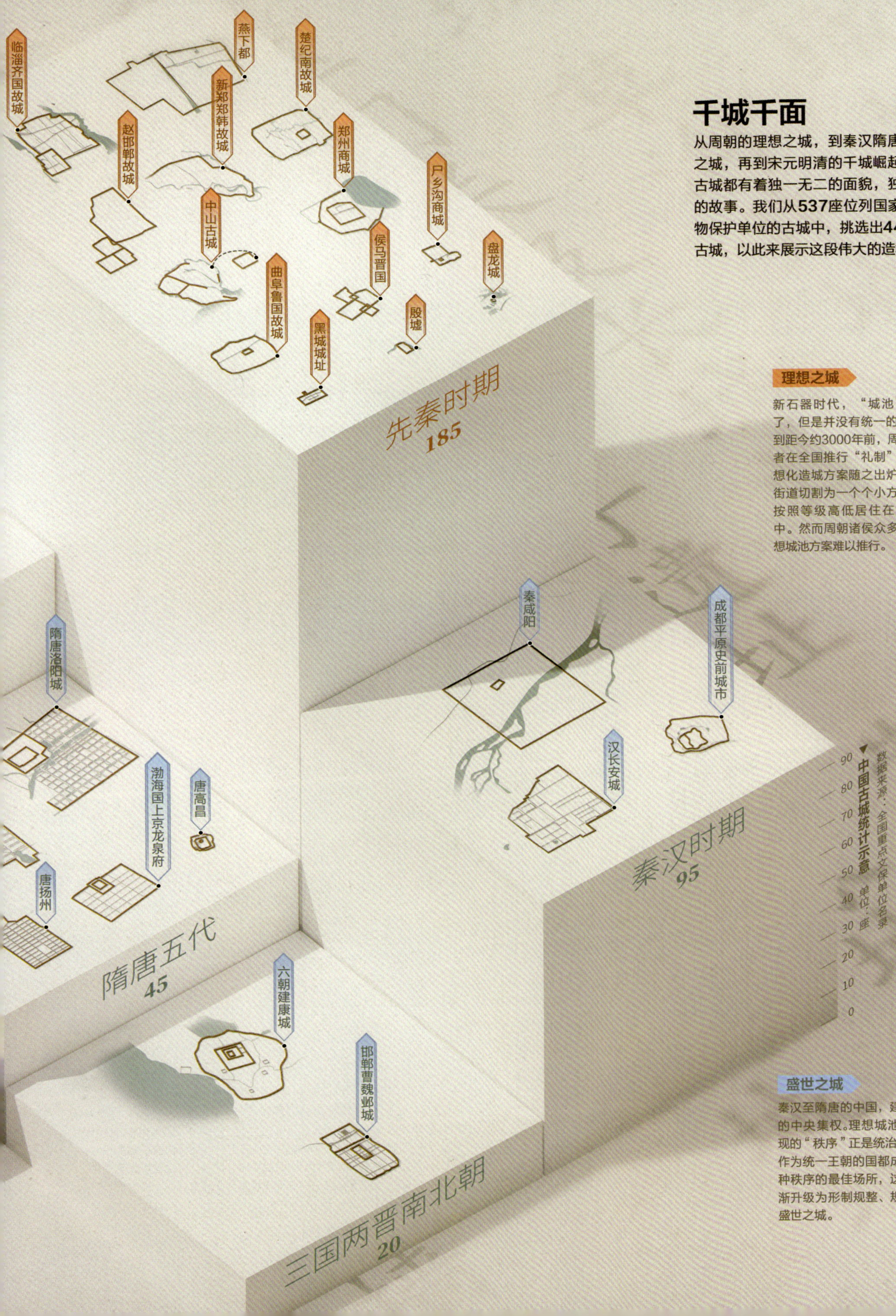

理想之城

新石器时代，“城池”便诞生了，但是并没有统一的规范。直到距今约3000年前，周朝的统治者在全国推行“礼制”，一种理想化造城方案随之出炉，城市被街道切割为一个个小方格，人们按照等级高低居住在相应方格中。然而周朝诸侯众多，这种理想城池方案难以推行。

盛世之城

秦汉至隋唐的中国，建立了强大的中央集权。理想城池方案所体现的“秩序”正是统治者的需要。作为统一王朝的国都成为实践这种秩序的最佳场所，这些都城逐渐升级为形制规整、规模宏大的盛世之城。

壹 理想之城

新石器时代，中华大地上部落相争，为保卫生命与财产，人们围绕聚居地建造城墙（城），并在外围设置护城河（池），“城池”便诞生了，是为“造郭以守民”。

但是直至商朝，城池并没有形成统一的规范，它们或圆或方，或亦圆亦方[1]，甚至不设城墙，成为大型开敞型城市[2]。

到距今约 3000 年前，兴起于渭河上游的周部落兴师灭商。周的统治者要在全国重新建立秩序，尊卑有序的“礼制”被广泛倡导，一种秩序感极强的理想化造城方案随即出炉。

从天子之城到诸侯之城，人们按照等级高低规划各自的城池大小、城门数量，但外形却都方方正正，每边开设数量相等的城门。城门用横平竖直的街道相连，城内又被街道分割成一个个规规矩矩的小方格，人们按照等级高低居住在相应方格中。这便是周朝的“营国制度”，其中的“国”即为“城”。

1. 浙江杭州良渚古城平面形态亦圆亦方，距今约5000 多年，拥有9 座城门。城池四角为圆形，东西南北四面却取直线，外围还有外廓城，呈不规则圆形。
2. 河南安阳殷墟商城为商朝晚期都城，至今未发现城墙，但殷墟北部的商朝中期都城洹北商城有城墙。

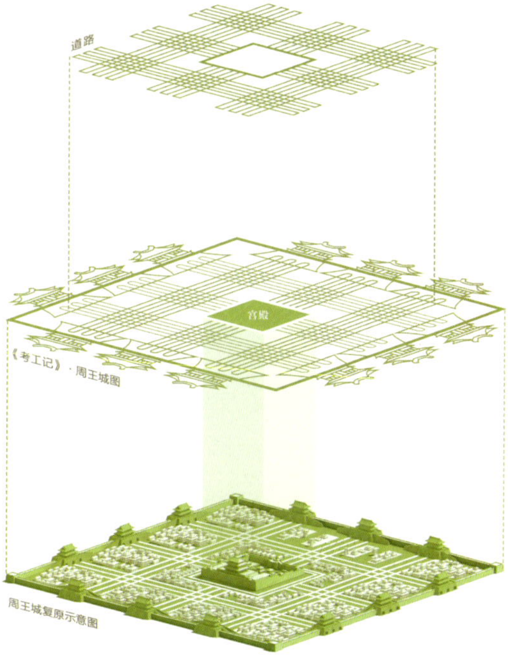

a 护城河
b 城头山遗址

右页图 湖南常德澧县城头山古城遗址 / 摄影 蒋哲睿
6000 多年前，人们就开始在此掘壕沟筑城，使用了 2000 多年才废弃，这是目前我国发现的时代最早的古城遗址之一。城头山古城略呈圆形，外圆直径约 340 米，古城的整体格局至今保存完整，城池轮廓非常清晰。在城内，考古工作者发现了居住遗址、稻田遗址等。

a
b

灵山
梳妆楼
插箭岭
温明殿
王朗城
丛台
邯郸大北城
赵王城北城
北将台
赵王城西城
龙台
赵王城东城
南将台
图例
主要遗址
邯郸赵王城范围
邯郸大北城范围
1千米
北

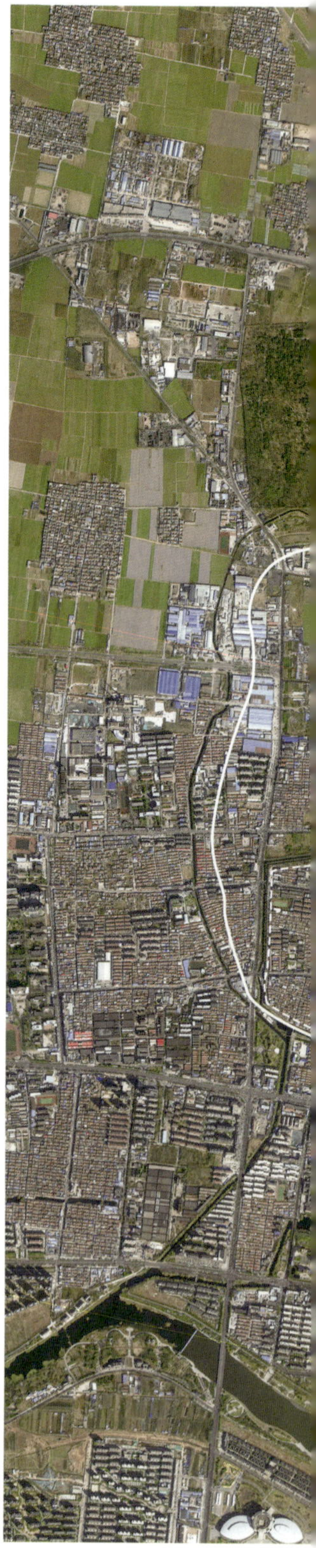

然而诸侯国众多的周朝，显然缺乏强大的执行力，未能将这种理想城池理念全面贯彻。

春秋战国时期，赵国的赵王城由三个小城组成，其中西城最为规整、方正，为典型的方城。而位于山东曲阜的鲁国国都——鲁国故城，则是一个不规则的长方形城池。位于江苏常州的淹城，一个春秋时期的军事城堡，甚至采用外圆内方的形态。其外城呈椭圆形，内城和子城则呈方形。

但是，当先秦时代终结，一股更强大的政治力量将注意到营国制度的价值，并将它打造为中国历代造城的典范。

左页左图　赵邯郸故城遗址卫星影像图 / 供图　星球地图数据云

赵邯郸故城是战国时期赵国的都城，包括赵王城和大北城两部分。其中赵王城是赵国的宫城，平面呈品字形。公元前 386 年，赵国都城由中牟迁都至邯郸，邯郸从此进入都城时期，一直到公元前 228 年被秦国攻灭。

左页右图　曲阜鲁国故城遗址卫星影像图 / 供图　星球地图数据云

鲁国故城是周朝和汉朝鲁国的都城遗址。鲁国故城规模宏大，现存故城面积约 10.45 平方千米，城垣遗迹依稀可寻。明清曲阜城在鲁国故城的西南角，其面积不到周朝鲁国故城的 1/4。

贰 盛世之城

这股力量便是中央集权。秦汉至隋唐，中国建立了强大的中央集权制度，营国制度所体现的“秩序”恰恰符合统治者的需要。作为统一王朝的国都，也成为实践这种秩序的最佳场所。这些都城逐渐升级，形制规整，规模宏大，成为全球称雄的盛世之城。

汉朝都城长安，大致为方形，但因受古渭河河道的影响，西北部城墙较为曲折，整体不算规整。幸运的是，汉长安城被废弃后，原址未进行大规模新建，所以城池形态基本完整保存至今，在陕西西安城区的西北方，占据相当醒目的一片土地。

之后的隋大兴城、唐长安城完全易址新建。其有意展现出对秩序强大的规划力度，除北部的大明宫外，整体呈现为更规整的方城样貌。城内道路系统更是被设计成严谨的方格网，将全城划分为 100 多个方形的里坊，居住和商业活动被严格限定在不同的区域。这是一项恢宏的杰作，其城池面积超过 80 平方千米，而明清北京城不过 60 多平方千米。

如今，岁月已将它埋藏在现今西安城下，仅有少数遗址露出地表，留存至今的大明宫遗址是唐长安城中三大宫殿群之一，面积是明清故宫的 4 倍有余。

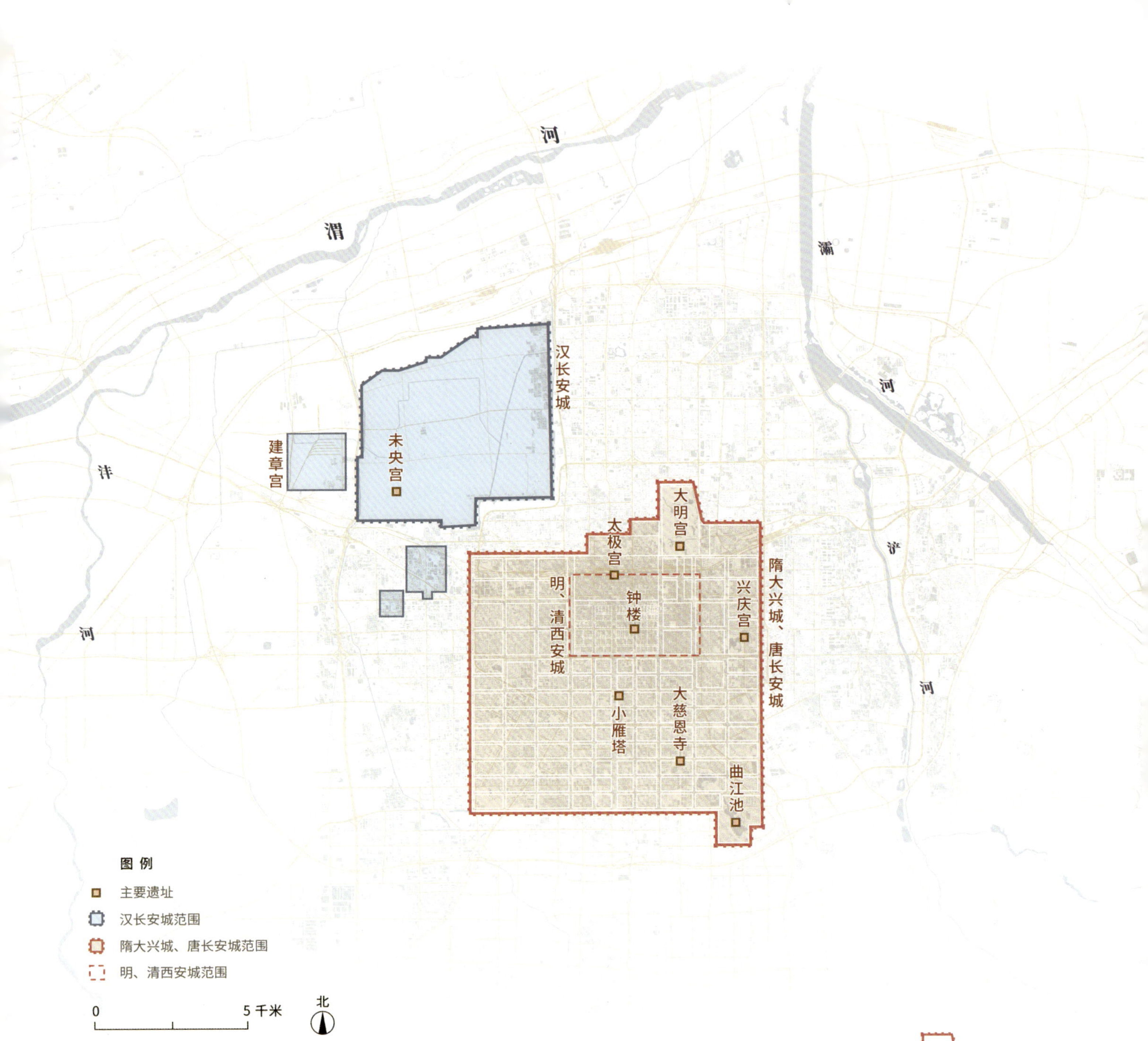

汉、隋、唐、明、清西安都城平面图

唐长安城与明清北京城范围对比 ▸

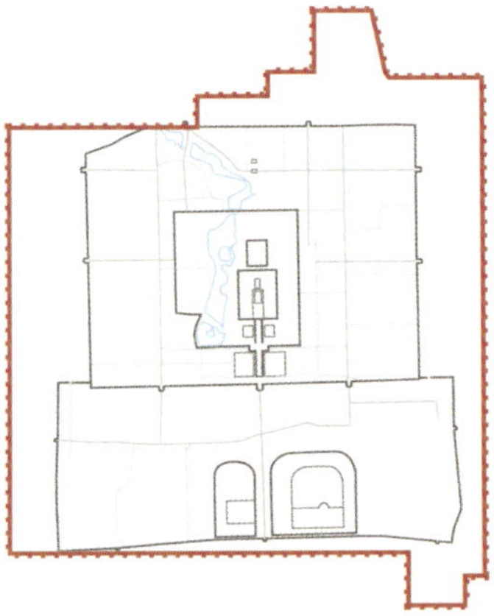

同样规划严整、秩序井然的还有隋唐洛阳城。

隋唐时，中国的经济重心逐渐南移至江南一带，与政治中心长安相距较远。于是隋唐开始实施两都制度，通过营建洛阳，加强与江南的联系。洛阳城跨越洛河两岸，外形呈基本规整的正方形，11 条南北大道与 11 条东西大道纵横交错，划分出 100 多个里坊。

而经济逐渐崛起的南方，一些明星城市也开始显现。例如京杭大运河与长江交汇处的唐朝扬州城，它是当时仅次于长安、洛阳的全国第三大城市。其外形呈长方形，内部则划分为棋盘式方格，这些痕迹在今天的扬州依然清晰可见。

左页上图　洛阳丽景门 / 摄影　石耀臣

历史上，洛阳有两座丽景门，人们常易混淆。图上的是如今复建的金明时期洛阳城丽景门，为当时洛阳城的西门，在今洛阳老城区西关。而隋唐时期洛阳城的丽景门是隋唐洛阳皇城的西南门，大致位于今洛阳市西工区。

左页下图　扬州东关街及东门 / 摄影　周靖宇

东关街是扬州旧城内通往东门的一条街道，从城内出东门就可以抵达东关古渡，到达古运河。唐宋时期，东关街一带就因处在交通要冲而商贸繁荣。清朝，东关街的尽头设有收取盐税的税关，于是有了“东关街”之名。

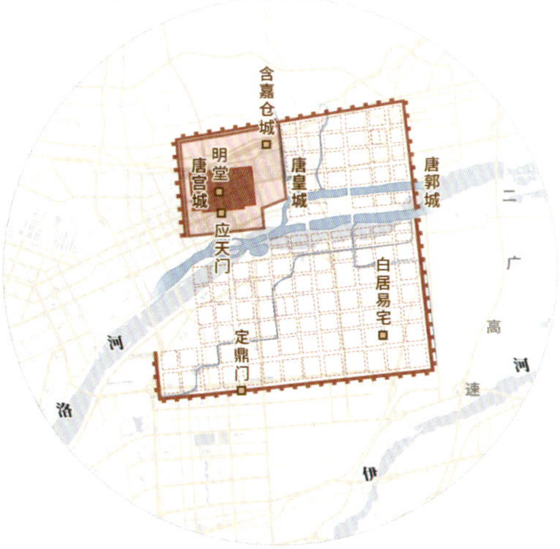

唐洛阳城图

图 例

主要遗址
唐洛阳郭城范围
唐洛阳皇城范围
唐洛阳宫城范围
唐洛阳里坊布局
古洛河

0　5 千米　北

唐扬州城图

图 例

主要遗址
唐扬州外城范围
唐扬州子城范围
唐扬州罗城里坊布局

0　2 千米　北

除了都城和南方城市的建设，秦汉、隋唐作为大一统王朝，疆域也不断扩张。蒙古高原、西域，以及连接西域的河西走廊，都掀起了效仿中原样式的造城高潮。

在蒙古高原，众多方方正正的城池拱卫着帝国的北方边疆，包括疑为汉朝右北平郡治所的宁城县黑城古城[1]、疑为唐朝宥州城的城川古城。位于蒙古国南戈壁省的塞林巴剌嘎斯古城，则被认为可能是专为接受匈奴受降者而建的汉朝受降城之一。

而在河西走廊，祁连山的冰雪融水在戈壁中冲出巨大的洪积扇，大唐的瓜州城就设在洪积扇的边缘，把守着帝国的西方通道。其城池较为方正，因生长着耐旱植物锁阳，又被称为锁阳城。

时至今日，在河西走廊上守望的汉唐城池数量仍多达上百座，包括大小双城并立的六工城[2]、南北两城并立的骆驼城，还有汉朝的玉门关大漠中孤独的小方盘城[3]。

1. 筑城时使用的土质含有大量腐殖质，城墙颜色灰黑，因此俗称黑城。
2. 大城疑为曹魏时期宜禾县，小城疑为汉朝“昆仑障”。
3. 疑为汉玉门都尉府治。

河西走廊主要古城遗址分布图

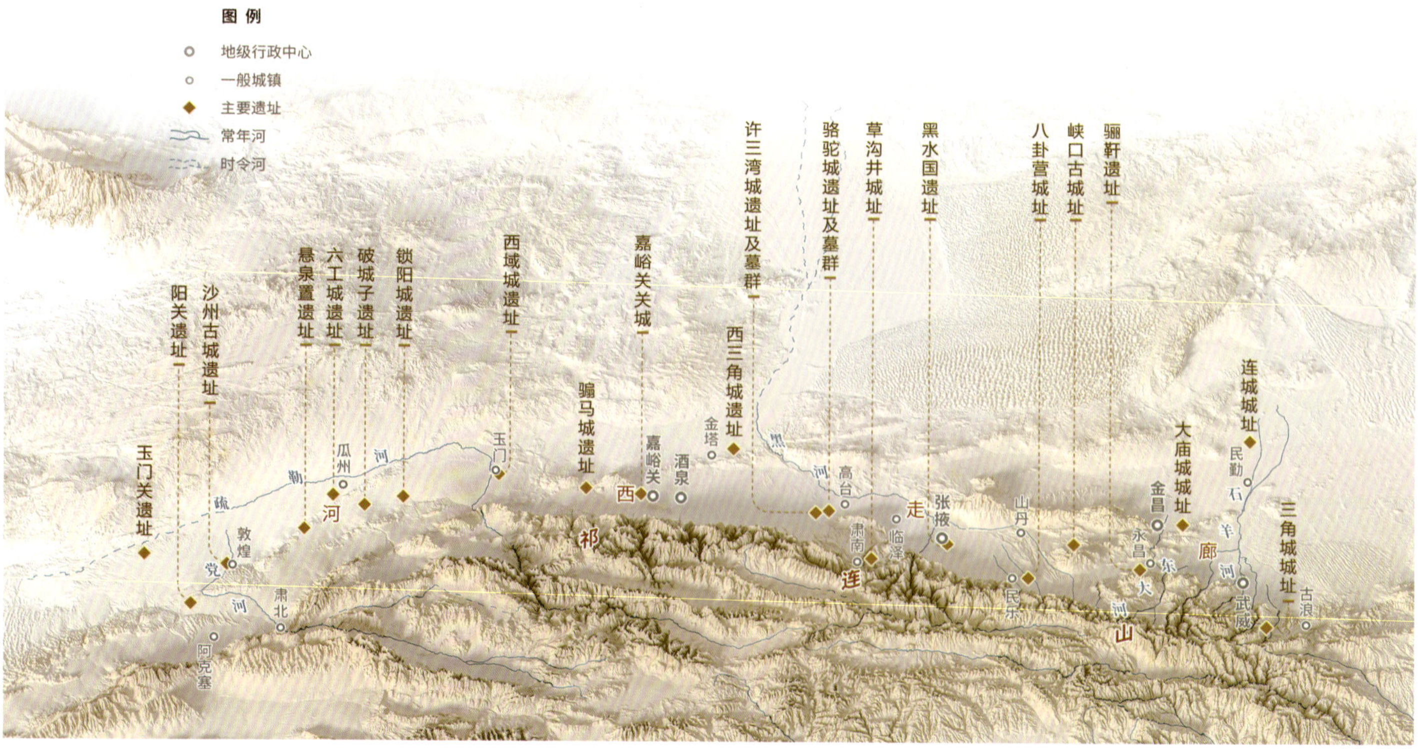

汉朝悬泉置遗址 / 摄影 孙志军

悬泉置在甘肃敦煌，处在祁连山脉西段北麓的山前冲积扇之上。悬泉置是汉朝丝绸之路上的一处驿站，从西汉武帝时期开始使用，遗址有坞院、马厩等，承担着为过往使者、官吏、商旅提供接待服务及邮驿传递功能。

从河西走廊再向西，便进入西域。汉朝之前，当地的古城多为圆城。汉朝开通西域以后，中原样式的方城则大量出现。例如，位于新疆焉耆（yān qí）的疑为大唐焉耆都督府府治的博格达沁古城[1]，以及位于罗布泊的楼兰古城。

而汉朝疏勒城甚至建在天山北麓的山前丘陵上，地势险峻，易守难攻。东汉时期，名将耿恭曾凭此城天险与匈奴激战。还有作为大唐安西四镇之一、大诗人李白出生地的碎叶城，同样为方城，现今已属于吉尔吉斯斯坦。

一些城池的建造还与当地圆城结合，形成方圆兼具的城池形态，例如疑为汉朝西域都护府治所的奎玉克协海尔古城。而作为大唐安西都护府治所的交河故城，则完全利用两条交汇的河道，建起外形不规则的城池，但城内的布局仍是中原的里坊制。

这种造城模式甚至影响了一些少数民族政权的城池规划。在内蒙古察哈尔右翼后旗，一条弯曲如发辫的草原河流穿过北魏鲜卑人的长方形军镇——克里孟古城[2]。在青藏高原，慕容鲜卑人的都城伏俟（sì）城与中国最大的湖泊青海湖为邻。

在黑龙江宁安市，唐朝靺鞨（mò hé）族的都城渤海国上京龙泉府，完全仿照唐长安城建造，分为外城、内城和宫城。在陕西靖边县的无定河边，匈奴的后裔赫连勃勃发动工匠筑造坚城，如果锥能插入城墙一寸，则杀工匠并筑入墙中，这便是著名的统万城。而唐朝的回鹘人，甚至把唐式的城池带到了北纬 50 度的一个湖中岛上，即今俄罗斯图瓦共和国境内的博尔巴任古城[3]。

至此，营国制度规范下的理想城池已经遍布王朝疆域，即使汉唐盛世最终被战乱终结，城池建设的脚步也没有停止，还将迎来最高峰。

1. 推测为焉耆国都城、唐朝焉耆都督府、焉耆镇城。
2. 学术争议较大，推测为北魏六镇之一的柔玄镇或抚冥镇。
3. 博尔巴任古城内有大量唐式建筑遗迹，推测是为远嫁的唐朝公主所建。

左页左图　新疆奇台县石城子遗址航拍 / 摄影 王璐
此处被认为是汉朝疏勒城，图中白色虚线范围为城址。

左页右图　内蒙古克里孟古城 / 摄影 赵高翔
古城遗址位于内蒙古察哈尔右翼后旗，城内分为东西两城，形态略呈梯形，至今依然有夯筑城墙遗迹，推测为北魏六镇之一的柔玄镇或抚冥镇。

下左图　交河故城 / 摄影 赵斌
交河故城在今天新疆吐鲁番市西，建在约 30 米高的岛状台地上，两侧河谷环绕。班固的《汉书 · 西域传》记载："车师前国，王治交河城，河水分流绕城下，故号交河。"西汉时期，交河城最初是西域车师国的政治中心。公元前 60 年，汉朝在西域设立西域都护府，并在交河城设戊己校尉屯田。

下右图　陕西靖边统万城遗址 / 摄影 任世明
统万城是五胡十六国时期匈奴铁弗部首领赫连勃勃所建立的大夏国都城，距今已有 1600 多年的历史，城墙范围依然清晰可见。因其城墙呈白色，当地人又称之为"白城子"。

a 哈卜泉河河床
b 交河故城
c 统万城西城
d 统万城东城
e 无定河

新疆塔什库尔干县石头城遗址 / 摄影 刘玉生

石头城遗址最早可以追溯到汉朝，汉朝的蒲犁国和隋唐时期的竭盘陀国都曾在这里活动。遗存至今的城址，是清朝蒲犁厅厅城。

叁 干城崛起

宋元至明清，封建社会制度趋于成熟，礼制要求更加严密。

北宋的都城开封，由三套城墙与三套护城河环环相套。宫城居于中央，形制比汉唐都城更加规整，也更接近于营国制度的理想。其内部则突破了里坊制的限制，商业网点遍布城中各处，经济活动更加活跃，堪称中国古代城池的一大升级。今天，当经过开封市上空，我们仍可以看到城墙在开封的巨大规模，而地表上遗存至今的一圈方形轮廓之内，是明清城墙的遗存城池面积，它仅为北宋的1/4。

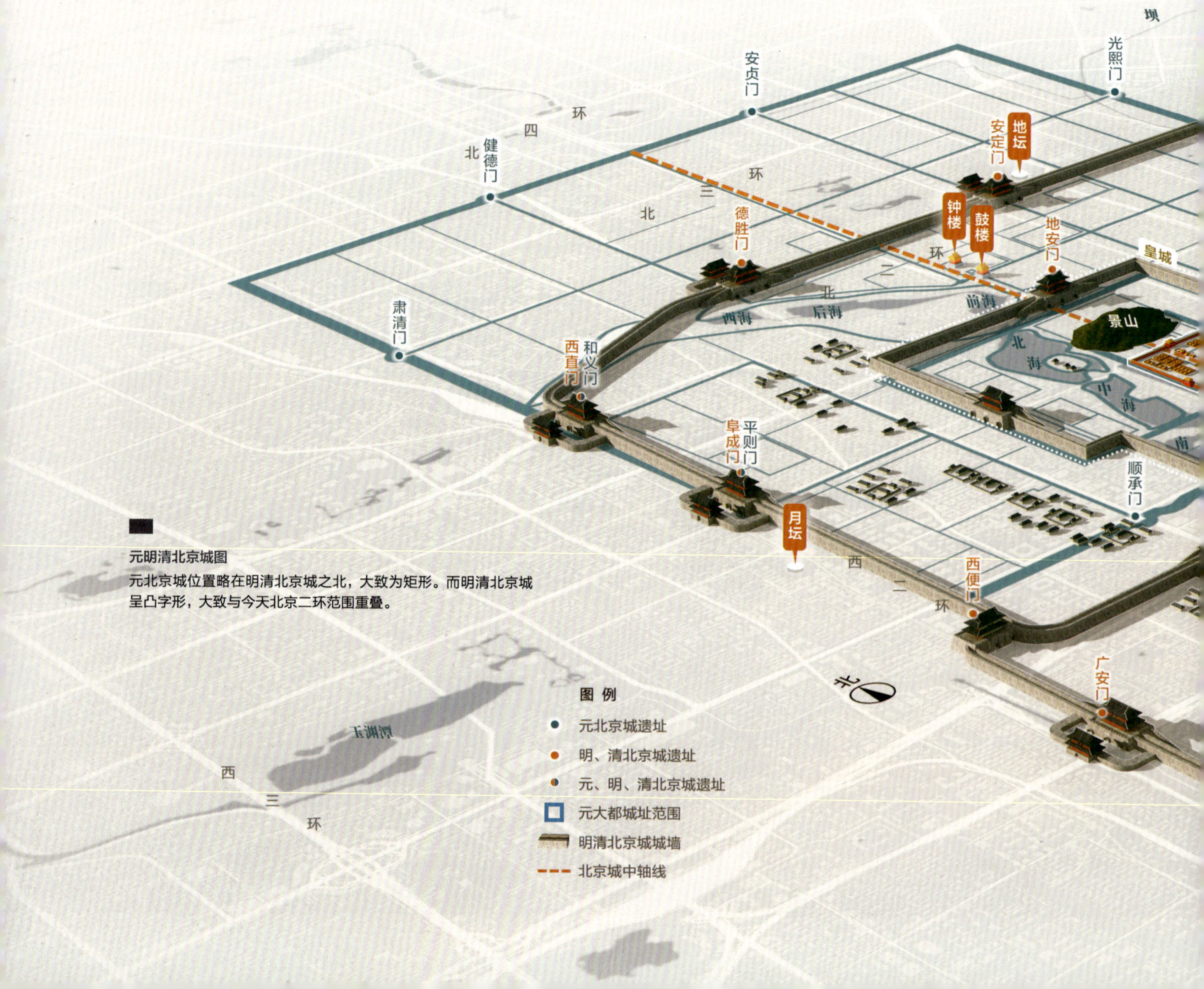

元明清北京城图

元北京城位置略在明清北京城之北，大致为矩形。而明清北京城呈凸字形，大致与今天北京二环范围重叠。

北宋开封城之后，中国大地上又历经数个都城的建设。到 1271 年，元大都（今北京）横空出世。它经过严密的规划，同样由三套方城嵌套而成。规模宏大、整齐划一，更有一条明显的中轴线[1]。宫城位于中轴线上，用布局规划把皇权烘托得至高无上。

而明清北京城则在元大都的基础上，将中轴线发挥到极致。从永定门到正阳门，再经紫禁城到钟鼓楼，形成了一组宏伟庄严的建筑群。同时因为人口增加，以及为保护外城百姓，北京城南部又设置了外城。外城、内城、皇城、紫禁城共同构成了这个中国古代城池的集大成者——明清北京城。

1. 关于元大都中轴线有两种不同说法，一种认为它在旧鼓楼大街一线，一种认为它与明朝北京城中轴线相同。在 20 世纪 60 年代的元大都考古调查之前，许多研究者取第一种看法；元大都考古调查之后，第二种看法占据上风。

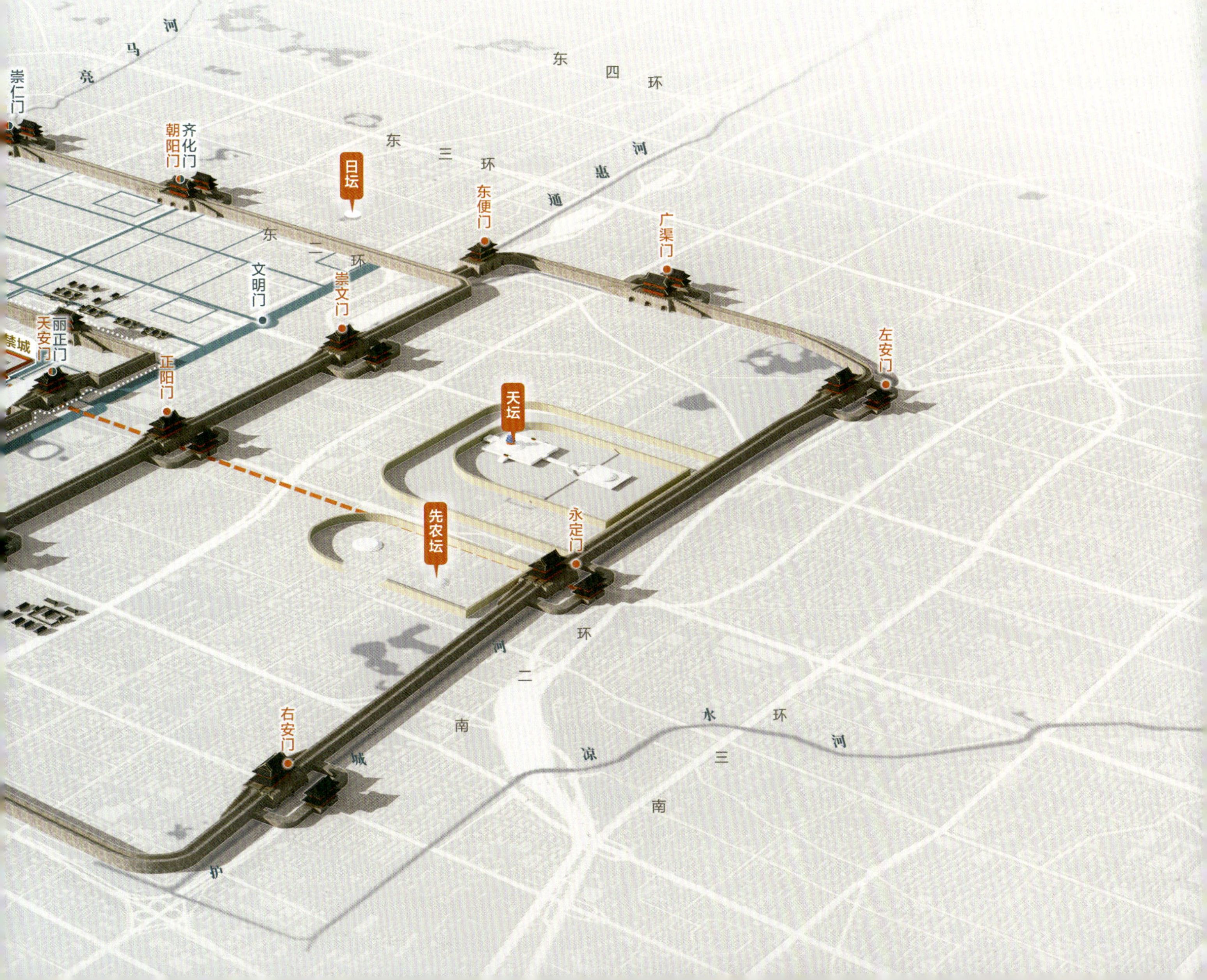

开封市区航拍 / 摄影 吴亦丹

北宋开封府城范围远大于明清时期的开封府城，其北接近今天的连霍高速，南在今天开封火车站以南，明清时期的开封府城就在北宋开封府城之内。在今天的航拍图上，仍可清晰看到北宋开封府城的西外城遗址，远在明清开封府城墙之外。

连霍高速
北宋东京外城遗址公园
明清开封府城范围

除了都城建设达到顶峰，一个更广泛的筑城高潮也到来了。

第一，是大力营建军事性城池。尤其在明朝，来自北方的巨大军事压力，催生了极为严密的军事防御体系。从辽宁到甘肃，约 6350 千米的长城沿线，设置 9 大军镇分段防守（后又增加 2 个，共 11 个）。各镇城之下，又设置路城、卫城、所城、堡城 4 个层级，并设有负责传递信息的驿城，以及负责屯兵的关城。城池城堡数量多达 470 个，统称“九边重镇”防御体系。

这些军事性城池，除少数依据地形改变形态外，多数都非常方正。镇城如大同，城池呈正方形，明朝曾驻兵十余万人。卫城如宁远卫，即今天的辽宁兴城古城，明朝将领袁崇焕凭借此城，两次击败努尔哈赤和皇太极的进攻，史称“宁远大捷”，城池保存至今。关城如祁连山下的嘉峪关，以位置险要著称，号称“天下第一雄关”。堡城则数量最多，例如位于甘肃景泰县的永泰城，城池一改方正的常态，形似一只金龟，又称永泰龟城，在苍茫的群山下，可谓“一片孤城万仞山”。

不过，这些城池到了清朝，许多已被废置，或转作他用。

右页上图　雪落永泰城 / 摄影 王生晖

永泰城建于明万历年间，为一处明朝军事要塞。古城城墙土木夯筑，城周有护城河。古城四面有 4 个瓮城，形似龟的肩足。从空中俯瞰，古城形似巨龟俯卧在大地，所以也被称为“龟城”。

右页下图　甘肃嘉峪关关城 / 摄影 周全

位于甘肃嘉峪关市西，是明朝长城最西端的一座关城，与山海关遥相呼应。

第二，除了军事性城池，在宋元明清这几个历史时期的大多数时间内，经济都较为繁荣，这种繁荣也推动了商业性城池的不断崛起。

例如作为晋商根据地的平遥古城，便是明清时期全国金融中心之一。而商业性城池数量最多的还属长江中下游，苏州便是其中的代表。它形状方正，内部结合江南水乡的环境，水路、陆路并行，呈现“双棋盘格局”。至今，此格局在苏州市的地图上仍清晰可见。

沿海港口城市也随海外贸易而崛起，例如福建泉州城。在历史上，泉州城随着经济发展不断扩建，同时因为闽南建筑多用红砖红瓦，所以泉州城成了一座不规则的红顶子城池。现在泉州的环城路、护城河，仍大致可以反映出原来的城池形态。

第三，这一时期还是玉米、番薯等高产农作物被引入的阶段，全国人口增加，府县城数量也大为增加。同时，因为火药在战争中的应用，各地普遍重视城防，城池往往坚固而高大。

在河北永年，明朝广平府的治所广府古城，方方正正，城壕宽阔。在湖北襄阳，襄阳古城易守难攻，人称“铁打的襄阳”。在陕西西安，明清西安城呈长方形，城墙高 12 米，顶宽 12~15 米，是中国现存最大、最完整的府城。

右页上图　西安城墙西南角楼 / 摄影 李睿宁

右页下图　襄阳古城角楼 / 摄影 李文博

下图　南宋苏州平江府城图

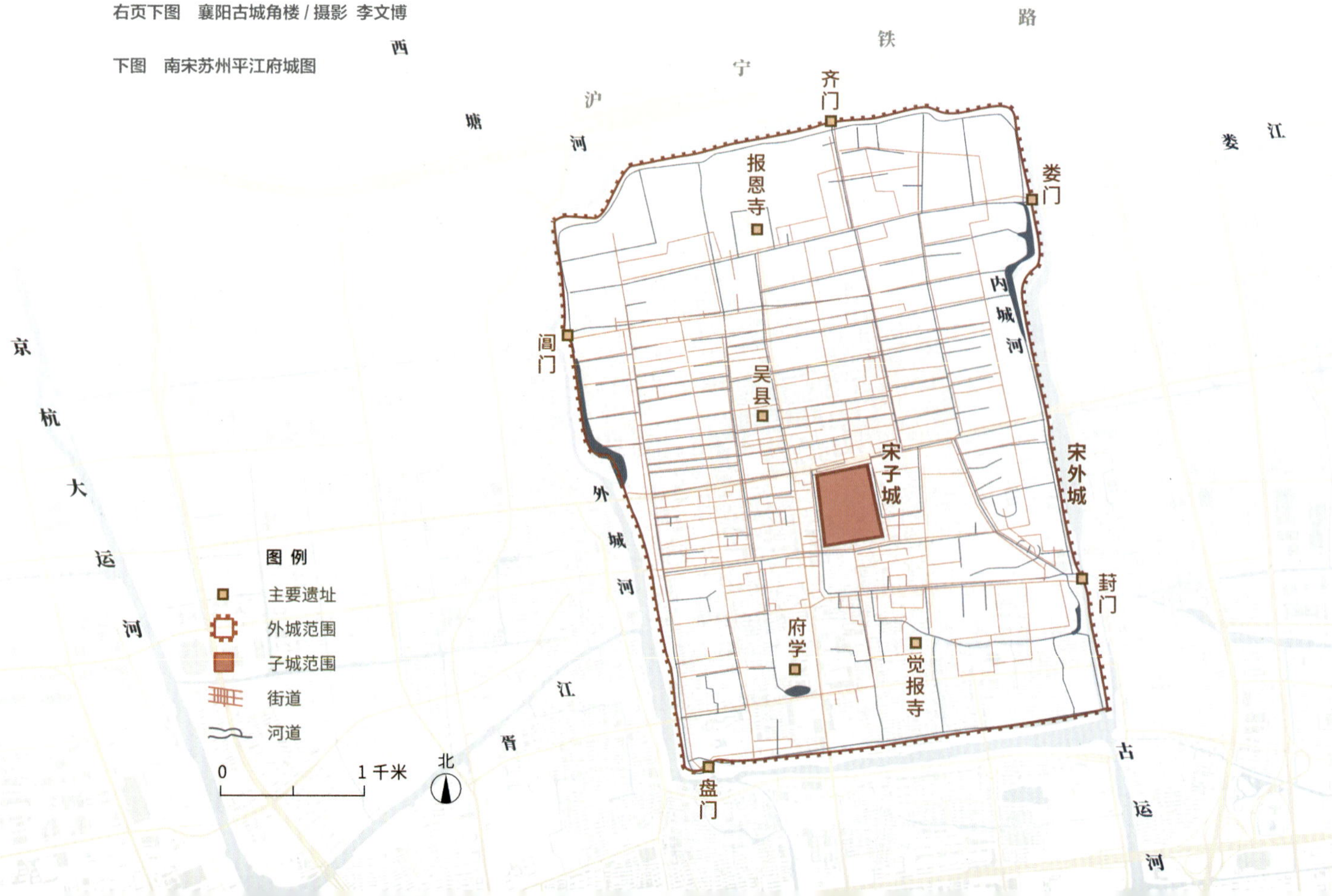

河北邯郸市永年区广府古城 / 摄影 陈肖

广府城为明清广平府府治和永年县县治，处在一片水洼之地，四周大片水域可作为天险，易守难攻。

a
b
c

此外，宋元明清还是中国西南与东南边疆地区进行大开发的时期。现今云贵地区的县治中，90% 以上为这一时期设置，部分早期的城池则进行了全新的建设。

例如，作为西南区域中心之一的大理古城，现有街道为明清城池的格局，外形方方正正。而台湾于清朝设府，位于台湾最南部的恒春县城建于清末，依山面海，台湾海峡、南海和太平洋，皆可收入眼中。

至此，从周朝的理想之城，到秦汉隋唐的盛世之城，再到宋元明清的千城崛起，约 200 亿中国人创造了这些伟大的城池。

而我们了解这段造城史，其实就是了解华夏文明的上下五千年。

守护这些城池，就是守护华夏文明在大地上最丰富的遗产。

左页左图　大理古城航拍 / 摄影　夏军民
大理古城西靠点苍山，东瞰洱海。今所见古城范围，是明清大理府城遗迹，轮廓清晰可见。

左页右图　特克斯八卦城 / 摄影　陈剑峰
特克斯八卦城位于新疆伊犁特克斯县的特克斯河谷之上，没有城墙，布局呈四周放射状，形似八卦，建于民国时期。

a 点苍山
b 明清大理府城
c 洱海
d 天山
e 特克斯河
f 八卦城

2.2

长安

1400 年前的梦想之城

公元742年，李白起身前往长安，
这一次他是奉诏入职。
年过四十的他已蹉跎半生，
如今终于一朝扬眉，
扔下一句“仰天大笑出门去，
我辈岂是蓬蒿人”[1]。

那一年的长安，如同那一年的李白，
正是一生中的高光时刻。
喝不完的美酒，看不完的宝物，
唱不完的诗歌，赏不完的美景，
是那时世界上少有的超级都市。

1. 出自李白的《南陵别儿童入京》一诗。南陵，一说在今山东，曲阜南有陵城村，人称南陵；一说在今安徽南陵。

长安的繁华似乎穿透了时间，从数千年前呼啸而来，撩拨着数千年后人们的梦境。长安何以在当时震撼世界？又何以让人无法忘怀？

在我们看来，是气势如虹的王都秩序与秩序之上的生生不息，交织出长安，交织出一座梦想之城。

右图　夕阳下古今交融的西安 / 摄影 李文博

西安诞生于关中平原、秦岭之下。作为著名古都，人们经常能看到城市中被现代建筑包围的各种古迹，这些古建筑和现代建筑同框带给人很强烈的视觉冲击，有古今交融、时空穿越之感。摄影师为我们记录下了这些珍贵的古今对照画面。当大明宫丹凤门与现代化的西安高新区锦业路 CBD 相遇时会是一种什么景象？两者相距足足有 12 千米，丹凤门地势较低，丹凤门和锦业路 CBD 中间隔了太多的高楼，似乎很难同框。在西安，通透的天气本就比较少，在摄影师的无数次等待和耐心准备下，2022 年 7 月 22 日，一场东风过后，摄影师等到了一个极好的天气，在夕阳西下之时，他使用长焦镜头拍下了这张照片。历史与现代如此完美地交融，这可能就是西安这座古城的魅力所在。

含元殿遗址

御道广场
安远门

陕西省人民政府
西安站
锦业路 CBD
丹凤门

假日酒店

秦岭

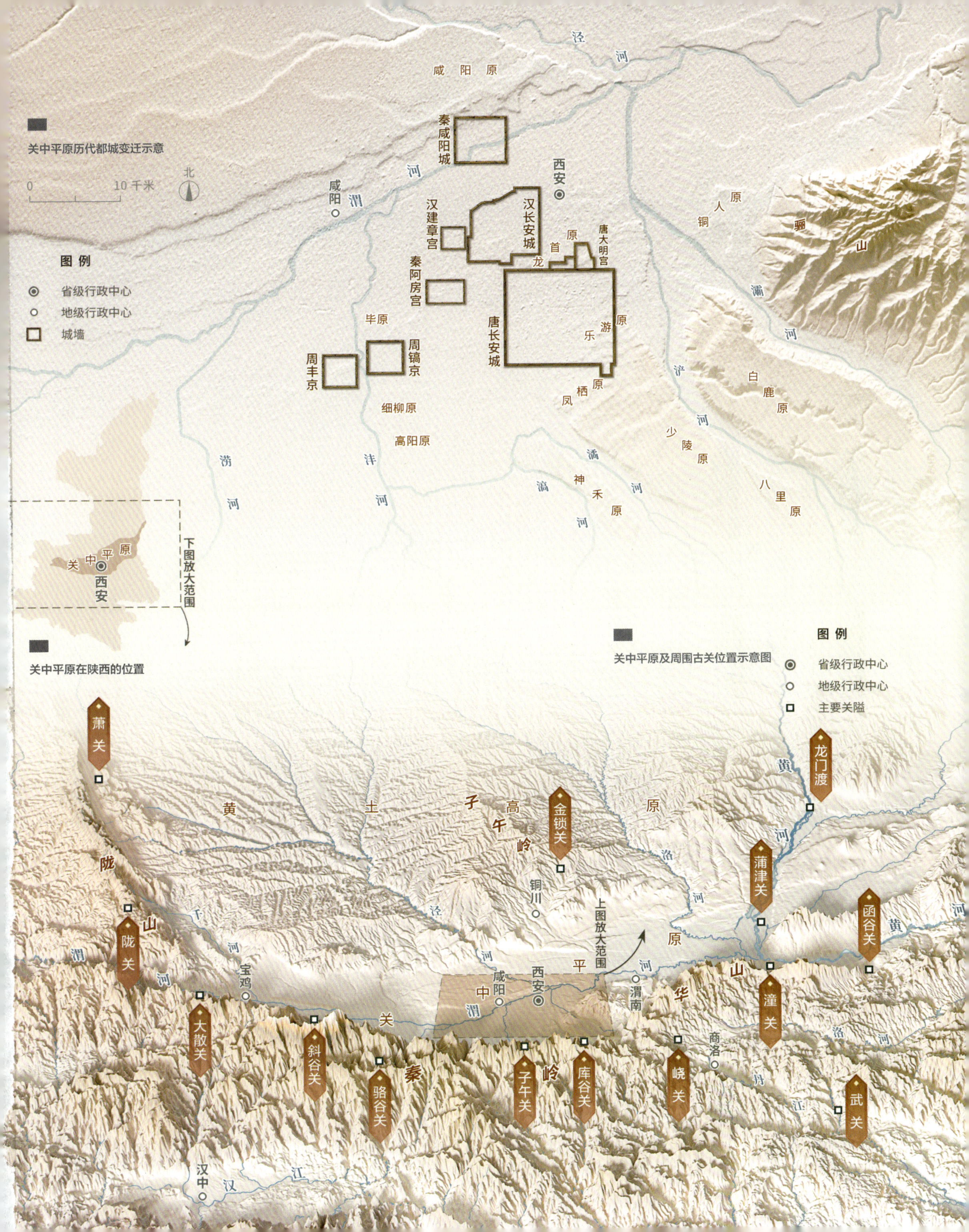
关中平原历代都城变迁示意
0
10 千米
北
图 例
省级行政中心
地级行政中心
城墙
泾
河
咸 阳 原
秦咸阳城
西安
咸阳
渭
河
汉建章宫
汉长安城
首
原
唐大明宫
龙
秦阿房宫
唐长安城
乐
游
原
毕原
周镐京
周丰京
凤
栖
原
细柳原
高阳原
涝
河
沣
河
滈
神
禾
原
潏
河
河
浐
河
少
陵
原
白
鹿
原
八
里
原
铜
人
原
骊
山
灞
河
关
中
平
原
西安
下图放大范围
关中平原在陕西的位置
关中平原及周围古关位置示意图
图 例
省级行政中心
地级行政中心
主要关隘
萧关
黄
土
高
原
子
午
岭
金锁关
龙门渡
黄
河
蒲津关
陇
山
陇关
千
河
渭
河
泾
河
洛
河
铜川
上图放大范围
宝鸡
咸阳
西安
渭南
关
中
平
原
渭
河
华
山
潼关
函谷关
黄
河
大散关
斜谷关
骆谷关
秦
岭
子午关
库谷关
峣关
商洛
洛
河
丹
江
武关
汉中
汉
江

秦岭
长安区

中央官署遗址
少府遗址
椒房殿遗址
前殿遗址
仓池遗址

壹 漫长的升起

长安地处关中盆地，南有秦岭，北依黄土高原，二者又于西部合拢，加以层层关隘守护，可谓“阻三面而守，独以一面东制诸侯”（出自《史记·留侯世家》）。不仅如此，长安在与四方的连接上更是独一无二。往西，可经河西走廊连通西域；往东，可出函谷关、潼关直入中原；往北，可经黄土高原到达蒙古高原；往西南，翻越秦岭即可抵达巴蜀。于是，这里既可据守一方，又能连通四方，可以说，长安拥有得天独厚的区位优势。

此外，黄河最大的支流渭河横贯关中盆地，与相邻的七条河流一起，将长安环绕，是为“八水绕长安”[1]。河水滋养出千里沃野，群山作防，却不闭塞、不隔绝。因此，数千年来，这片土地凭借优越的地理环境，吸引了一众王朝定都于此。

西汉刘邦定都长安，建立汉长安城，将“长安”二字正式推上历史舞台。[2] 长安以南，莽莽秦岭，为城池修建提供了丰富的材料。这座都城姿态别样，平面迂回曲折，城南城北形似南北斗星，因此别名“斗城”。

1. 在关中盆地，灞河、浐河、沣河、涝河、滈河、潏河、渭河，以及发源于黄土高原的泾河都流经西安一带，称为“八水绕长安”。
2. 公元前 202 年在楚汉之争中获胜的刘邦，以渭河南岸长安乡之名，将都城命名为“长安”。

东北城角
电视塔

在西汉，长安曾繁荣一时，极盛时期占地约 36 平方千米，为同时期罗马城的 2.4~3 倍，但终究日薄西山。西汉末年，王莽专政，义军四起，你方唱罢我登场，每一方都想将这块宝地收入囊中，却始终没有一方能够拯救长安于水火之中。彼时的长安，烽烟四起，饿殍遍地，满目疮痍。

之后，东汉为长安带来了难得的喘息之机。这时的长安虽不是政治中心，却凭借极佳的地理位置成为商贸纽带，获得短暂繁荣。

然而，随着东汉王朝的衰败，战火再次燃烧到这片土地。董卓之乱给长安致命一击，其部将四处烧杀抢掠，甚至出现了人吃人的惨象。那时的长安“出门无所见，白骨蔽平原”（出自王粲《七哀诗三首·其一》）。自此，长安城变成了地狱之城。随后的魏晋南北朝时期，长安更是处在无尽的混沌之中。

长安在历史的漩涡中挣扎，急需一场秩序的重建。

左页上图　秦岭下的西安市长安区，远处是秦岭 / 摄影 王警
左页下图　汉长安城未央宫遗址局部航拍 / 摄影 苟秉宸

贰 王都秩序

在汉长安城建立将近 800 年之后，长安迎来了新的大一统王朝 —— 隋朝。

此时，中原大地终于结束混战，但根基未稳，需要一座都城重建秩序。但曾经的汉长安城饱经战火，难当大任，需再造一座新城。这座新城必须有足够大的规模，大到足以威震四方。

唐长安城朱雀大街复原示意

① 空前的规模

经过隋唐两朝的营造，这座新城以 84 平方千米的面积，一举成为当时世界上规模最大的都城。它是此前汉长安城的 2.4 倍，是同时期洛阳城的 1.8 倍，是之后明清北京城的 1.4 倍。

在规整方正的长安城里，宫城、皇城、外郭城层层相套，6 条大街构成长安城的骨骼，时称“六街”。六街之大令人难以想象，其中最宽广的是南北向的朱雀大街，它将整座长安城一分为二，宽约 150 米[1]，可容纳 100 多匹马齐头并进，被尊称为“天街”。

1. 一般认为朱雀大街宽约 150 米，而 2022 年发掘的五桥并列遗址表明，朱雀大街的宽度可能为 130 米左右。

从朱雀门朝南望向朱雀大街方向 / 摄影 刘锐锋
今天的朱雀大街宽度不及唐朝，但两旁高楼林立，完全换了景象。

长安城不仅街道宽阔，帝王的宫殿更是恢宏壮阔。位于东北角的大明宫，占地 3.3 平方千米，是北京故宫的 4.7 倍。

正殿含元殿立于龙首原的高地之上，仅台基就高 15.6 米，气势磅礴。白居易曾感叹其巍峨壮阔，人立其下如大雁般渺小，“双阙龙相对，千官雁一行”（出自白居易《早朝》）。也正是这里，见证了万国来朝的盛唐气象，诗人王维写下了“九天阊阖开宫殿，万国衣冠拜冕旒”（出自王维《和贾舍人早朝大明宫之作》）。

仅是空前的规模还远远不够，要想有统领万物的秩序，还需要森严的律令。

重檐庑殿顶和单檐庑殿顶对比

注：含元殿屋顶形制有重檐庑（wǔ）殿顶和单檐庑殿顶两种争议，本书采用古建筑专家杨鸿勋报告中的重檐庑殿顶形制。

含元殿位置示意

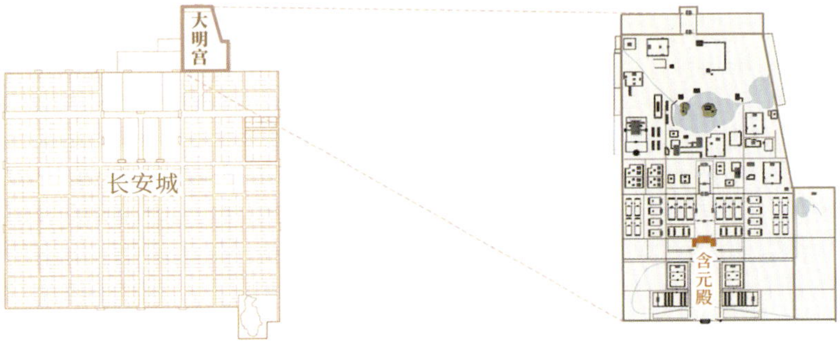

含元殿复原示意

含元殿是唐朝大明宫的正殿，位于丹凤门之北，建于唐高宗时期，使用到唐末。含元殿建在三层大台之上，主殿外，附属的建筑还包括两阁、飞廊、大台、龙尾道及殿前广场。建成之后，这里是唐朝宫廷举行元旦、冬至大朝会、阅兵等政治仪式活动的重要场所。

通乾门、观象门：皇帝朔日和望日在含元殿后的宣政殿听政，百官于通乾门与观象门外，列队等候引进。文官由东门进，武官由西门入。

翔鸾阁、栖凤阁：拱卫主殿含元殿，皇帝在此举行大型乐舞比赛演出或阅军活动。

② 森严的律令

长安城内排布着 11 条南北向街道、14 条东西向街道，互相交织，围合出 100 多个里坊。里坊的坊墙约 3 米厚，坊内又有街道划分，层层分割，层层嵌套。白居易将长安城的里坊布局形象地描绘为“百千家似围棋局，十二街如种菜畦”（出自白居易《登观音台望城》）。生活在长安城中的芸芸众生，不论是达官贵人，还是布衣白丁，通通居住在里坊之内，并且受到严格管控。

每当黄昏将至，长安城内便鼓声四起。以鼓为令，城门、坊门纷纷关闭，宽广的街衢上空无一人。无论是居民还是官员，均不敢犯禁。倘若夜间仍有人在街上游走，那便是“犯夜”，会被拘捕、鞭挞，甚至杖杀。而第二天晨鼓一响，城门和坊门次第开启，一切又恢复生机。

此外，长安城的各处城门均不可随意进入。无证而入者，将根据城门等级差异受到不同程度的惩罚，惩罚力度也会根据受罚人的地位有所不同。众多法典律令维护着都城的秩序，守护着天子的安全。

无形的律令与有形的城池，让长安城得以有条不紊地运作。但规模与律令还无法完成统治者心中秩序的重建，他需要在每个角落都让人感受到帝王的无上权威。

③ 无上的权威

于是，权威渗透都城的每一个设计阶段，与城市融为一体。

长安城北枕龙首原，与起伏的地势组成了 6 条高坡，称“六坡”。而这 6 道高岗，正对应《易经》中的乾卦，代表着天地中的天、阴阳中的阳，是最适宜帝王居住之处。太极宫与天上的紫微宫对应，百官衙署和里坊则似群星簇拥。自太极宫的太极殿出发，往南一路通往天坛圜（yuán）丘，城市的中轴线与天上的子午线重合。长安城俨然成为天地之都，是为“象天设都”。这条轴线以一种看得见的形式将天子与上天联结在一起，向世人昭示帝王凌驾于万物之上，统领世间的秩序。

除天坛外，长安城内外还遍布礼仪建筑，它们将抽象的秩序化成具象的祭坛、寺院与道观，神佛装点着长安，神权支撑着王权，天子权威化身礼仪建筑，散布全城。

左页图　大明宫国家遗址公园 / 摄影 杨光
大明宫始建于唐太宗贞观八年（634 年），自唐高宗起，唐朝帝王多于此处理朝政，是唐朝重要的权力中心。

下图　西安隋唐圜丘遗址 / 摄影 李文博
初建于隋朝，唐朝沿用，是隋唐皇帝祭天的重要礼仪建筑。

长安：王都秩序

一千多年前，长安城凭借着空前庞大的规模、严密精细的规划，以及完备而森严的管理制度，构建了震慑四方的王都秩序，成为人文荟萃的大都市，使古老而灿烂的中华文明名扬四海，每一个初到长安的人都不得不折服于这座宏大而庄严的大唐都城。

规划严密

长安城的规划继承我国传统都城建制，并充分体现了象天设都的思想，依据天象星辰位置设计都城中宫城、皇城与外郭城的布局。

管理完备

唐朝长安城的治安管理体系由以京兆府为主的地方管理体系和以金吾卫为主的中央管理体系配合而成。

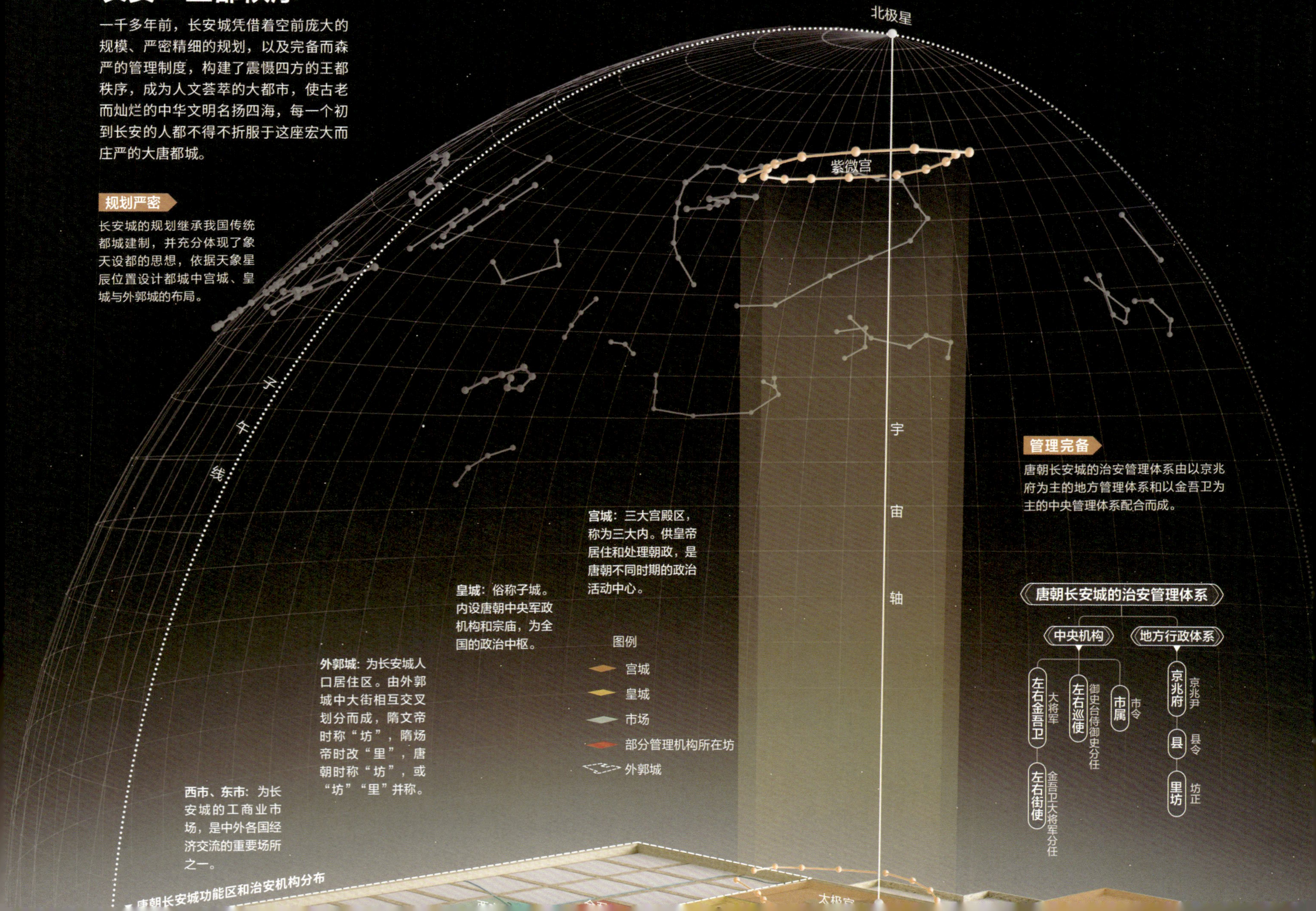

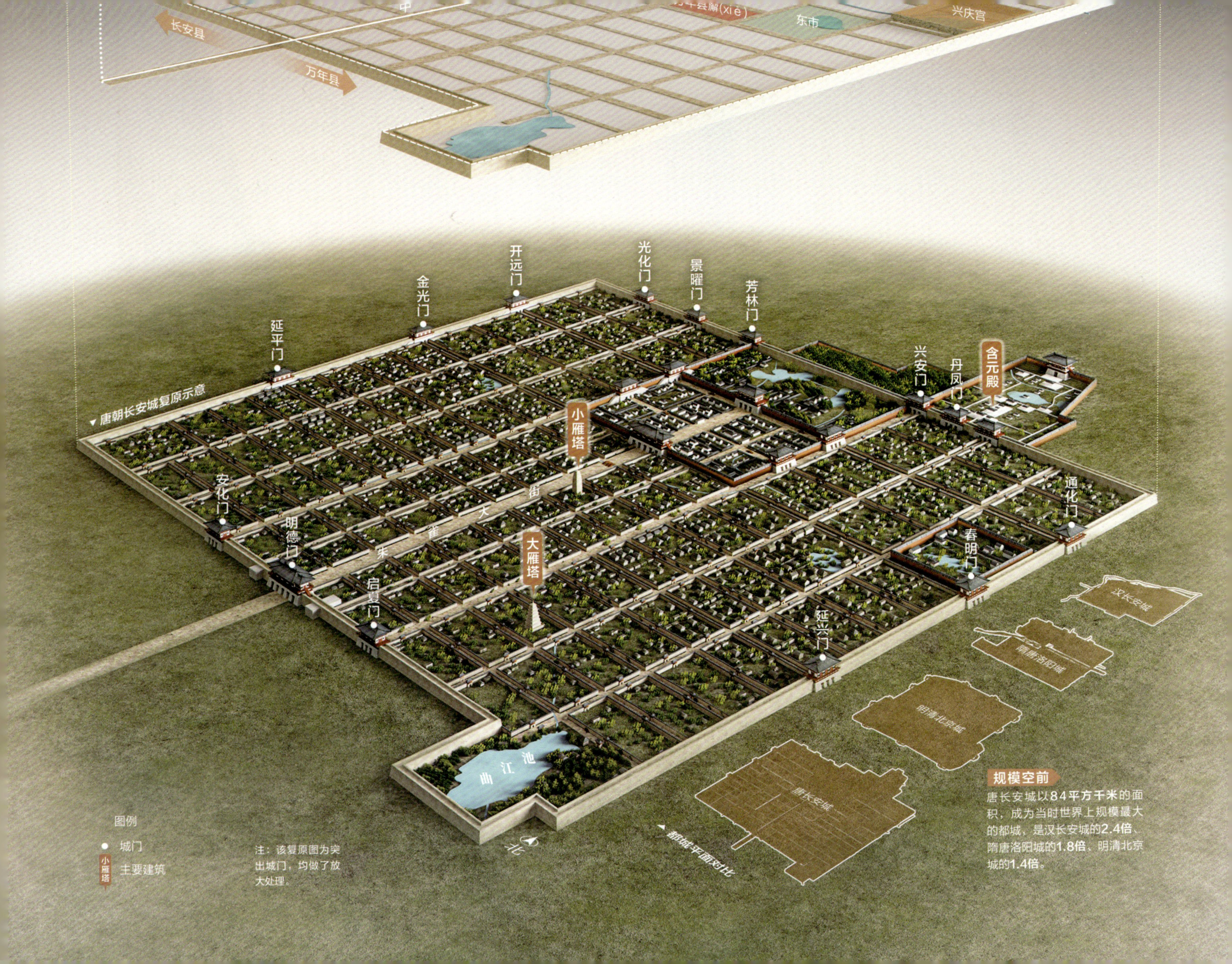
长安县
万年县
东市
兴庆宫
延平门
金光门
开远门
光化门
景曜门
芳林门
兴安门
丹凤门
含元殿
通化门
春明门
延兴门
安化门
明德门
启夏门
小雁塔
大雁塔
朱
雀
大
街
曲
江
池
北
▼唐朝长安城复原示意
图例
城门
小雁塔 主要建筑
注：该复原图为突出城门，均做了放大处理。
汉长安城
隋唐洛阳城
明清北京城
唐长安城
▼都城平面对比
规模空前
唐长安城以84平方千米的面积，成为当时世界上规模最大的都城，是汉长安城的2.4倍、隋唐洛阳城的1.8倍、明清北京城的1.4倍。

空前的规模、森严的律令、无上的权威，共同构成了长安的王都秩序，但秩序不局限于长安城内。

在更大的视野范围里，秩序同样在被重建。关中的一方沃土已无法满足长安日益增长的需求，帝王的目光投向了更远的南方。昔日奔腾的渭河无法给长安带来长久发展，长安的水路亟待升级改造，隋唐大运河便应运而生。这条连通中国南北的水路，在很长一段时间内扮演着国家经济大动脉的角色。将视野再扩大，王朝凭借强大的军事实力，一步步扫除边境威胁，将帝国版图扩张、再扩张，秩序冲破长安，向四周辐射。

然而，仅仅是静态、规整的秩序还不足以支撑长安走向世界之巅，长安真正的魅力在于它持续的活力，秩序的背后是一个万物流动的长安。

西安钟楼 / 摄影 白成哲

始建于明朝洪武年间，至今已有六百多年，是国内保存至今的较为完整的古代钟楼。

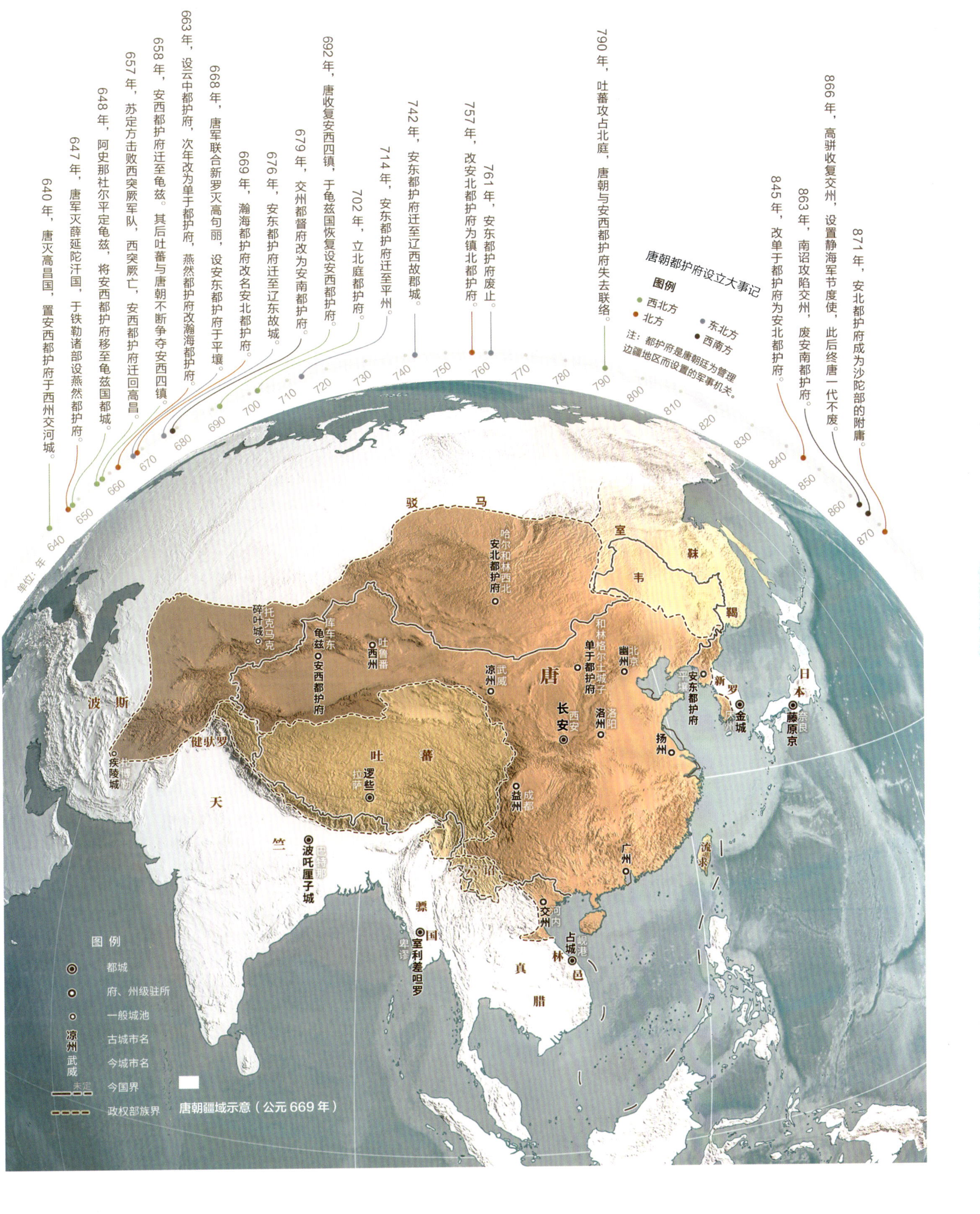

唐朝疆域示意（公元669年）

叁 万物流动

伴随着运河水的奔涌，南方的粮食通过洛阳不断流入都城，全国的珍宝财富也随之而来。水运不仅带来了粮食，还给沿途的商人带来了商机。他们在船上生活，顺着水道漫游，寻找致富良机，“金陵向西贾客多，船中生长乐风波”（出自张籍《贾客乐》）。

在平定了西北的动乱后，阻塞多年的丝绸之路再次被疏通，占据绝佳区位的长安再一次成为商贸纽带。

丝绸之路路线示意图

图例

□ 丝绸之路节点城市

— 古代丝绸之路路线

和田 今地名

于阗 古地名

① 商队开始流动

浩浩荡荡的大唐商队谱出了长安的前奏曲，你来我往，人喊马嘶。中国的丝绸、茶叶、陶瓷、漆器沿着丝绸之路西运。渐渐地，丝绸之路变为美酒之路、陶瓷之路、宝马之路……

商人们去往各地收集珍奇物品，最终汇聚于长安城，可谓“经营天下遍，却到长安城”（出自元稹《相和歌辞 · 估客乐》）。于是，长安的市场内充斥着殊方异域的珍宝，名马、驯象、五色鹦、玳瑁、象牙、犀牛角、珍珠、琥珀、金银器，琳琅满目，让人应接不暇。

不仅是经贸在流动，西域文化也沿着丝绸之路浸润了长安城，继而带来了文化的融合。

右图　三彩釉陶骆驼载乐俑（中国国家博物馆藏）/ 摄影　苏李欢
1957 年出土于西安鲜于庭诲墓，表现的应该是唐朝长安城内的一个杂技节目。

右页上左图　鎏金舞马衔杯纹银壶（陕西历史博物馆藏）/ 摄影　张林
1970 年出土于西安何家村，模仿我国北方游牧民族的皮囊壶制作而成。

右页上右图　鎏金伎乐八棱银杯（陕西历史博物馆藏）/ 摄影　傅鸿超
1970 年出土于西安何家村，具有浓郁的西域风格，杯壁八面人物均为深目高鼻的胡人。

右页下左图　都管七国人物银盒 / 摄影　庄琮葵
1979 年出土于西安碑林区，盒上錾有婆罗门等七国的人物，并有『都管七个国』文字。

右页下右图　金筐宝钿团花纹金杯（陕西历史博物馆藏）/ 摄影　袁欢欢
1970 年出土于西安何家村，把手为『6』字形，带有中亚粟特风格。

陕西历史博物馆藏
鎏金舞马衔杯纹银壶

陕西历史博物馆藏
唐鎏金伎乐八棱银杯

西安博物院藏
唐都管七国人物银盒
白拓羯
乌蛮
婆罗门
高句丽
昆仑国
踈勒
吐蕃

陕西历史博物馆藏
唐金筐宝钿团花纹金杯

② 文化在流动

胡人在长安城里开店，胡食便征服了长安人的味蕾。

一起去长安的酒肆歇歇脚吧。来一份白居易的“胡麻饼样学京都，面脆油香新出炉”（出自白居易《寄胡饼与杨万州》），或者去感受“玉盘初鲙（kuài）鲤，金鼎正烹羊”（出自贺朝《赠酒店胡姬》），又或者品一品那葡萄美酒，再叹一句“人生得意须尽欢，莫使金樽空对月”（出自李白《将进酒》）。

美酒似是给大脑说了悄悄话，使人迷迷蒙蒙中看到了模样俊俏的姑娘，原来是酒肆的当垆（lú）胡姬[1]。忽而鼓点响起，胡姬腰肢轻盈，却能疾如风起，“弦鼓一声双袖举，回雪飘飖（yáo）转蓬舞”（出自白居易《胡旋女》）。长袍的等级规矩太多，不受约束的胡服便得以兴起。经由女性的创造，胡妆也成了长安城里的一道风景。

胡风吹遍了长安城，渐渐地，僧侣、使者、留学生等循着商人的脚步，进入长安。佛教自东汉传入后，不断融合着中华文化，在长安开枝散叶，与道教及其他诸多宗教一起丰富着唐人的精神世界。长安的秩序震慑着周边，长安的自信也包容着万国，长安成为国际化的大都市。于是，各国使者纷纷涌入长安，献上他们最贵重的珍宝。

1. “垆”在古代指酒店里安放酒瓮的土台子，这里指卖酒的店铺，“当垆胡姬”即卖酒的西域女子。李白诗篇《前有一樽酒行二首》中就写有“胡姬貌如花，当垆笑春风”。

右页上左图　胡人官员俑（西安博物院藏）/ 摄影 李文博

右页上右图　胡人牵马俑（西安博物院藏）/ 摄影 李文博

右页下左图　唐彩绘舞伎绢画（新疆博物馆藏）/ 摄影 张林
画中女子额饰花钿，身穿窄袖上衣，能大致想见唐朝女性着装形象。该绢画出土于新疆吐鲁番的阿斯塔那古墓群第 230 号墓。

右页下右图　唐朝绢画《弈棋仕女图》局部 / 摄影 张林
该绢画出土于阿斯塔那古墓群第 187 号墓。绢画中女子手持茶盏，说明唐朝时期茶叶可能传到西域。

长安毫无顾忌地吸收着外来文化，也慷慨地输送着自身文化。跟随使者而来的留学生，把唐朝的文化带回家乡。吐蕃与唐和亲的故事流传至今，文成公主的嫁妆，便是从长安带去的珍贵宝物、作物种子、典籍书卷、能工巧匠。

日本前后派 16 批遣唐使，来到唐朝学习制度文化、科学技术，那些一笔一画抄写的佛经及汉文典籍等，重塑着日本人的精神世界。据统计，有唐一朝，东北亚各国共遣使来唐 146 次，东南亚各国遣使 139 次，约有 71 个国家遣使 582 次，可谓万国来朝。

流动给长安城带来了无限的可能，无限的可能织就了长安城里无尽的梦想。

商贾出身可成为一方富豪，寒门子弟也有可能进入官场，即使是外国人也可以在长安实现梦想。日本著名留学生阿倍仲麻吕，在长安苦读数年，终于考中进士，甚至得以在御前侍奉。科举制打破了门第限制，打破了士族对官位的垄断，给天下才子提供了实现梦想的机会，长安摄人心魄千年的流动之韵因此而生。

青龙寺盛开的樱花 / 摄影 刘锐锋

青龙寺位于唐长安城的新昌坊，始建于隋朝，唐朝改名为青龙寺。青龙寺是唐朝密宗大师惠果修行的寺庙，日本留学僧空海法师曾在此受学于惠果法师，回日本后创立真言宗。今天的青龙寺内，还有空海法师的纪念碑。

③ 人才在流动

在那时，求取功名，入仕治国，是士人的毕生所求。于是这场可能改变阶层的考试，吸引着全国的士人进入长安。他们在长安驻足，不知疲倦地推荐着自己的诗文，写下了一篇篇广为流传的干谒（yè）诗[1]，渴望被有识之士认可、推荐。

但有“春风得意马蹄疾，一日看尽长安花”（出自孟郊《登科后》），便有“鬓毛如雪心如死，犹作长安下第人”（出自温宪《题崇庆寺壁》）。士子一年年奔赴长安，又一次次返回家乡，及第的得意和落第的失意，充斥着长安的每一个春天。

当然，改变人生的道路不止科举这一条，入幕[2]和博取军功皆为通途。于是，士人的脚步也奔向了旷野荒丘，漾出流传千古的边塞诗，铁马冰河自此入梦，他们：

写大唐边疆——“但使龙城飞将在，不教胡马度阴山”（出自王昌龄《出塞二首·其一》）；
写男儿壮志——“黄沙百战穿金甲，不破楼兰终不还”（出自王昌龄《从军行七首·其四》）；
写破敌决心——“醉卧沙场君莫笑，古来征战几人回”（出自王翰《凉州词二首·其一》）。

赶考、参军，赴任、离任，一腔热血的诗人永远在路上，流动于山川湖海间。驿站不再是旅途中匆匆的停靠点，诗人在这里相聚离别，诗歌从这里四下传播。

1. 古代人为了向他人推荐自己而创作的诗篇，可类比为今天的自荐信。
2. “入幕”指士人进入方镇节度使门下，一般担任文职，如掌书记等。

白居易与元稹借着驿站，相隔时空互相唱和，“我到东川恰相半，向南看月北看云”[1]。李白眼中的驿路总是豪迈而开阔，“山随平野尽，江入大荒流”（出自李白《渡荆门送别》）。有时迷茫也会占据他的心头，“海云迷驿道，江月隐乡楼”（出自李白《寄淮南友人》）。

风景因为诗人有了情绪，诗歌伴随着诗人的脚步，在大地激荡，穿越中华民族千年的时空，回响至今。

这时的长安，尽是意气风发，它大气磅礴，它自信张扬，它傲然屹立在东方，散播着灿烂的中华文明。这时的长安万物流动，仿佛承载着满满当当的梦想，逶迤蜿蜒而去。

然而，一条暗流却在长安悄然涌出，逐渐增多的战事，不断加大的军事开支，日趋臃肿的官僚集团，令唐朝财政开始出现问题。贤相覆灭、大权旁落、奸臣当道，权力又回到贵族手中。

秩序变得混乱，侵占乱象亦随之而来。于是，土地被一块块兼并。征战归来的将士没有了自己的田地，失去了田地的平民沦为流民，科举落榜的精英被迫离开了长安，皇宫里却依旧歌舞升平。

梦想在长安再也无法实现，长安凝固了。最终，一场动乱在长安之外悄然酝酿，安禄山的铁蹄踏破了凝固的长安。

1. 出自元稹《使东川·骆口驿二首》，元稹在骆口驿看到了白居易的题诗，兴起作诗回应。

冬雪飘飞的大明宫丹凤门遗址 / 摄影 聂移同

丹凤门是大明宫的正门，今天所见是今人复原的门楼，唐朝一些重大皇家仪典会在丹凤楼举行，如大赦、改元等。

肆 绝唱

历史的车轮碾过长安，盛世的高歌戛然而止。

那个仰天大笑而来的李白，曾经在长安同月亮推杯换盏，“举杯邀明月，对影成三人”（出自李白《月下独酌》）。但他最终还是离开了长安，看江河落日——“归心落何处，日没大江西”（出自李白《奔亡道中五首·其五》）。

曾经，长安是帝王的避风港，是万千文人追寻的梦想，是盛世大唐最光辉的符号。后来，帝王已逝，梦想未现，大唐远去。再后来，关中环境恶化，水系变迁，南方经济崛起，长安再没能成为都城，似乎永远停滞在了历史之中：

“长安何如日远？”
“日近。……举目见日，不见长安”[1]。

1. 出自《世说新语》，意为：“长安和太阳哪个远？”“太阳近……抬头就能看到太阳，却看不到长安。”这里所提长安为汉长安。

然而，当咿呀学语的孩童煞有介事地背出“床前明月光，疑是地上霜”时，我们幡然醒悟，长安在另一个维度里依旧流动，我们始终在另一个时空与它不断重逢。

总会在某一时刻，或许是走过平原沃土之时，或许是抚摸城池的斑驳遗迹之时，或许是看到运河水依旧奔腾不息之时，或许是去寺庙点燃一炷香之时，或许是呢喃着诗歌之时，我们会穿透时间，感受到那气势如虹的王都秩序与生生不息的万物流动。

长安何如日远？日远，举目见日，亦见长安。

夕阳映照下的大雁塔，仿佛带我们回到大唐盛景 / 摄影 聂移同

2.3

徽州

山河与故人

“徽州”在哪里？

这个问题并不难回答，

毕竟每个中国人心里都有它的影子。

钟灵毓秀的黄山，

以奇松、怪石、云海、温泉名震天下。

蜿蜒曲折的新安江，

自西向东串起一个个古老的村落，

它的下游则是筑坝蓄水形成的千岛湖。

依山傍水的婺源，

粉墙黛瓦和油菜梯田，

共同绘出一派诗情画意的景象。

没错，它们都是“徽州”的一部分。不仅如此，安徽省之“徽”，徽派建筑之“徽”，风云一时的徽商之“徽”，八大菜系中的徽菜之“徽”，均取自“徽州”之名。即便如今的“徽州”仅以黄山市的一个区存在，面积不过全省的0.3%，人们也依然无法忽略它，更屡屡提及它。

徽州，究竟是如何做到的？

安徽黟（yī）县卢村清晨 / 摄影 朱金华

黟县是今天黄山市的下辖县，也属于传统的徽州府六县之一。黟县境内传统民居和村落众多，其中宏村和西递在2000年被列为世界文化遗产。

壹 山河

安徽、江西、浙江三省交界之处，山岭遍布，川谷崎岖，自古便被称为“山限壤隔之地”，古徽州就诞生于此。

在古徽州北部，黄山一脉横亘东西，鼎鼎有名的 72 峰，或雄伟，或秀丽，莲花峰、光明顶、天都峰三大主峰闻名遐迩。其中莲花峰海拔 1864.8 米，居安徽全省山峰之首。南部，五龙山、白际山、天目山连绵展布，成为古徽州西南至东部的天然屏障。

山脉南北夹持、东西合围，将古徽州团团围住，来自北方的寒流被黄山阻挡在外，而来自南方的湿润空气则在山间积蓄，造就了一个云雾缭绕的仙境。暖湿气流沿山体爬升，随着海拔升高，气温降低，水汽不断凝结，在空中形成奔涌翻腾的云海。

凝结后的水滴形成降雨落下，雨水又在山间汇聚，遇悬崖峭壁则飞泻而下。飞瀑深潭，点缀山间。

云海中的黄山卧云峰 / 摄影 方君尧

卧云峰是黄山众多山峰之一，这里常云雾聚集，故名“卧云峰”。

然而，在漫长的地质时期，徽州地区的地层多次发生断裂，导致部分地壳隆起成山，形成重重山脉，另一部分则相对下沉，形成山间平坦的断陷盆地。发源自山区的溪流，不断向这些盆地汇聚。

河流冲出山谷，便摆脱了两侧山峦的束缚，宽度从数十米变为百余米，流速也随之大幅减缓。于是流水中携带的石砾、泥沙纷纷沉降，日积月累之下，形成大大小小的冲积平原。

这些断陷盆地中规模最大者，便是新安江沿岸的**休屯盆地**，其面积约 660 平方千米。此外，还有各支流沿岸的**黟县盆地**、**华阳盆地**、**练江盆地**、**芦昆常盆地**等。这些盆地沿江串联，往往地势平坦、土层深厚，加之终年温暖湿润的气候条件，十分适宜人类居住和粮食种植。

至北宋末年，在繁重的课税和徭役下，歙（shè）县[1]佣工方腊率众揭竿而起。一时间，从者如云，聚众数万。然而在短暂的辉煌过后，方腊起义迅速溃败。

1. 歙县是古徽州的政治、经济、文化中心，自隋唐到清末，歙县一直为徽郡、州、府治所在地。

山间小盆地中的徽州村落 / 摄影 赵高翔

山间小盆地给古徽州地区提供了生产、生活空间，而村落旁流经的河流不仅提供了水源，也为古徽州人提供了通往外部世界的通道。

成功镇压起义的北宋朝廷，便以意为“绳索”的“徽”字，将该地由“歙州”改为“徽州”，寓意以“绳索”绑住在此生活的人们，压制战乱和暴动的发生，并保留自唐朝以来“一府六县”的格局。[1]

至此，“徽州”正式登上历史舞台，而一段长达 790 年的传奇才刚刚开启。[2]

1. 关于“徽州”名称来源尚有争议，本书采取其中一种说法。也有学者认为徽州的命名来源于徽岭；还有学者认为取名“徽州”，是借其表达“美善”之意。
2. 北宋宣和三年（1121 年）改歙州为徽州，到 1911 年清朝统治瓦解，封建帝制时期的“徽州”存在了 790 年。

古徽州地形及水系示意

贰 出路

不过，世外桃源中的生活并不安逸，人们享受安稳与平静的同时，也面临着两大严峻的考验。

第一个问题是水灾。

由于山区坡地陡峭，河道短促，每逢夏季降雨增多，水流便由山区向河谷盆地倾泻，令聚居于此的人们深受洪涝之扰。于是，人们一面挖塘蓄水，一面筑坝拦洪，再通过水沟引水入田、引水入村，不仅解决了灌溉、防洪和行舟问题，也造就了“小桥流水人家”的别致景象。

在众多堨（è）坝[1]中，最闻名遐迩的当数歙县的“渔梁坝”。其坝身长约143米、高5米，全部以坚硬的花岗岩巨石筑垒而成，横截新安江的支流练江，既可蓄上游之水，亦可缓坝下之流，有利于发展农业和建设码头。

第二个问题是地少。

以绩溪县为例，全境山地丘陵占比可达92%，适宜规模居住和耕种的盆地仅有8%。而随着人口的不断增加，山间盆地显得越发拥挤。曾经流行于中原的合院式建筑，因占地太多，密度太低，在人多地狭的古徽州实在过于奢侈，人们亟待寻找一种新的居住方式。

于是，在北方移民和本地山越人的融合中，一种独特的“天井式楼居”建筑在古徽州的土地上诞生了，这便是“徽派建筑”。

徽派建筑延续了北方的合院式布局结构，但为了增加建筑“容积率”，又汲取了山越人干栏式建筑的特点（即底层架空、二层居住的“楼居”），将原本平铺在地面上的合院建筑抬升为二层，甚至三层。一般来说，一层中间布置厅堂，两侧布置长辈或屋主的卧室，二层布置晚辈或女眷的卧室，顶层的楼板处还可以挑出木条，形成晒场。

为了尽量减少占地，庭院面积也大大缩小，最终形成了幽深窄小的天井。天井不仅能用于通风采光，还可让雨水沿四围屋檐汇聚而下，被视为财富聚集的象征，人称“四水归堂”。移民不断增加，民居也随之增加。在稀缺的土地资源面前，院落之间的关系变得更为窘迫。有的院落与院落间仅留有狭窄幽深的小巷，土地利用率几乎接近极限。

1. 引水沟被称为“圳”，坝被称为“堨坝”，均为古代水利工程设施。

右页上图　流水流过徽州村落 / 摄影 聂鑫垚
依水而居是徽州地区村镇分布的重要特征，水带来了灾难，但也提供了生存资源。

右页下图　俯瞰徽州民居 / 摄影 聂鑫垚
从空中俯瞰，传统徽州民居排布紧密，多进院中往往围出多个天井，象征财富的雨水从天井汇聚到屋内。

徽州建筑的极致美学

小到一砖一石，大到广厦万千，徽州建筑由内而外，处处皆美，堪称极致。

远观之曼妙
“徽州符号”马头墙：外围高墙因状似马头，名为“马头墙”。黑与白这两种无色之色，演绎出徽州独特的水墨美学。
千变万化的形态：依据层高与天井数量，每家每户的马头墙呈现出不尽相同的节奏和韵律。粉墙黛瓦加之青山远去，勾勒出无穷回味之意境。
一进一层
一进二层
A 二进二层
B 二进二、三层
C 三进二、三层
D 三进三层
家族扩张
D + 院子
A + C + 院子
B + C
B + C + C + 院子
栖居之诗意
1 2 3 4
1 合家的天井：楼居的形式让庭院愈显幽深，人们形象地称之为“天井”，每当阳光洒落，那一方明亮别有韵味。
二进二、三层平面图
高三层
天井（二进）
高二层
天井（一进）

徽派建筑主体以木为材，又排布得如此密集，必定是“一家起火，全村遭殃”。因此在传统“人”字形屋顶的基础上，古徽州人创造性地发明了阶梯状的山墙。

山墙高出房顶，层层叠落，用以防止火灾蔓延，因此也被称为“封火墙”。因其铺以黛瓦，如高昂的马头，故又被称为“马头墙”。

根据院落进深不同，马头墙又可分为一叠式、二叠式等，较大的民居中还可出现五叠式。为了吸湿防潮，徽派建筑往往使用白垩（è）[1]涂制高墙，在雨水的侵蚀下，白墙逐渐变得水印斑驳，像极了一幅山村水墨画。于是，“粉墙黛瓦马头墙”便成了徽派建筑的经典符号。

1. 白垩又称白土粉，主要成分为碳酸钙，是制作粉笔的主要材料之一。

下图　细雨中的西递村落 / 摄影　朱金华

西递村落成片分布，房屋密集，错落有致。白墙黑瓦，风格鲜明。
西递在黟县东部，始建于北宋，村落中胡姓聚族而居。

住房问题解决了，人们还面临生存问题。

据统计，南宋时期古徽州人均耕地 15 亩[1]，到明万历年间仅有 2.2 亩，清康熙年间甚至缩减至 1.5 亩。本地存粮入不敷出，人们不得不从外地买粮糊口。清康熙《休宁县志》记载：

> 一日米船不至，民有饥色，三日不至有饿殍，五日不至有昼夺。

无奈之下，人们将目光望向了广袤的山林，不料却开启了新世界的大门，使得耕地最为紧缺的明清时期反倒成了古徽州最为辉煌的年代。

高山的松木，低山的茶，山间的油桐、油茶、漆树、竹林、桑極，甚至山中的矿产、石料，纷纷成为重要的经济来源。尤其在海拔 400~800 米的低山丘陵，广布适宜茶树生长的红黄壤，加之气候常年温暖湿润，黄山毛峰、祁门红茶、屯溪绿茶等一众名茶应势而生，广销各地。

从中原带来的生产技艺，更是令古徽州人如虎添翼。除了大名鼎鼎的澄心堂纸，松木、油桐的种子等还被用于制作徽墨。江西婺源龙尾山出产的龙尾石，因富含绢云母等矿物，成为打磨歙砚的优质石料。

此外，还有徽笔、油纸伞等众多独特的古徽州工艺品悉数诞生，文房四宝一应俱全，其声名远播，传扬至今。

1. 1 亩约为 666 平方米。

上左图 **安徽黟县竹海 / 摄影 方君尧**

上右图 **安徽休宁县七里顶茶园 / 摄影 方君尧**

下左图 **安徽泾县孤峰油纸伞 / 摄影 樊鑫**

下右图 **安徽黄山市菊花 / 摄影 方君尧**

而人们为了走出大山，又在层峦叠嶂间开辟了四通八达的徽州古道。借由这些古道和发达的水系，人们肩挑背扛，船载舟运，将徽州特产销往全国各地，又将粮米油盐等运回家乡，开启了“寄命于商”的徽州模式。

明朝史学家王世贞曾说：

> 大抵徽俗，人十三在邑，十七在天下。

意思为，10 个徽州人中仅有 3 人留在家乡，7 人在外营生。直至明清时期，徽州商人叱咤风云，富甲天下，得名“徽商”，徽州也随之被推向了鼎盛时代。

流经歙县的新安江 / 摄影 樊鑫

新安江发源于休宁县，最终汇入钱塘江干流，是古代徽州地区通往外部世界的重要通道之一。

叁 鼎盛

800 多年前的南宋，52 岁的朱熹历时多年，终于在前人的基础上将《大学》《论语》《孟子》《中庸》四部儒学经典进行注释并合刊，始称“四书”，成为后世历代科举取士的范本。古徽州作为朱熹祖籍地，其学说的影响则更为深远。[1]

人们崇尚忠、孝、仁、义，“三纲五常”与“礼义人伦”深入人心，这些彻底改变了古徽州人的观念和生活。从北方移民至此的士族，本就多选择聚族而居，而朱子学说对宗法制度的推崇，更将宗族的地位推向了极致。清朝徽州学者赵吉士在《寄园寄所寄》中写道：“千年之冢，不动一抔；千丁之族，未尝散处；千载之谱，丝毫不紊。”

于是，一个森严而团结、世代传承的宗族社会，在古徽州的土地上诞生了。

但凡有关家族兴衰之事，古徽州人尤为重视，其中之一便是风水学。因此，古徽州人往往举全族之力，对村落进行选址、规划和建设。

被朱熹誉为“江南第一村”的呈坎村，便是典型的风水村落。四围环绕的 8 座山峰，分别对应八卦的 8 个方位，穿越村庄的 S 形河流，亦如八卦阴阳鱼的分界，村中三街九十九巷交错排列，有如棋盘。

即便没有山环水绕的理想环境，古徽州人也能利用人造工程，改变当地的“风水”条件。其中一个重要方式，便是引水。

比如在始建于南宋绍兴年间的宏村，人们开凿了贯穿村落的水圳。[2] 在水圳的入水口、出水口等关键之处，修有堨坝，以及南湖、月沼等人工湖。由于从入水口到出水处天然存在约 4 米的高差，河水流经全村只需约 35 分钟。就这样，形如卧牛的宏村，以月沼为胃、南湖为肚、曲折的水圳为肠，形成了一套贯穿全村的人工水系。

1. 古徽州曾名新安郡，朱子学说在当地的分支学派被称为“新安理学”。
2. 宏村始建于南宋绍兴年间，最初叫作“弘村”。明朝永乐年间，村落族长请风水先生勘定环境，重新布局村落建筑，并引水入村。

左图　呈坎村全景 / 摄影 王超

呈坎村在黄山市的徽州区，村落中潨（cōng）川河自北向南流过村落东侧，形似“S”。

右图　宏村全景 / 摄影 熊伟

宏村位于黄山市的黟县，村民将村西的流水引入村内，流水贯穿村落。

a 潨川河
b 入水口
c 水圳
d 月沼
e 南湖

而在同姓聚居的村庄中，至关重要的建筑往往是宗祠。所谓“举宗大事，莫最于祠”，家家户户多以祠堂为核心进行布局。

作为祭祖、宴饮、正俗之地，全体族人出资出力，大兴土木，祠堂建筑庄严肃穆，规模空前。如绩溪的胡氏宗祠，其造型为五重屋顶对称排布，每一重都飞檐翘角，如同鸟翼，人称“五凤楼”。

在儒学的影响下，入仕为官成为光宗耀祖的上好途径。历任明朝三朝重臣的歙县人许国，便在家乡立了一座宏伟的八柱牌坊，其四面围合，精雕细琢，题有“先学后臣”“上台元老”“大学士”等字样，以旌表他的功勋和德政。

右页上左图　五凤楼门楼 / 摄影 方君尧
五凤楼在绩溪县瀛洲镇的龙川村，是该村胡氏的宗祠，始建于明朝。其门楼飞檐翘角，是一座重檐歇山式建筑。

右页上右图　休宁黄村进士第 / 摄影 方君尧
明朝兵部主事黄福后人建的府第、祠堂，明末清初时期建筑，门楼正中嵌有楷书“进士第”匾。

右页下左图　休宁溪头三槐堂 / 摄影 方君尧
溪头三槐堂是当地的王家祠堂，建于明朝万历年间，整个建筑以木雕著称。

右页下右图　黄村进士第享堂 / 摄影 方君尧
进士第的第二进是祭祖的享堂，享堂气势恢宏，六根立柱列队排开，享堂内悬挂木匾“光裕堂”。

月梁
月梁

有了入仕的梦想，古徽州人格外崇尚教育，并鼓励学子参加科举取士。在外完成财富累积的徽商，也不惜投入大把金银发展教育事业。明清时期，古徽州共建大小书院约 93 所，学堂、家塾更是数以百计，“十户之村，不废诵读”的景象在这里俯拾皆是。

接受了良好教育的徽州学子，不断在科举考试中崭露头角。在清朝，全国共有状元及第者 114 人，而徽州一地便独占 19 席。其中休宁更是当之无愧的“状元县”，在清朝就出了 12 位状元。因此，人才辈出的古徽州亦被世人称为“东南邹鲁”[1]。成功入仕的徽州官员手握权柄，为徽商的发展提供了良好的政治土壤。

从小受到礼义经典熏陶的徽州商人，更是“亦贾亦儒”，深谙与各类官员的相处之道。通过依附政府，加之“近水楼台”的地理条件，他们除了开展传统的农林业贸易，还一度获得垄断江淮盐业的特权，数年间便可“累资巨万”。明朝文学家汪道昆曾言：

> 新安多大贾，其居盐策者最豪。

徽商的另一片天下为典当业。凭借巨额之资和宗族之力，他们减息让利，诚信经营，以“义字招牌”抢占市场，这种“义中取利”的理念十分有效。在经济发达的苏浙一带，典当行业纷纷被徽商垄断。

以商养文、以文入仕、以仕促商，这种独特的徽州模式如同滚滚向前的车轮，将古徽州推向了商业、教育、政治的巅峰。

从“山限壤隔之地”走出来的徽州人，更是迈入了中国商业史的舞台，其财力之雄厚，堪与雄踞北方的晋商比肩，人称“南徽北晋”。

深受儒学影响的徽商，大多选择将财富投向固定资产，反哺桑梓，建设家乡，他们的家宅多“富而显贵”。

虽然为了防火防盗，高墙上仅开设小小的窗洞，但门楼、门罩却是精雕细琢，字匾门、拱形门、垂花门、八字门……不仅形式多种多样，砖雕工艺更是出神入化，彰显着院落主人的财富、地位和审美。内院的木雕同样登峰造极，梁架、斗拱、栏板、门窗无一不雕，花鸟鱼虫、戏曲民俗皆可入画，堪称徽派建筑的点睛之笔。

1. “邹鲁”指春秋时期的邹国和鲁国，为孔孟出生之地，一般用来代指文教兴盛的地方。

左页上左图　徽州民居建筑中的月梁 / 摄影　赵熠
中国传统木结构建筑中一种略呈弧形的梁，因其常露出在外，故而雕凿精美。

左页上右图　徽州民居建筑中的元宝梁 / 摄影　李文博
元宝梁是一种状似元宝的短梁，主要起装饰美化作用。

左页下图　宏村古民居天井砖雕 / 摄影　方力

村镇水运发达，商业繁荣，众多商业街拔地而起。钱庄、当铺、盐肆、纸行、瓷器店、绸布庄、药材铺、黄烟铺，行业众多，商铺林立。明清时的万安老街，清末时的屯溪老街，人烟稠密，热闹非凡。

民居、宗祠、牌坊、书院、商铺、水圳、街道，在一代代古徽州人的经营下，村落规模宏大，宛如城郭。18 世纪至 19 世纪的西递村，已拥有约 600 幢民居、99 条街巷、34 座祠堂、13 座牌坊和近万人口，以“三千烟灶九千丁”闻名于世。

随着徽州声名远播，徽商足迹遍布大江南北，徽州文化同样走出崇山峻岭，在全国各地生根发芽。清乾隆年间，四大徽班进京为皇帝祝寿。此后近百年中，徽州戏曲博采众长，融四方之音，催生了如今家喻户晓的国粹——京剧。

一些满腹经纶但仕途不畅的学子，有的抱定“经世济民”之心转而行医，成就了世代相传的“新安医学”。他们“博学精术，不求于利”，世称“儒医”。有的则交游山水，寄情林泉，创造了以山水野趣为风貌的“新安画派”。新安画家尤擅捕捉黄山之韵，塑造了中国水墨画中的经典意象。

清朝末年，随着西方列强入侵，以及太平天国运动爆发，各地战火连绵，硝烟不断，徽商所倚靠的政策优势荡然无存，甚至还面临更为沉重的赋税。来自大洋彼岸的新思潮猛烈地冲击着千年来的传统思想，古徽州崛起的根基逐渐动摇。加之外来商品的恶性竞争，这片辉煌了数百年的土地，终于没能扛过时代的风云剧变，在无奈中走向了衰落和沉寂。

右页上左图　宏村南湖书院 / 摄影 朱金华

右页上中图　徽州古城里的民俗表演活动 / 摄影 肖经韬

右页上右图　歙县棠樾牌坊群，由明朝和清朝的 7 座牌坊组成 / 摄影 王昆远

右页下左图　黟县南屏古村街巷 / 摄影 冯磊

右页下中图　西递村落街巷 / 摄影 白永泽

右页下右图　黟县卢村村落巷道 / 摄影 张强

徽州府

如今，曾经的古徽州散落在两省三地，包括安徽省黄山市、宣城市绩溪县，以及江西省上饶市婺源县。即便如此，它依然是许多人心中的“应许之地”。2023 年，仅婺源一县，慕名而来的旅行者便有 2620.3 万人次，超过了整个北京市的常住人口。名山古村并立的黄山市，2023 年接待人数更是超过 8326 万人次。

从这里走出的一众名士，如“红顶商人”胡雪岩、新文化运动领袖胡适、人民教育家陶行知等，都在中国历史上或当下有着重要影响。而随着数十万件古徽州文书的发现，人们更得以跨越近千年的岁月，窥得当时社会的些许原貌，也让“徽学”这一学科与“敦煌学”和“藏学”三足鼎立，成为中国地域文化中的瑰宝。

所以，徽州并没有消失，待你踏上这片土地便会发现，它就在那里，在那片山河里，也在故人的故事里。

171

石城秋色 / 摄影 方君尧

石城是婺源县的一个村落，秋季以枫叶、晨雾、日出景色而闻名。

2.4 南京

永不离场的金陵

在中国古都序列中，常有“五大”“七大”“九大”的争论，

但无论如何排序，南京必然榜上有名。

然而，翻开南京的历史，却是满目悲情。

有落寞：

“无情最是台城柳，依旧烟笼十里堤。”

（出自唐·韦庄《台城》）

有伤感：

“山围故国周遭在，潮打空城寂寞回。”

（出自唐·刘禹锡《金陵五题·石头城》）

有悲痛：

“小楼昨夜又东风，故国不堪回首月明中。”

（出自南唐·李煜《虞美人》）

有唏嘘：

“六代绮罗成旧梦，石头城上月如钩。”

（出自近代·鲁迅《无题二首·其一》）

在 2500 余年的建城史中，南京历经 6 次毁城，多次换过名字。它虽为十朝都会，却只有 450 多年建都历史，常言道：金陵王气短命。

但是被嘲为“短命之都”的南京，却每每在历史的关键时刻，奉献自己，牺牲自己，肩负起家国重担。在这里，晋室南渡影响了华夏文明的命运，大明以此为起点夺取天下，孙中山宣告了封建帝制的终结。

南京！南京！

在华夏文明的征程中，它从未离场。

南京阅江楼 / 摄影 熊伟

阅江楼在南京城的西北、狮子山上，可远眺长江。明洪武年间，朱元璋命人在此建楼、撰写《阅江楼记》。但实际并未建成，有记无楼，今楼为 2001 年建成。

南京古、近代发展历程

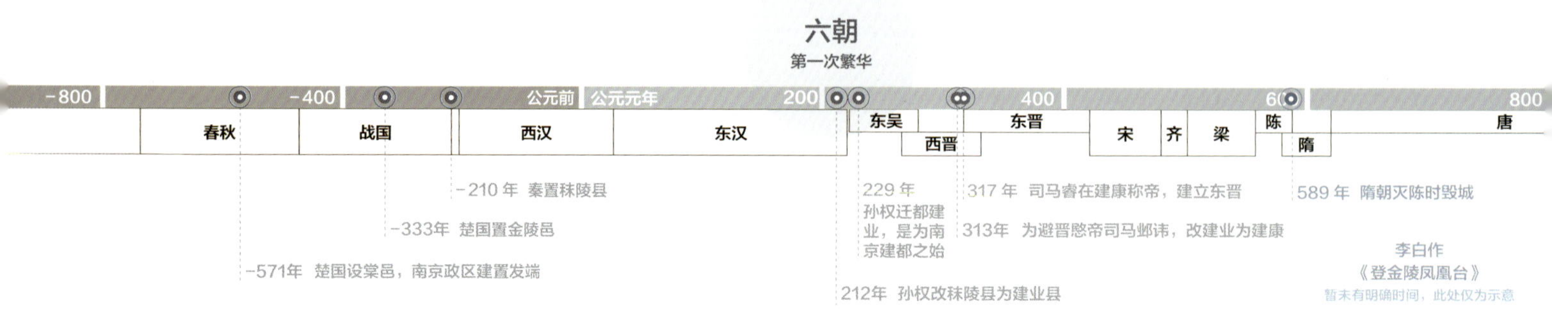

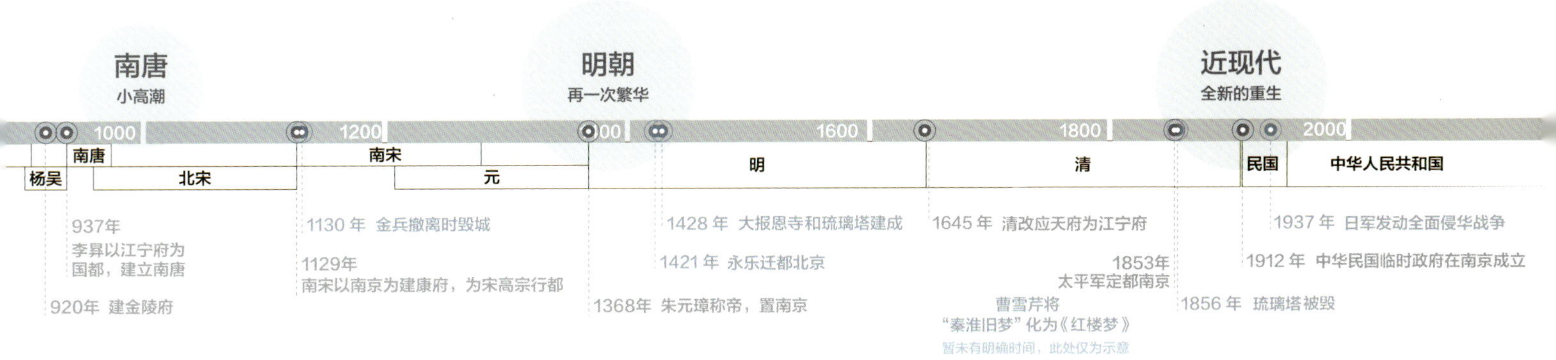
南唐
小高潮
明朝
再一次繁华
近现代
全新的重生
1000
1200
1400
1600
1800
2000
杨吴
南唐
北宋
南宋
元
明
清
民国
中华人民共和国
920年 建金陵府
937年
李昪以江宁府为
国都，建立南唐
1129年
南宋以南京为建康府，为宋高宗行都
1130 年 金兵撤离时毁城
1368年 朱元璋称帝，置南京
1421 年 永乐迁都北京
1428 年 大报恩寺和琉璃塔建成
1645 年 清改应天府为江宁府
曹雪芹将
“秦淮旧梦”化为《红楼梦》
暂未有明确时间，此处仅为示意
1853年
太平军定都南京
1856 年 琉璃塔被毁
1912 年 中华民国临时政府在南京成立
1937 年 日军发动全面侵华战争

壹 缘起

“金陵王气”的传说，是南京永远的谜。相传，楚威王观此地有紫气，埋金镇之，以压王气，金陵之名由此而来。

王气之说，来自这里的山川形胜。奔涌的长江在这里由东北向东转向，形成多个江中沙洲。南京属于丘陵地区，北枕长江，四周群山护卫，秦淮河在其西南方蜿蜒入长江。山环水抱的地理格局完美契合理想都城的选址要求，正所谓：

> 钟阜龙蟠，石城虎踞，真帝王之宅。[1]

在北部，栖霞山、幕府山、狮子山，如同一道天然的城墙，时刻抵御着北方的入侵。在南部，则有牛首山双峰伫立，宛如护城的“天然双阙”。在中部，有海拔 448 米的钟山作为南京的最高峰，恰似卧龙盘绕。钟山及其余脉，还从太平门进入市区，富贵山、覆舟山、鸡笼山、鼓楼岗、五台山、清凉山组成城中起伏的连岗。

与此同时，南京依靠长江，向东可连接太湖平原，向西可直通江淮，西控荆楚，北争中原。因此，中原王朝的统治者大多对这里的“王气”有所忌惮。

直至东汉末年，东吴政权发迹于江南，南京获得孙权的垂青。东吴的定都，成为南京建都史的起源。定都前的首要大事，是打造军事堡垒石头城。彼时石头城雄踞长江边，其地位不言而喻，甚至成为南京城的别称。

以石头城为起点，南京从一个普通的江东小城，一步步走向历史舞台的中央。

---

1. 这句话相传为诸葛亮所说。但根据《三国志》等史书记载，诸葛亮并未实地到过南京，因而也有学者认为，很难认定这句话出自诸葛亮之口。

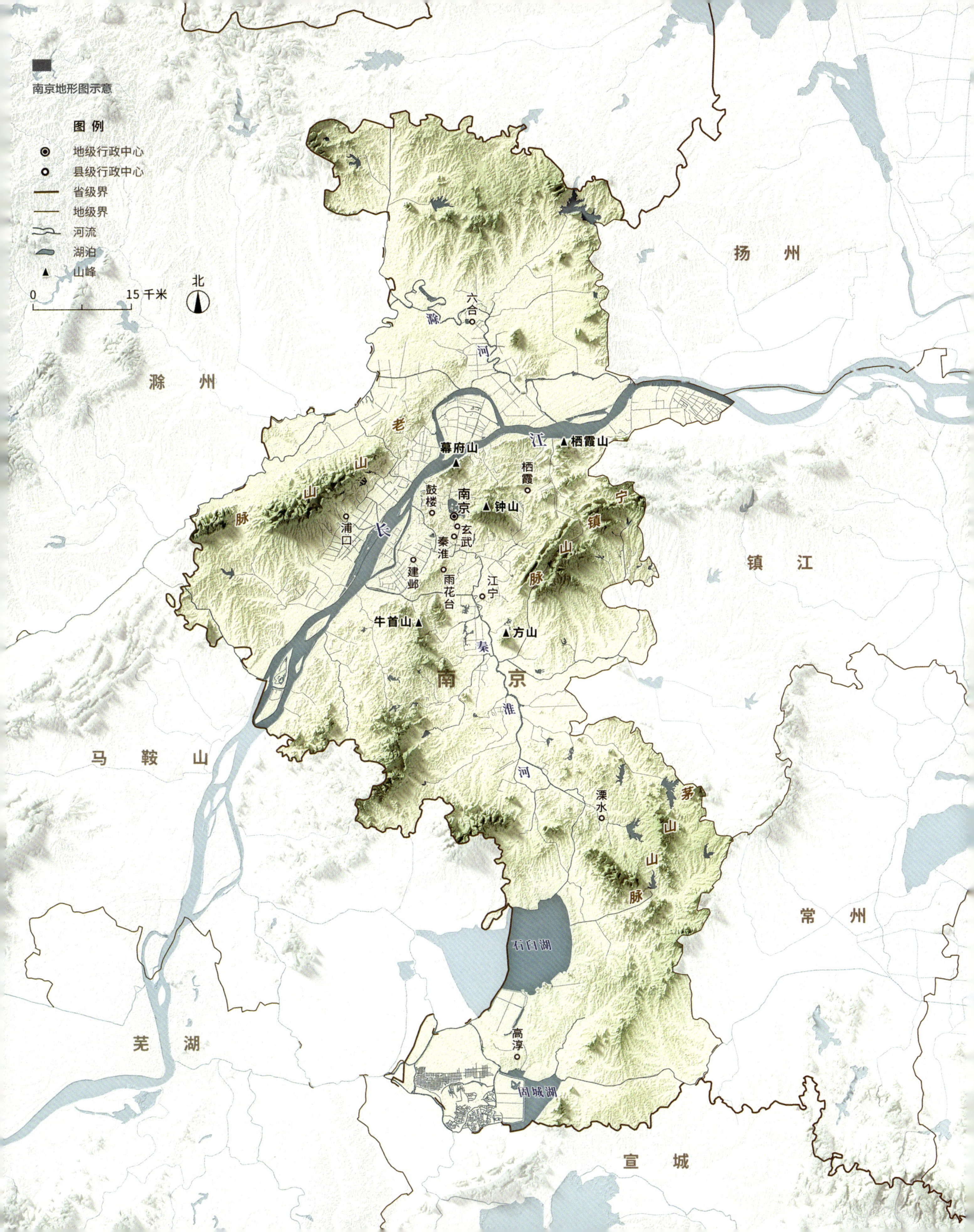

南京地形图示意
图例
地级行政中心
县级行政中心
省级界
地级界
河流
湖泊
山峰
0
15 千米
北
扬州
滁州
镇江
马鞍山
常州
芜湖
宣城
南京
六合
滁河
老山山脉
长江
幕府山
栖霞山
栖霞
鼓楼
南京
钟山
玄武
浦口
秦淮
建邺
雨花台
江宁
宁镇山脉
牛首山
方山
秦淮河
溧水
茅山山脉
石臼湖
高淳
固城湖

上图 南京牛首山／摄影 彭婕

牛首山是南京江宁区的低山丘陵，因山顶南北双峰似牛角而得名。图上金黄色建筑是佛顶宫。

下图 云雾中的南京紫金山，近处为紫金山天文台／摄影 李毅恒

贰 堡垒：第一次繁华

西晋之时，五胡乱华，中原硝烟四起，大批北方士族纷纷南下避乱。此时，山环水抱的南京，成为重要的避难之所。自东吴立国，至隋一统天下，东吴、东晋、刘宋、萧齐、萧梁、南陈六朝均建都建康[1]，共历 324 年，史称“六朝建康”。

南京，第一次面临如此重大的使命。在南北对峙的六朝，它以防卫为第一要务，不仅部署国都城池，周围还设有许多安置移民的侨州郡县[2]，可以在战时充当防御堡垒，是为具有战略意义的“大建康”。

为宣示自己的正统，建康继承了中原的礼制，效仿邺城[3]和洛阳的格局，不仅有贯穿全城的中轴线，还沿袭宫城前的 T 形大街，就连城门也照搬洛阳旧名。即便建康王室无力回归故土，但割据一方的东晋与南朝还是为中原士民提供了庇护之地，不仅保留了中华文明的火种，还平添了些许文雅与放达。为巩固统治，第一次远徙江南的政权，不仅依赖北方望族的参与，也需要江南世家的支持。

同样作为外来者的佛教，迎来了千载难逢的机遇，成为帝王整合文化的工具，也让寻常百姓从其中找到人生的精神寄托。

帝王的提倡，百姓的狂热，使佛教一经传入江南，就迅速在这片沃土中生根。建康掀起一股兴建佛寺的风潮，城郭内外僧尼云集，梵刹林立。唐朝杜牧千古名句“南朝四百八十寺，多少楼台烟雨中”，说的就是这一时期南方寺庙之多、佛教之兴。

1. 建康是南京古称之一。孙吴时南京名为建业。西晋建兴元年（313 年），为避晋愍帝司马邺讳，建业改名为建康，自此沿用至南朝末年。
2. 东晋南朝政府在南方以原北方州郡县旧名设置的州郡县，只有人口，没有实土，用以安置从北方流亡到南方的人口，这类州郡县被称为侨州郡县。
3. 邺城在今河北邯郸市临漳县，魏晋南北朝时期是中国北方的重要都城。东汉建安九年（204 年），曹操于此营建王都。

六朝建康城

三国的东吴、东晋，南朝的宋、齐、梁、陈，其都城均建在南京，史称“六朝建康”，这也是南京首次作为国都的辉煌时期。六朝建康城的建设延续了中原的礼制，形成中轴对称格局。在宫城外围还部署城池及军事城堡，以拱卫国都安全。

T形大街

都城的建设借鉴了中原建都的实践经验，有贯穿全城的中轴线，还开辟了从西明门到建春门的东西街道，与御道形成T形大街。

南京灵谷寺秋色 / 摄影 李毅恒

灵谷寺在紫金山东麓、中山陵之东，其历史最早可以追溯到南朝梁武帝时期。

佛教兴起，再加上玄学盛行，多元的文化在建康激荡融合。不同的智慧与声音相互启迪碰撞，形成了一个百花齐放的时代，后世称之为“六代繁华”。

建康迎来了文学自由，大量作品随之涌现，有现存最早的诗文总集《昭明文选》，最具代表性的文言志人小说《世说新语》，还有最早的文学评论专著《文心雕龙》。

建康迎来了一段艺术自由时期，石刻雕塑造型夸张，充满想象的张力，狮子般孔武有力的石兽身上竟然长出了可翱翔天空的翅膀。绘画题材大大拓宽，顾恺之、陆探微等绘画名家辈出。即便他们的真迹大都隐没于历史长河，从出土的六朝砖画之中，人们还是可以窥见艺术家超凡的追求。

此外，建康更是外交活跃的舞台，声名远播朝鲜、日本、东南亚。在梁元帝萧绎笔下的《职贡图》中，我们得以窥见各国使臣前来建康朝贡的盛景。

竹林七贤与荣启期砖画（南京博物院藏）/ 摄影 王骏

这组砖画出土于一座南朝墓葬中。荣启期是春秋时期的隐士，而竹林七贤是魏晋名士。将两个不同时代的人物画在一起，可能是因为他们有相近的人生态度，都表达出遗弃世俗名利、知足常乐的思想取向。

商女不知亡国恨，隔江犹唱后庭花。

随建康城一起凋零的，还有六朝的风华。王朝更迭，盛衰无常，刺激着文人敏感的神经，金陵遂成其吟咏凭吊的胜地。从此，在华夏的文学想象中，南京总笼罩着一种悲情。

与文学书写不同的是，金陵的地位虽一落千丈，但却并没有就此沉寂。在混乱的五代十国时期，南京也曾作为南唐国都，书写出华丽而纤巧的一笔。

唐朝安史之乱之后，北方纷乱不断，随着帝国经济重心的南移，蛰伏的南京一直在默默转型，从六朝时期护佑华夏的堡垒，逐渐成为人文荟萃的中枢。而这场蜕变还要等待一个时机，带领南京走向新的高峰。

叁 中枢：再一次繁华

明朝洪武元年（1368 年），朱元璋在南京称帝。南京城终于等来了它的中兴，这是大一统王朝首次在江南定都。

为宣示继承大统，新王朝的都城、宫城建设严格遵循《周礼》之制，三大殿的形制、完整的中轴线都为后来的北京紫禁城所沿袭。

宫城形制虽然谨遵礼制，但南京城却并不方正。为避开城南稠密的居住区与商业区，宫殿区选址偏东，使城内形成完整的三大分区。规划上的精打细算不代表质量上的打折，恰恰相反，朱元璋要造的是固若金汤的大明第一都。这座都城包含规模宏大的四重城郭，堪称当时世界上最壮丽的城市。

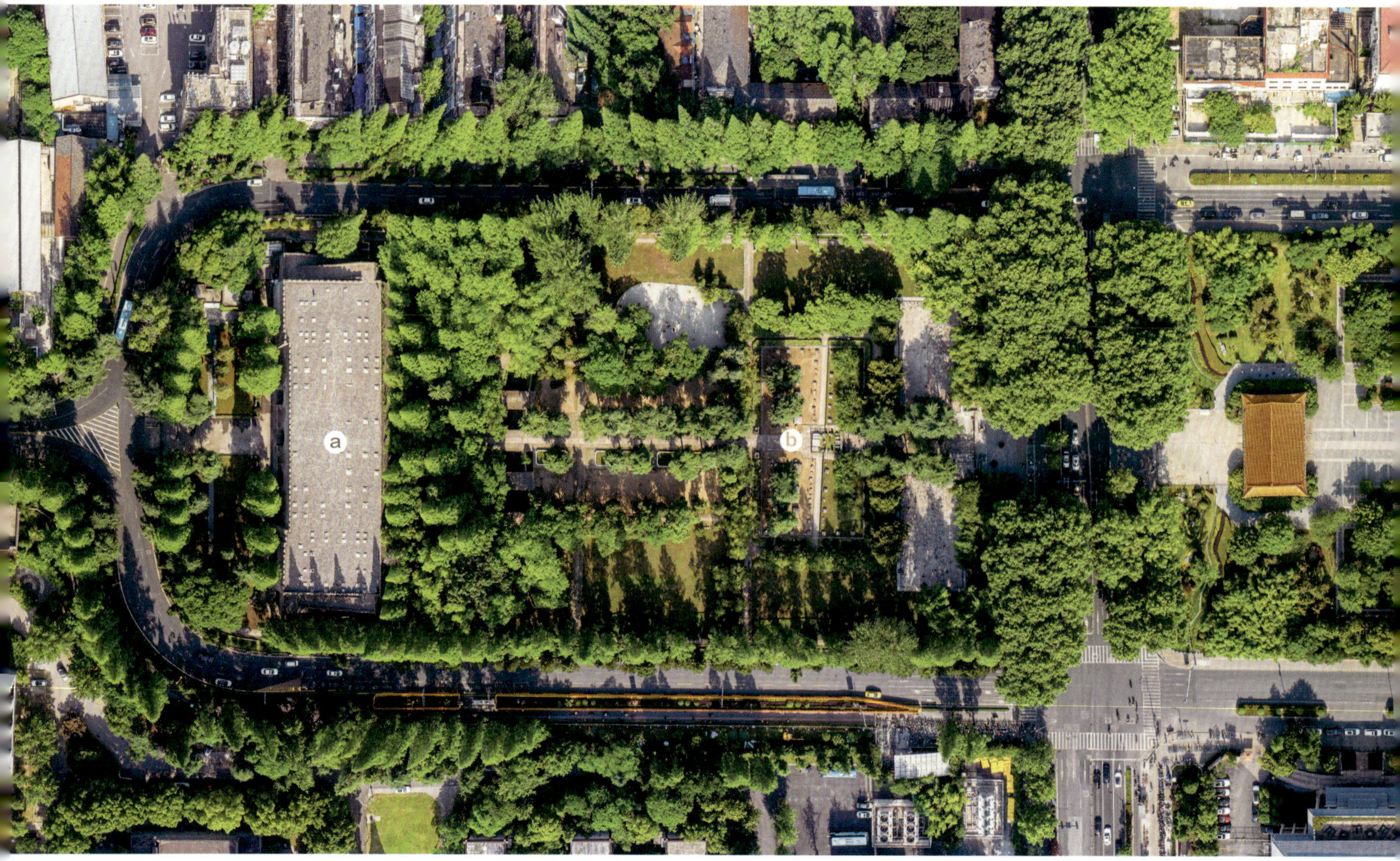

城门一反旧制，首创瓮城在城内的形制。作为都城正南门的聚宝门（今中华门），更是有三重瓮城，城楼上修有27座藏兵洞，大大增强了防御能力。明南京城的营建，外借山川之势，内谋理水之策，城墙上设置进水闸8座，出水闸16座，人工水系与自然水系交错纵横。作为水陆枢纽的东水关和西水关，分别是秦淮河的入城口和出城口。水关旁边的三山门和通济门，更是被设计成别出心裁的船形。

南京明故宫遗址俯瞰 / 摄影 於朝勇

南京明故宫沿中轴线对称分布，自南向北依次坐落着午门、奉天门、奉天殿、华盖殿、谨身殿等建筑。

a 午门　b 奉天门　c 奉天殿　d 华盖殿　e 谨身殿

神策门：明南京都城唯一设有外瓮城的城门。
通济门：因紧靠秦淮河进水口而被设计成船形。
一重防护
二重防护
三重防护
▼四重城垣、都城功能区
军事区
居住与商业区
皇城区
都城
皇城
宫城
外郭
江山霸气
“钟山抱金陵，霸气昔腾发”，金陵王气，首先来自长江天险，以及北、中、南三支山体的护卫。
▼南京城周边环境
北支
中支
南支
北
长
江
狮子山
钟阜门
金川门
仪凤门
金
定淮门
清凉门
清凉山
石城门
杨
吴
莫
愁
湖
三山门
朝天宫
应天府署
内
秦
大报恩寺
聚宝门
淮
外
秦
聚
宝
山

明南京城：王气从何而来？

相传，楚威王观此地有紫气，埋金镇之，以压王气，金陵之名由此而来。那么，这份王气究竟是什么？又从何而来呢？

e
d
c
b
a

上图　南京中华门正面门 / 摄影 汪康
从护城河往城内方向拍摄。

左图　南京中华门内瓮城 / 摄影 李文博
从城内往城外方向拍摄。中华门原名聚宝门，是明朝南京城的 13 座城门之一，以三重内瓮城的设计著称，在冷兵器时代易守难攻。

a 第三重瓮城
b 第二重瓮城
c 第一重瓮城
d 原城楼区域
e 护城河（外秦淮河）

南京是明朝的根基所系，也是明太祖安息之所。朱元璋在南京创立的规制，明清两朝的帝王依旧沿袭。因此，明朝迁都北京后，南京依旧是明朝的另一个中心。

明朝手工业极其发达，明初就有 10 万余工匠聚居在南京城南的 18 个坊内，是为著名的“金陵十八坊”。其中以丝织业最为突出，明后期南京的锦缎就远销中亚。至清以后，织造业更为发达，清朝在南京设有江宁织造府，专司锦缎生产，以供宫廷需要。

手工业的繁荣带动了活跃的集市贸易。南来北往的商货齐聚金陵，明初商市多数坐落在秦淮河一带，该地后来发展成为热闹的商业中心。来自徽州、山西、陕西、福建、广东、湖南等地的商人，以南京为获利渊薮，纷纷在南京建立服务同乡商贾的会馆。种种现象表明，南京的商品经济越发昌隆。明中叶后，南京城的商业娱乐水平达到鼎盛，以秦淮河、夫子庙一带最为繁华。

左图　古秦淮旅游景区 / 摄影　李毅恒

右图　江宁织造博物馆，在江宁织造府旧址上建成 / 摄影　方飞

除了是繁荣的经济中心，南京更是颇具影响力的文化中心，号为“天下文枢”。

秦淮河畔的夫子庙人文荟萃，文风鼎盛。毗邻夫子庙的江南贡院更是江南最大的科举考场，可以同时容纳 2 万人进行考试。文天祥、施耐庵、吴承恩、唐伯虎、郑板桥等无数大师名儒从这里走出。

城市经济的活跃，也使世俗的文学悄然生长，有描绘市井生活的小说戏剧，如描写国仇家恨中爱情的《桃花扇》、讽刺科举考试制度的《儒林外史》，还有欣赏花鸟虫鱼的《闲情偶寄》，以及广录佳肴的合辑《随园食单》。而家道中落的曹雪芹，十年辛苦著成《红楼梦》，“满纸荒唐言，一把辛酸泪”，将家族往昔的荣耀与没落都投射在“金陵十二钗”的命运中。

左图　南京夫子庙 / 摄影　方飞
夫子庙即孔庙，为“中国四大文庙”之一，始建于北宋，明朝为应天府学。

右图　南京清凉山崇正书院，建于明朝嘉靖年间 / 摄影　朱金华

在国内，开放、活跃的思想态度推动了“西学东渐”。意大利传教士利玛窦在南京获得了欢迎与支持，和徐光启一同翻译了古希腊数学家欧几里得的《几何原本》。

在海外，南京大报恩寺琉璃塔曾作为重要的中国形象，出现在安徒生的童话中，其复制品出现在英国伦敦的邱园里。[1]它外贴白瓷，通体饰以五彩琉璃构件，塔刹冠有黄金宝顶，檐下悬挂铜铃百只，声闻数里，塔内夜间燃灯百余，昼夜长明。

只可惜，我们再也无法目睹其精美，它已永远消逝于太平天国运动的战火之中。

清军与太平军的攻防，太平天国的内讧，对南京城来说无疑是一场浩劫。就这样，南京城跌跌撞撞，迈入了风雨飘摇的近代。

1. 大报恩寺琉璃塔是明成祖朱棣为纪念其生母所建，毁于太平天国运动。自建成到被毁，一直是中国南方最高的建筑之一。16 世纪到 17 世纪，当西方传教士和旅行者在南京见到它时，就惊叹于它的壮丽，它被传颂到西方，成为当时西方人眼中代表性的中国建筑。

重建的南京大报恩寺琉璃塔和遗址公园 / 摄影 张勇

肆 求索：全新的重生

近代以来，南京的命运一直和国家的历史紧紧相连。

1842 年，《南京条约》的签订让中国陷入屈辱的泥潭。1937 年 12 月 13 日，南京沦陷，侵华日军发起的南京大屠杀更是全体国人无法忘却的伤痛。

即便几次深陷泥淖，南京依然步履不停，为民族的未来艰难求索。为谋求自强，南京成为晚清洋务派发展现代化的试验场。它引入新兴工业，创立金陵机器制造局。它实施新式教育，筹办两江师范学堂。

武昌起义后，长达两千年的封建帝制走向灭亡，中华民国临时政府在南京宣告建立。作为首都的南京，再次担纲谋划未来的重任。1929 年的《首都计划》在现代化建设的道路上做出可圈可点的尝试。这是一部先进的规划，强调现代科学，宏观上吸收欧美的城市规划理念，奠定了今日南京的城市格局。

除了对科学理性的追求，这也是一部强调民族主义的规划，宣称发扬光大固有文化，微观上倡导采用中国古典造型。其中的扛鼎之作，莫过于古典与现代完美融合的中山陵。民族主义的形式之下，实质已是新时代的纪念堂。从空中俯瞰，其平面形态宛如一口警钟，仿佛中山先生的遗训时刻在耳畔萦绕：

革命尚未成功，同志仍需努力！

右图　南京中山陵秋色 / 摄影 石耀臣

中山陵位于钟山的中茅峰南麓，依山而筑，是伟大的民主革命先行者孙中山先生的陵墓，陵墓于 1926 年 1 月动工，1929 年春主体建筑建成，同年 6 月 1 日举行奉安大典。陵寝建筑中轴对称，从牌坊、墓道、陵门、碑亭到祭堂、墓室平距 700 余米，高差 70 余米。

这场艰难探索的许多方面虽然只是纸上谈兵，但还是留下了宝贵的遗产，化作南京城独有的风情。新中国成立后，万象更新，给古城注入新的生机，使其呈现出崭新的面貌。

今日的南京，是全国重要的科研教育基地，是东部地区重要的中心城市，还是首批“国家历史文化名城”之一，更是享誉全球的世界文学之都。

作为古都，南京也在保护文物古迹中走在前列。在尊重历史的前提下，它不断探索新的表达方式，用别具一格的创意续写往昔恢宏的传奇。即便有着厚重的历史、沉痛的记忆，南京也总是以美丽示人。今天的南京不失前卫，越发展现出青春活力，独具优雅清丽。

从六朝到南唐，从明朝到新中国，一路走到现在的南京历经太多世事盛衰。沧海桑田，山河变迁，城池一次次被摧毁，却能够屡仆屡起。

在历史的漫漫征途中，南京努力过，并且相当努力。可即便经受千磨百折，它也总能以那强大的韧性，滤过兴亡的痛苦和血腥，化作瑰丽的浪漫，汇成城市的史诗，依着长江徐徐展开。

下图　南京明朝古城墙 / 摄影 张勇

明南京城城墙是今天南京重要的文化遗产。明城墙与现代城市景观建筑古今交融，层次分明，交相辉映。

2.5 丽江

碰撞地带的创造

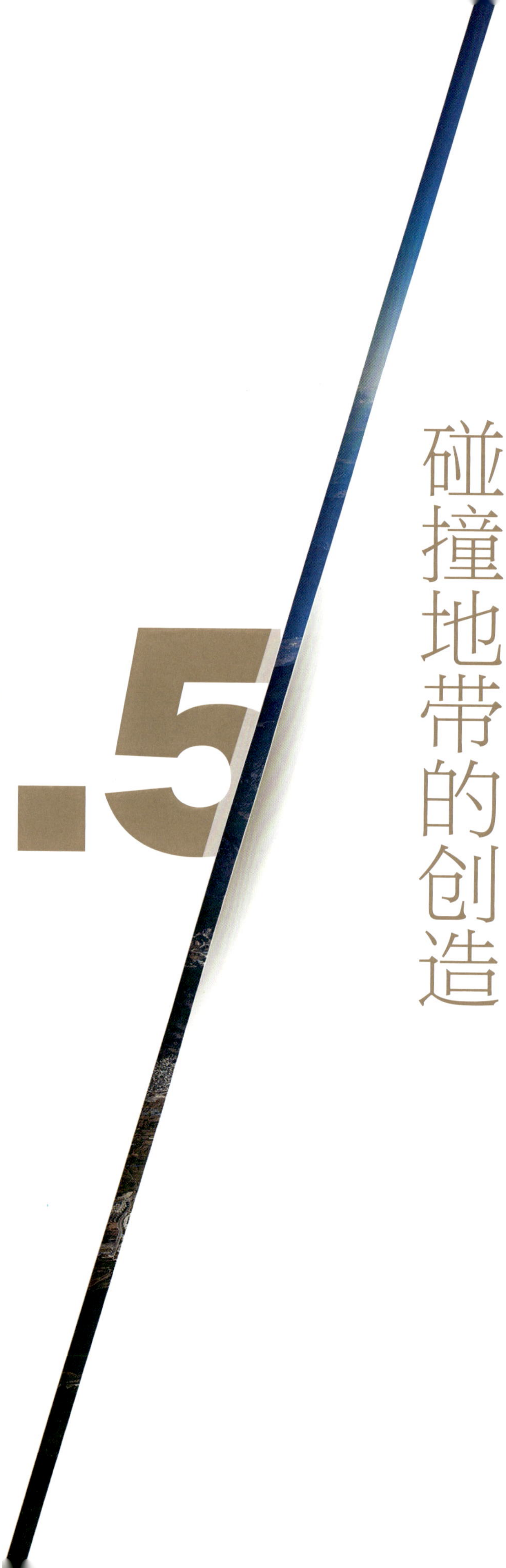

丽江，

一座充满活力的旅游城市。

20 多年前，

它寂寂无名，鲜为人知；

20 多年后，

仅 2023 年就涌入游客近 7000 万人次。

这是中国旅游业呈现井喷式发展的 20 多年，

一座 800 余年的古城，

曾被贴上“治愈”“放空”，

甚至“邂逅”的标签，

但它真正的内涵常被人们忽视。

a
b
c
d

事实上，丽江是一座我们无法绕开的、有着深厚自然与文化价值的城市。它的玉龙雪山海拔不过 5596 米，无法与青藏高原上其他动辄七八千米的雪峰相提并论，但是“亲民”的特性却让它成为许多人目睹的第一座雪山，山上的冰川亦成为许多人欣赏的第一条冰川。

它境内的金沙江激流咆哮，滚滚而下，生活在东部的人们看惯了开阔、平缓的江面，在这里才真正见识到母亲河的野性。它的大研古城，既无规矩的道路，又无森严的城墙，完全不受限于中原古城的条条框框，设计精妙，风景宜人，是中国罕见的保存较为完好的少数民族古城。

我们如果更深入地了解，就会发现：

真正的丽江是多种力量碰撞的前线，纳西族、藏族、汉族等多个民族用八百多年的沧桑岁月将这种碰撞消解、再造，创造了这座融合之城。

真正的丽江还是一面镜子，当我们在浮华中凝视它时，它也在凝视我们的浮华。

左图　航拍玉龙雪山和丽江古城 / 摄影 刘彦斌
丽江古城处在丽江盆地中，今天的丽江市区也早已突破古城的范围。

a 玉龙雪山
b 金沙江
c 拉市海
d 大研古城

壹 大地碰撞

数千万年前，印度洋板块与欧亚板块猛烈碰撞，青藏高原剧烈抬升，并向东西两端释放压力。在东端，它遭到华南板块的顽强抵抗。

丽江便位于板块碰撞短兵相接之处，一条断裂带斜贯境内，将丽江一分为二，这便是“大地的碰撞”。

在地貌上，丽江横跨两大高原，即青藏高原和云贵高原。丽江东南部地势较低，最高海拔约 3000 米，属于云贵高原的一部分；西北部则骤然增高，最高海拔超过 4000 米的老君山脉、玉龙山脉、绵绵山脉，三列山脉从西到东依次耸立，逐渐过渡，成为青藏高原的一部分。

其中，老君山脉最高峰海拔达 4420 米，为世界自然遗产“三江并流”的八大片区之一。其山脉尤以丹霞地貌著称，丹霞峰丛、丹霞谷、丹霞石柱等，几乎随处可见。海拔更高的绵绵山脉，最高峰海拔达 4510 米，著名的格姆女神山亦为该山脉的一部分。

丽江地形地貌图

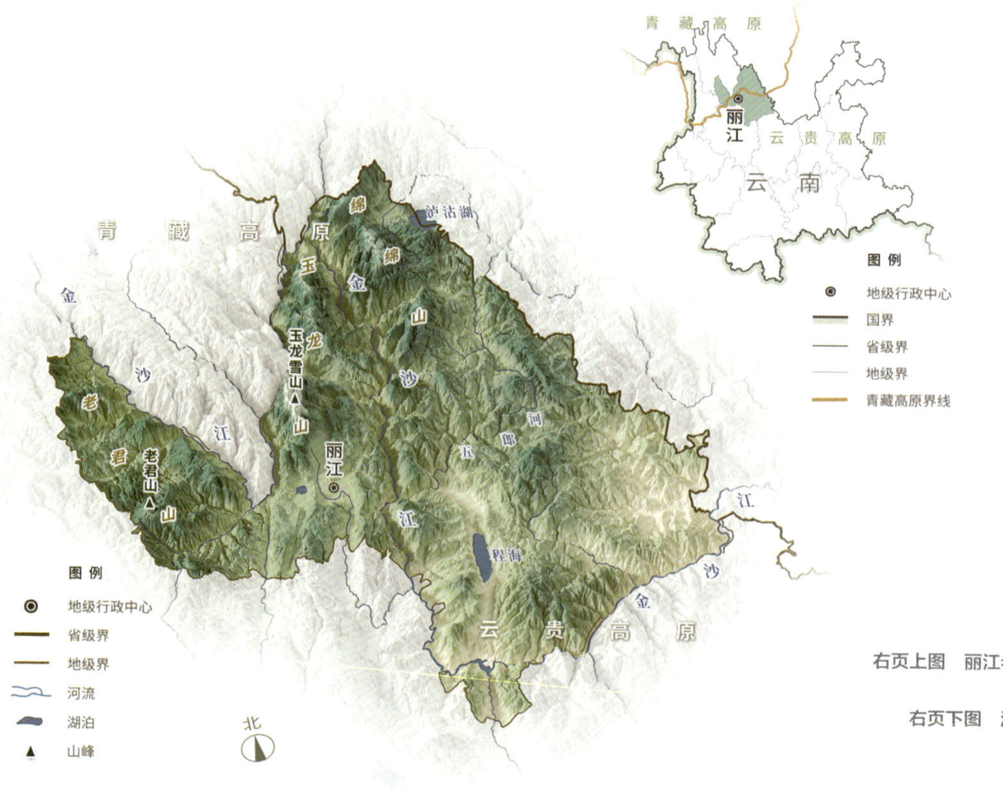

右页上图 丽江老君山丹霞地貌景观 / 摄影 和照

右页下图 泸沽湖旁格姆女神山 / 摄影 王壮

玉龙雪山航拍 / 摄影 温钧浩

最高的玉龙山脉，有十余座海拔在 5000 米以上的山峰从南到北一字排开。主峰扇子陡海拔 5596 米，高出山下的平坝约 3000 米。高大的山体上积雪不断堆积，曾发育出规模庞大的古冰川，其东南部一条古冰川末端的冰碛物至今留存，从高空俯瞰，如同一只体态轻盈的香鼬。

如今的玉龙雪山，在海拔 4500 米以上仍留存 10 余条现代冰川。正是冰川的存在，才让玉龙山变成了人们口中的玉龙雪山。它地处北纬 27 度左右，是亚洲最靠南的雪山。同纬度的中国南方，四季郁郁葱葱，与其反差显著。地处青藏高原、云贵高原之间的位置，又让玉龙雪山成为人类最易接近的雪山之一。人们站在云贵高原，便可以近距离仰望到它。

与此同时，怒江、澜沧江、金沙江三条大江从青藏高原并行南下，金沙江却在丽江受到山地的阻挡，第二种碰撞——江与山的碰撞开始了。

俯瞰虎跳峡 / 摄影 赵一舟

虎跳峡是金沙江切割出来的一条狭窄峡谷，其两侧山体多为裸岩峭壁，岩石崩塌现象常见，大小石块常崩落江中。

贰 江山碰撞

在碰撞中，金沙江连续三次拐弯，最终大江东去，成为孕育中华文明的母亲河长江的上游。

在丽江石鼓镇，受南部山地的阻挡，金沙江由南向北急转 150 度，形成 V 形大转弯，人称**“万里长江第一湾”**。北流的金沙江随即在玉龙雪山和哈巴雪山间不断侵蚀，最终切出全长 20 千米、江面宽 30~60 米、最窄处仅 20 米的**虎跳峡**。

峡谷中，陡峭岸壁上的岩石不断崩塌掉落，加上被冰川搬运的巨石，致使本已狭窄的河道挤满了大大小小的砾石。狭窄的江面、陡峻的两岸、众多的巨石，重重阻挡让汹涌的江水怒吼着夺路而下，涛声震天。

当江水涌出虎跳峡，在玉龙山脉的最北端再次受到山地阻挡时，金沙江又掉头南下，将整个玉龙山脉拥在怀中，这便是**玉龙湾**。

从玉龙湾向南流 200 千米至丽江永胜县，金沙江又由西向东，呈直角大转折，这便是**永胜湾**。

三次大拐弯，让金沙江在丽江市境内变成了一条飘带，以 615 千米的长度贯穿丽江市的一区四县[1]，占长江总长的近 1/10。

1. 即丽江市下辖的古城区、玉龙纳西族自治县、宁蒗彝族自治县、永胜县和华坪县。

三江并流区域与金沙江中段大拐弯示意图

大地碰撞，江山碰撞，塑造了丽江的基本自然环境。

自然环境又带来了第三种碰撞——族群文化的碰撞，它将为这座古城的崛起创造机遇。

上图　丽江石鼓镇长江第一湾 / 摄影　赵一舟

下图　流经永胜县涛源镇太极村附近的金沙江，永胜湾在涛源镇一带 / 摄影　张有林

叁 文化碰撞

唐宋时期，中原政权雄踞东方；吐蕃王朝崛起于青藏高原，其后又分裂为吐蕃诸部；南诏国与大理国则接连兴起于苍山、洱海之间，多方势力在丽江交错碰撞。

元明清时期，青藏高原与云贵高原依然有着相对分异的经济、文化分区。丽江西北侧的青藏高原以藏族为主，东南侧的云贵高原则以汉族、白族等为主。然而，另一个少数民族的出现，不但适应了江山碰撞的自然环境，还在族群与文化的碰撞中颇有建树，他们将凭借智慧联合多个民族，在碰撞中创造出一座沟通、融汇各方的“融合之城”，这个少数民族便是纳西族。

纳西族的祖先原本是生活在甘肃、青海一带的游牧民族，他们经四川南下进入丽江，与当地民众融合成纳西族，至今人口数量在 30 余万[1]。宋末元初，忽必烈南下征伐大理国，纳西族首领纳土归降。元末明初，纳西族首领又归附明朝。

两次顺应王朝更迭大势，使得纳西族获得了中央王朝的信任与支持。其首领被明朝皇帝赐姓“木”，世袭丽江土知府[2]，不但巩固了在丽江的统治，还将势力范围扩张至四川西部，统辖理塘、稻城、康定等地。

有了中央政府的支持，木氏土司积极吸收汉藏文化，在丽江推行汉文化教育，推动藏传佛教在丽江的传播，包括邀请活佛讲经、兴建寺院，以及刻印丽江版《大藏经》等，从而在文化上成为汉藏各族的沟通者。

更重要的是经济上，丽江通过茶马古道，成为青藏高原与云南及内地其他地区的贸易中转站。马匹、羊毛、皮革、药材从青藏高原运往丽江，茶叶、铁器、铜器、糖、粮食则经丽江运往青藏高原，其中尤以云南盛产的茶叶为大宗。

1. 纳西族主要聚居于云南省，根据第 7 次全国人口普查数据，纳西族在云南的人口数为 304198。
2. 清雍正元年（1723 年），丽江实行“改土归流”，朝廷委派流官任知府，降木氏土知府为没有实权的通判，存续至清末、民国初年。

右页上图 丽江纳西族女性服饰 / 摄影 和照

七星披肩是纳西族女性的服饰标志，一般用羊皮制作，上钉 7 个一字横排的圆形布盘，布盘下垂羊皮飘带，代表北斗七星，以此象征纳西族女性披星戴月、早出晚归、持家勤劳。

右页下图 丽江纳西族婚嫁迎亲场景 / 摄影 和照

大量的商人、马帮会聚，促使以贸易为主的集镇沿着茶马古道陆续崛起，例如束河古城。

其中最大的市镇便是今天丽江古城的核心区——大研古城。它始建于宋末元初，距今已有 800 余年。它以相当于“贸易广场”的四方街为中心，街巷向四周散射，交换八方货物。周边山上盛产的五花条石，图案雅致，用以铺饰街道，历经岁月磨砺而韵味愈显。

从城北黑龙潭流出的泉水，被分为三支，三股支流再分成更小的分支，形成一个网状水系。水流穿街过巷，354 座石桥、木桥跨水连街，平均每平方千米多达 93 座，密度居全国之冠。河街相伴，一路叮咚，既保证了各处居民的用水，也美化了古城环境。

古城的民居依街而建，吸收中原建筑的样式，格局或采用三坊一照壁、四合五天井，或前后院、一进两院。庭院整洁，轻幽宁静。木氏土司则背靠山丘，建造了规模宏大的中原宫廷式建筑群——木府。

明朝徐霞客游历至此时曾惊叹道：“宫室之丽，拟于王者。”

丽江古城四方街 / 摄影 杜鹏飞

四方街是丽江古城的中心广场，由此向四方辐射出古城的四条重要街道，即五一街、七一街、新华街和东大街。

通达的路网，精巧的水系，鳞次栉比的民居，规模宏大的木府，如果丽江古城仅止于此，那么它就无法在众多古城中脱颖而出——它的特别之处在于创造了三大奇迹。

丽江木府 / 摄影 金其然

木府在丽江古城内、狮子山下，为明朝木氏土司的衙署，建筑沿中轴线分布。

丽江盆地及其周围环境

丽江古城由大研古城、白沙民居建筑群、束河民居建筑群 3 个部分组成，大研古城是主体部分。自古以来，丽江是汉族、藏族、白族、纳西族等民族文化、经济交往的枢纽，也是汉藏茶马古道的重要站点。

肆 古城奇迹

首先，大地碰撞、江山碰撞为古城提供了一种独特的三层景观结构——外围是飘带般环绕的金沙江，中间是高耸的玉龙雪山，内侧是平坦的丽江盆地，古城就建在其中。其大环境之出众，在中国现存古城中可谓独一无二。

众多的山体使得丽江有足够的汇水面积，形成大量湖泊、湿地，包括九十九龙潭、拉市海、文笔海，以及世界三大天然螺旋藻产地之一的程海，以及透明度高达 11 米、水质极佳的泸沽湖。河湖边，群鸟飞集；山地上，高山草甸与森林生机盎然；盆地内，北方寒潮难以侵入，气候温暖宜人。古城中，随处可以仰望玉龙雪山。

三层景观结构，也让古城的安全性大增，木氏土司只要把守数个关隘，便可以高枕无忧。加上土司府与中央的政治平衡等原因，丽江古城最终成为中国城池中少见的没有城墙的古城。

丽江古城三层景观示意

丽江拉市海月升 / 摄影 陈斌

拉市海是一处构造断层湖泊，每年冬天，大量候鸟在此聚集、越冬。

其次，大环境内里则是宜居的小环境。

丽江古城不受中原建城模式的影响，城内无规则的道路，建筑也是因地制宜，不求工整，却大大增强了城市的人情味。

独特的水系设计，塑造出小桥流水、绿柳傍河的景观，许多居民甚至可以引水入宅，家家活水入门来。丽江花木品种众多，野生花卉有 870 余种，占云南观赏植物种类的 1/3。居民更是热衷绿化，多植花草，山玉兰、滇藏木兰、云南樱花、海棠花、香水月季、木莲花、滇楸，百花争艳。

最后，丽江还创造了民族与文化融合上的奇迹。

其世居民族以纳西族为主，藏族、白族、彝族、汉族、普米族、傈僳族也在此和谐共处。汉传佛教、藏传佛教、道教、伊斯兰教，以及纳西族独创的东巴教，都在丽江拥有各自的信众。丽江的居民既过春节、清明节、端午节、中秋节等与汉族相同的节日，也有火把节等与彝族、白族相同的节日。

而纳西族正是各族群中的桥梁，纳西族的壁画，糅合汉、藏的绘画艺术神采，展现出禅宗、密宗、道教等宗教思想。纳西古乐，有着明显的中原古音。与此同时，纳西族也创造和保留了大量自身的文化特质，例如至今仍在使用的图画象形文字东巴文，生动的东巴舞蹈，以及丽江粑粑、鸡豆凉粉等丽江特色美食。

右页上左图　丽江世界文化遗产照壁 / 摄影　刘珠明
其上题写“世界文化遗产丽江古城”十个字。

右页中左图　丽江九河白族服装制作 / 摄影　刘珠明

右页下左图　丽江普米族女性 / 摄影　和照

右页上右图　丽江古城街巷 / 摄影　刘珠明
流水从街巷穿过，环境令人十分惬意、舒适。

右页中右图　丽江傈僳族小朋友 / 摄影　和照

右页下右图　纳西族东巴文字书写 / 摄影　和照

摩梭人跳甲搓舞 / 摄影 和照
摩梭人主要生活在泸沽湖畔，在云南的摩梭人属于纳西族，他们说纳西语，但文化自成一体。

一些特殊族群文化，也得以在丽江保留，例如备受关注的摩梭人文化[1]。

在许多学者的研究中，摩梭人被认为是纳西族先民迁徙过程中停留在泸沽湖畔的一支。泸沽湖地区特殊的农牧、手工、商贸等多样化的生产方式，让妇女的社会地位突显，加上婚嫁的经济成本、土司税收，以及男女人口不平衡等多种原因，最终促使摩梭人选择了“母系大家庭”——“男不娶、女不嫁”的走婚模式。

三层景观结构，宜人的居住环境，融合的多民族文化，便是丽江在碰撞地带创造的奇迹。

1. 云南境内的摩梭人在民族识别中被定为纳西族。

伍 重新定义

800 多年风霜，800 多年雨雪，800 多年烟波，中国有无数古城消失于历史之中，丽江古城却幸运地被保存下来。

1997 年，丽江古城成功被列入《世界文化遗产名录》，是中国历史文化名城中的首个世界文化遗产。此后的丽江，很快成为大众媒体争相报道的焦点，与丽江有关的电视剧、旅游杂志、图书层出不穷。

在大众媒体中，丽江是“一米阳光”，丽江是“柔软的时光”，丽江是一场“可以期待的邂逅”。旅游人次也是连年攀升，势不可当。丽江成了一面反映中国旅游业变迁的镜子，人们在丽江看到的或许已不再是 800 多年的古城，而是现代社会的浮华。

今天，中国旅游者对自然与文化的认知变得越发深入，我们需要重新定义丽江，这个传承了 800 多年的世界文化遗产，把古城的自然与文化内核融入每个人的心里，找回人们梦想中的精神家园。

玉龙雪山和万古楼 / 摄影 刘珠明

万古楼是一座仿古建筑，也是丽江标志性建筑之一，立于玉龙雪山之下、狮子山之上，楼和山仿佛阅尽了丽江的来去与过往。

3

互动，融合交流

中国的文明进程不是静止的，
不是孤立的，更不是封闭的。
在域内，纵有南北东西差异，
但区域间的互动融合生生不息，
从南到北，从东往西，由中原到四周，
你中有我，我中有你，
多元的互动造就了我们多元的文明。
于域外，虽有荒漠大海之限，
但张骞凿空、丝路驼铃、梯航万国，
东西文明互鉴的故事绵延不绝。

3.1 长城

碰出一个大中华

碰撞孕育多彩，碰撞诞生强大。

约 6500 万年前，印度板块与欧亚板块相撞，
塑造并持续影响着中国的自然地理格局。[1]

而中华民族的形成，
同样与一场碰撞密切相关，
这便是农耕文明与游牧文明长达数千年的碰撞与融合。

这场碰撞的最前线
至今在地表之上仍清晰可见，
即地球上最壮观、最绵长的文化遗产——
万里长城。

1. 关于印度板块与欧亚板块的碰撞时间存在争议，本书采用中国科学院丁林院士的观点。

长城与中华民族、中华文明的形成密切相关。也正因为如此，它才得以与长江、黄河并列，成为中华民族的精神象征。

长城可以无视山川险阻，无视海拔高差，横穿戈壁，翻越千峰；也可以跨越万里山川，成为一条长达 21196.18 千米[1]、相当于赤道周长一半的“长龙”，一条古代文明史上再没有可以与之比肩的“长龙”，更是全球史上规模最为恢宏的人类作品。

这一切还要从中国大地上一场影响深远的分野说起。

1. 根据 2016 年国家文物局发布的《中国长城保护报告》，历代墙壕遗存总长度为 21196.18 千米。

北京密云卧虎山长城 / 摄影 吴强

卧虎山长城在密云古北口一带，始建于明朝洪武年间，海拔 600 多米，山势陡峭，雄伟壮观。明隆庆年间，戚继光对卧虎山长城进行完善，增修敌楼与烽火台，其中最著名的为“姊妹楼”。

长城修建大事记

单位：年

前656 楚欲与中原争强，筑长城，号曰方城。

时间间隔为10年

前557 六月，晋楚交战，晋师外侵方城之外。

前556

前456

前361 魏与秦接界，魏筑长城。

前356

前333 赵围魏，不克，筑长城。

前305 赵北破林胡、楼烦，筑长城。

前299 齐魏韩共攻楚方城。

前284—前279 燕筑长城，以拒胡。

前306—前250 秦打败义渠后，为防义渠，修长城。

前256

前246

前226

前215 秦王嬴政统一中国，命蒙恬将30万众北逐戎狄，筑长城。

前197 五月，汉军于雁门关大破鲜卑军。

前186

各省（市、区）长城资源占比

注：长城资源包括长城的墙体、敌楼、壕堑、关隘、城堡、烽火台等。

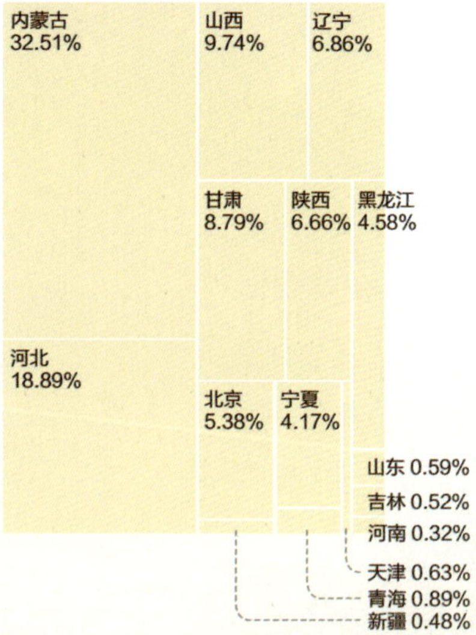

中国历代长城分布

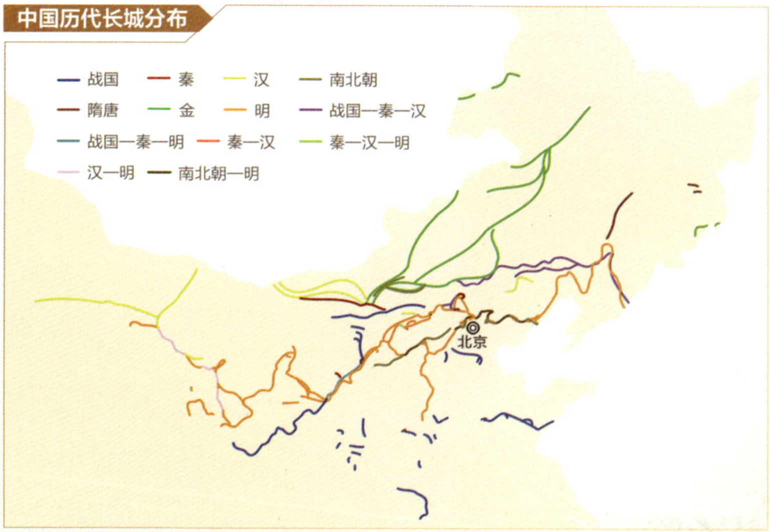

前150

前127 将军卫青等歼灭匈奴数千人，汉武帝招募内地10万人修整秦时边塞。

前113 汉武帝北巡，出萧关。

前70

时间间隔为40年

10

36 汉筑亭障，修烽燧，与匈奴、乌桓交战数百次，终不能克。

90

159 鲜卑进攻雁门，杀数百人，抄掠而去。

170

198 袁绍出动大军北上雁门，于雁门破鲜卑军。

218 曹操大败乌桓。

250

330

410

490

564 九月，突厥攻幽州，入长城，大掠而还。

57

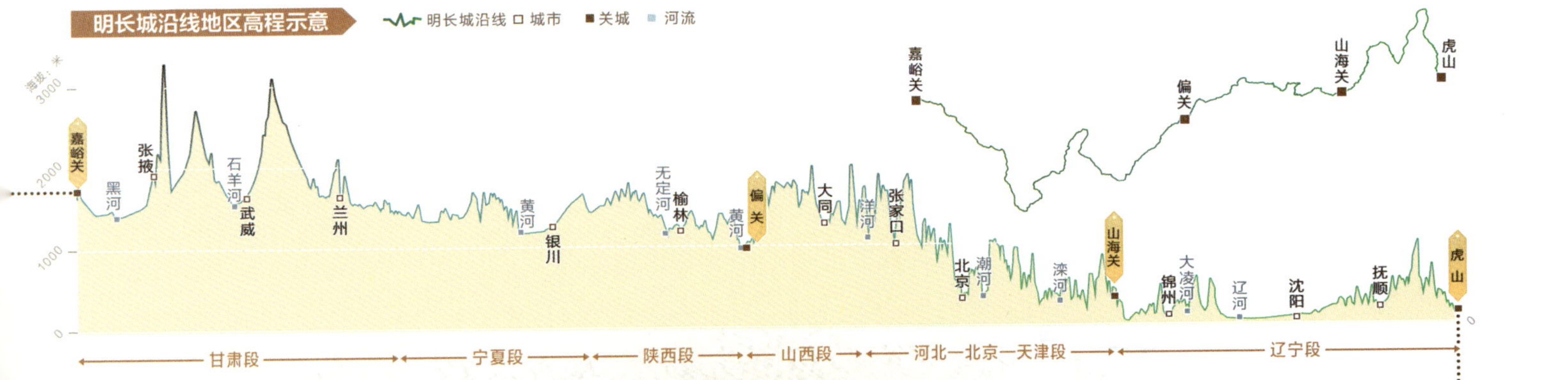

中国历代长城分布

两千年战与和，四万里家与国

碰撞孕育多彩，碰撞诞生强大。农耕与游牧长达数千年的碰撞与融合形成了地球上最壮观、最绵长的文化遗产——万里长城。它长达 21196.18 千米，从春秋战国时期生长两千多年至今。它是全球史上规模最为宏巨的人类作品，古代文明史上再没有遗产可以与之比肩。

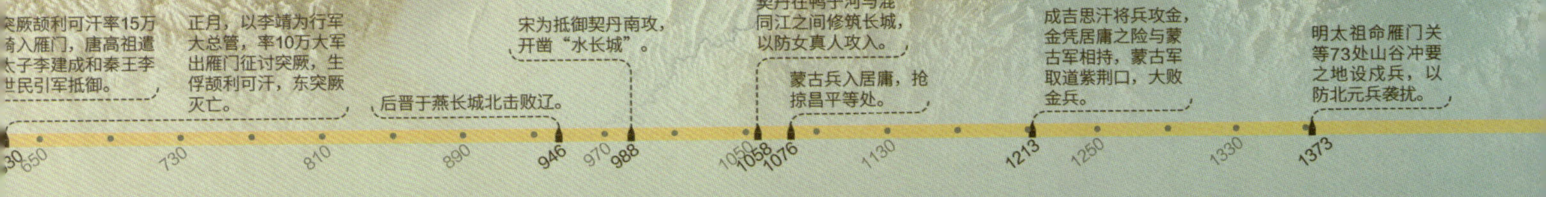

壹 分野

距今约一万年前，定居的农耕族群逐渐在中国南北方扩张，但在北方草原地带，农作物难以生长。伴随着人类对动物的驯化，人们开始驯养牛羊，逐水草而居，近 3000 年前，一个与农耕族群迥异的游牧族群诞生了。

中国大地上自此出现了农耕文明与游牧文明的分野，也开启了两大族群长达两千多年的对抗——或是游牧民族驱马南下、叩关抢掠，或是农耕王朝越线反击、直捣王庭。

在距今两千多年前的战国时期，互相攻伐的诸侯国在彼此的边界上开始修筑边墙，并附以关隘、亭障等设施，以防备敌国的突袭。很快，更靠北的诸侯国也将这种防御体系应用于对游牧族群的防御，这便是后世所称的长城。

值得注意的是，从诞生时起，长城就不只是边墙，而是包括关隘、亭障等一系列设施在内的成体系的防御工程。

面对这样的防御体系，机动性极高的游牧骑兵或选择绕道，或只有攻破长城才能南下，机动性大为削弱。即便攻破一处长城，他们还要面临南下后被堵截后路的风险。由此，长城成为中原诸侯国对抗游牧族群侵扰的利器，愁容也随之转移到后者的脸上。

但几乎没有人意识到，长城带来的将不仅仅是双方战术层面的改变，更有政权组织前所未有的质变。

长城以内，秦国以惨烈的战争扫灭六国，一统中原，中国历史上第一个大一统王朝——秦朝，在农耕地带诞生了。长城以外，原本分散的游牧部落面对无法突破的长城，开始走向联合。茫茫草原上，第一个强大的部落联盟——匈奴，也悄然崛起，他们将成为此后数百年间农耕民族的梦魇。日益壮大的匈奴趁秦国统一六国、无暇北顾之际，突破长城，攻占河套。

秦朝建立后，大将蒙恬率军击败匈奴，并沿着农牧区分界线阴山切割岩石、垒砌石墙，是为阴山长城。但仅仅如此，显然无法抵御匈奴。诸侯各自修建的长城，被蒙恬连为一体，西至甘肃临洮（táo），东达朝鲜半岛，在中国的第一个大一统农耕王朝与游牧民族之间，一条长达一万余里的防线——万里长城，就此诞生。

在此过程中，秦朝以严苛律令征调百姓修建长城，其间发生的无数辛酸与悲痛，成为孟姜女传说的素材来源。而更多的暴政叠加，最终逼迫农民揭竿而起，也敲响了暴秦的丧钟。

秦亡之后，新生的汉王朝亟需休养生息，因而与匈奴暂时联姻修好，并约定以长城为界。汉文帝就曾致书单于，约定：

> 长城以北，引弓之国，受命单于；长城以内，冠带之室，朕亦制之。（出自《史记·匈奴列传》）

在看似祥和的“塑料和平”之下，农耕与游牧的对抗大升级也在悄然孕育。

现代农牧交错带与历代长城示意

注：数据来自史文娇等人的《四个历史时期中国北方农牧交错带界线数据集（1970–2010）》中的基于土地利用和土地覆盖（LULC）的北方农牧交错带数据。

贰 升级

公元前 119 年，在广袤的漠北草原上，年仅 21 岁的汉军将领霍去病率领骑兵长途奔袭 2000 多里，歼灭匈奴 7 万余人，并在狼居胥山[1]祭告天地，是为“封狼居胥”，该词也成为中国古代军人最高荣誉的代名词。

当时的汉朝北方边境，几乎家家畜养马匹，充足的战马支撑着汉军将领用匈奴的方式打败匈奴。他们的骑兵每人配备双马，速度比匈奴更快，机动性也更强，还通过大量抢掠匈奴的牲畜以战养战，减轻了后勤压力。

但是，军事上的胜利并不能彻底消灭匈奴，充满生机的广袤草原只需数年、数十年便可让匈奴的力量重新蓄积。于是，一边主动进攻，一边修建可用于长期对抗的长城，为大汉王朝需做的两手准备。

汉长城东达朝鲜半岛，西至天山南麓，全长近两万里，为中国历代长城之最。

汉长城大多由夯土或石块筑成。工匠们先将木板立于两侧，然后向其中填入泥土，用杵夯实，向上抬升木板，再填入泥土夯实，如此循环，逐层增加，这便是夯土版筑法。

在缺少泥土的地带，譬如河西走廊与西域大漠，还会采用沙砾与植物枝条交替夯筑的形式，人称“芦苇长城”“红柳长城”。这些夯土长城历经两千多年，至今或蜿蜒于巍峨群山之上，或守护着片片绿洲。

与此同时，为了节省建造成本，汉朝并未全线修筑连续的边墙，而是在部分地段用一座座烽燧构筑防线。

烽燧是高于地表的墩台，如遇敌情，白天在其上燃烟，是为“烽”；夜晚在其上点火，是为“燧”。不同种类、不同数量的燃料，对应着敌人数量的多寡。

1. 在今蒙古国首都乌兰巴托以东。

左页图　内蒙古小佘（shé）太秦长城 / 摄影　韦悦忠
小佘太秦长城在乌拉特前旗小佘太镇的阴山深处。最早由战国时期的赵国所建，秦统一后在赵长城的基础上垒石而成。小佘太秦长城倚山脊而建，全用石块砌筑。

烽燧或立于群峰居高望远，或立于交通要道监视往来，或立于荒漠中的泉水或河流旁控制水源，又或在漫漫长夜守望星空。这一缕缕烽烟构成了古代最快捷的军事通信系统。

乌鞘岭长城烽燧与新智彗星 / 摄影 芦懿

乌鞘岭在甘肃省天祝县，控扼河西走廊东部；地势险要，汉、明两朝便已在此修筑长城，沿线布局多处烽燧。

汉朝烽燧昼夜示意

古代为了传递战事信息，士兵们会在边防线修筑高台，并在此燃放烽烟、烽火或举起其他明显的标志物。这些高台建筑，在汉朝被称为烽燧。汉朝对烽具的使用、烽火的设置都有明确的规定。

注：该场景并非严格还原，仅作示意。

甘肃乌鞘岭汉（明）长城 / 摄影 刘忠文

汉朝和明朝都以夯土版筑的方式在此修筑长城，虽然历经风雨侵蚀，但层层夯土至今清晰可见。

除了烽燧，汉长城还建有大量关隘，著名的阳关、玉门关便设在丝绸之路的交通要道上，以重兵把守，用于查验往来人员身份与货物。

对于往返西域的汉朝商人来说，走出关隘意味着脱离保护，重见关隘则象征着回到家园，“西出阳关无故人”正是这一境况的生动描述。

匈奴面对这道由边墙、烽燧、关隘等共同组成的、绵延近两万里的超级防线，南进频频受阻。

与权力愈发集中的中原王朝相比，匈奴本身只是相对松散的部落联盟，汉朝的征伐、天灾、权争及其他草原族群的崛起等因素，共同促使匈奴内部不断瓦解、分裂。最终，匈奴的一部分归附汉朝，逐渐融入中华民族，另一部分则向西迁徙，流散于历史的烟云中。

此后一千年间，农耕族群与游牧族群的对抗多数围绕着长城展开，即便是北方少数民族在中原建立政权后依旧如此。

魏晋南北朝时期的北魏、北齐政权的鲜卑统治者、宋辽金对峙时期的金朝政权的女真统治者，都起源于东北。他们兼有游牧、渔猎、农耕等多种生计模式，也更容易接受中原的农耕生活。因此他们在中原建立的王朝也都继续修建长城，以抵御更靠北的其他游牧族群。

然而，这期间却出现了一个非常重要的例外——唐朝。长达三百余年的魏晋南北朝乱世让众多胡人汉化，也让众多汉人胡化，乱世中的民族大融合也让唐朝的统治者以更包容的方式处理农耕族群与游牧族群的冲突，唐太宗就曾说“自古皆贵中华，贱夷狄，朕独爱之如一”。

唐朝大量吸收任用少数民族将领，用强大的军队驻守边疆，并封赏部落领袖，利用他们统治草原。多种措施之下，除在西域修建烽燧外，长城在唐朝几乎没有用武之地。

但随着唐朝的衰落，继之而起的是五代的分裂，与宋、辽、金、西夏的对峙。之后，草原上一股更加强大的游牧力量开始形成，农耕族群与游牧族群的冲突将达到前所未有的顶点，并带给长城最后也是最为极致的一次升级。

左页上图　阳关遗址 / 摄影　王秉瑞

阳关在敦煌市南部，是丝绸之路上的一处关隘，始建于汉武帝时期，把控着古代通往西域的南路。图中远处雪山是阿尔金山。

左页下图　玉门关遗址 / 摄影　孙志军

也称小方盘城遗址，在敦煌市。玉门关同为古代丝绸之路上的关隘，始建于汉朝，把控着古代通往西域的北路。因西域的玉石从这里输入中原，故有“玉门关”之名。

内蒙古克什克腾旗金界壕遗址 / 摄影 杨东

金界壕也称金长城，是金朝为防御蒙古铁骑而修筑的防御工事。相比于一般所认知的砖砌或土夯城墙，金界壕主要由壕堑、壕墙组成。修筑时，挖土为壕，同时用掘壕所取的土筑成壕墙。

叁 巅峰

13 世纪，蒙古人在草原上崛起，首领铁木真统一各部，并吸收中原政权的集权优势，建立起一个史无前例的游牧王朝。它强大到可以摧枯拉朽，攻破西夏，击垮金朝，招降吐蕃，歼灭大理，灭亡南宋，一个由游牧族群建立的大一统王朝 —— 元朝，诞生了。

不到一个世纪，在压迫下揭竿而起的朱元璋发出“驱逐胡虏，恢复中华”的檄文。随后，明军攻占大都（今北京），终结了元朝对全国的统治。

其后，明朝以天子守国门，明成祖迁都北京，还数次北伐，深入漠北，但蒙古南下的威胁仍无法终结。1449 年，在一系列混乱的决策下，明朝皇帝甚至被瓦剌俘虏，大明防御体系急需一次脱胎换骨的大升级，长城由此迎来持续近 200 年的营造巅峰。

第一，是材料的升级。

历代长城多采用夯土和石块堆砌，而明长城的重要段落都在夯土和石块之外，另行包砌青砖，大大增强了墙体的坚固性和耐久度。青砖由黏性极大的河泥反复摔打，微火慢烘一个月，大火烧制半个月，再用木炭急火炙烤 3 天 3 夜才能制成。其外形方正，质地坚硬，每块重约 10.5 千克[1]，砖上还要刻上工匠姓名，以便查验质量。

为了增加青砖之间的黏合度，士兵和工匠们用石灰与河沙、黄土混合，再掺入糯米汁、羊桃藤汁，调匀后制成灰泥，勾满砖缝。因此，当你看到这样的青砖长城，那就是明长城无疑了。

---

1. 此处重量以蓟州镇长城的砖块为参考，并非全国统一。

右图　河北承德金山岭长城墙砖铭文 / 摄影 杨东

其上写的是“万历五年镇虏奇兵营”，交代的是墙砖烧造时间（明万历五年，1577 年）和机构（镇虏奇兵营）。镇虏奇兵营是抽调来修建长城的军队。他们在烧制长城砖块的时候，把自己部队的名称和年代印在了砖上，以备核验。

右页图　居庸关长城 / 摄影 王嘉

明朝为对抗长城以北的蒙古，守卫京师，在九边重镇之外，还设立昌平镇，居庸关参将属于昌平镇下属的三参将之一。居庸关长城墙体宽大，砖砌而成。

第二，是防御设施的升级。

明长城的很多段不再只是一堵墙，墙体顶部宽敞，宽达数十厘米至数米不等，士兵能够在其上驻扎作战，使其成为一条条绵延的线性作战平台。部分长城面向敌人的一侧设有尖形**垛口**，它既能有效保护士兵的安全，又增加了敌人攀爬长城的难度。垛口还可以配备佛郎机，这是一种从葡萄牙引进的火炮，射速可高达 7 秒每发，足以重创城下敌兵。在有一定坡度的地段，士兵容易被暴露在外受到攻击，于是增设了**障墙**从侧面予以保护。

最具标志性的创新当数**空心敌台**。敌台是一种横跨于边墙之上的高台，此前通常为实心，在明朝名将戚继光的主持下，大量空心敌台得以出现。在中空的敌台里，囤放着守军的粮草和兵器，极大改善了驻防士兵的作战条件。其外墙还设有箭窗，根据最多一面的箭窗数量，分别被称为“三眼楼”“五眼楼”，甚至有“九眼楼”。位于北京延庆的九眼楼周长可达 80 米，至今残高仍有 7.8 米。

敌台上方的台顶还可用于瞭望，也可以从更高处攻击敌人。台顶中央一般还设有一个小房子，被称为“**楼橹**”，可为士兵遮风避雨。整个空心敌台功能齐全，作用强大，堪称长城上的小型城堡。

在上千座空心敌台中，有一座后附指挥所，因相传曾是戚继光的驻地，故而得名“将军楼”；还有一座屹立于海拔近千米的山巅，眺望着它守护了五百年的北京城，因此唤作“望京楼”。

坚实的青砖墙体，巧妙的垛口、障墙，以及城堡般的空心敌台，共同组成一个强大的局部防御系统，可以抵御大量来犯之敌。

其中，位于河北承德的**金山岭长城**总长 10.5 千米，却有 67 座敌台，平均每 150 余米就有一座，是敌台分布最为密集的一段长城。坐落于北京密云的**司马台长城**，其中的东段从海拔 295 米跃升至 986 米，落差直逼 700 米，雄踞于崇山峻岭之上。蜿蜒于北京怀柔的**箭扣长城**多段墙体直上直下，宛如满弓扣箭。绵延于河北秦皇岛的**山海关长城**，其中一段犹如龙首探入渤海，故称“老龙头”。

右页上左图　金山岭长城“将军楼”/ 摄影 杨东

右页上右图　司马台长城“望京楼”和“聚仙楼”/ 摄影 杨东

右页下左图　承德金山岭长城障墙 / 摄影 崔广来

右页下右图　承德金山岭长城尖形垛口 / 摄影 杨东

将军楼

望京楼
聚仙楼

障墙

垛口

第三个升级，在重要的地段采用多道长城。

山西护卫着北京的侧翼安全，仅一道长城还不够。此前山西北界的长城被作为“外长城”，明朝沿着太行山又修了一道“内长城”，再在内外长城之间修了一道“二道长城”。三道长城在山西北部构成了一个三角纵深结构，从而留出了广阔的缓冲地带，让胆敢突入外长城的敌骑被卷入重重包围。

这里还分布着大量关隘，其中内长城设有“内三关”，即**居庸关**、**紫荆关**、**倒马关**，二道长城设有“外三关”，即**雁门关**、**宁武关**、**偏头关**。在这一地带，明朝几乎历代都有所增修，甚至个别重要防区的烽燧数量远远超过实际需要，极为密集，堪称奇观。

左页图　金山岭长城敌楼 / 摄影 王超

下图　明朝内、外长城分布示意

最重要的是第四个升级，即九边防御体系，这是一套几乎覆盖大明北境全线的军事防御系统。

横向上，明长城从西到东被划分为 9 个重镇分段防守，简称“九边”。纵向上，每个重镇又被划分为 5 个指挥作战层级，层层设置军事城堡，加大防御纵深。最高一级为镇城，其下设置 3~8 个路城，路城之下再设置若干卫城，卫城之下设置若干所城，最低一级则是堡城，共同组成一个协调严密的军事防御系统。

其中，最大的镇城是宣府镇，镇城周长约 1.2 万米，驻兵最多时高达 15 万人。等级最低的军堡也毫不逊色，譬如山西忻州的老牛湾堡，控扼黄河，遥望内蒙古高原。甚至还有军堡建在云冈石窟之上，气势雄浑，立于佛国之巅。

明朝九边分布示意图

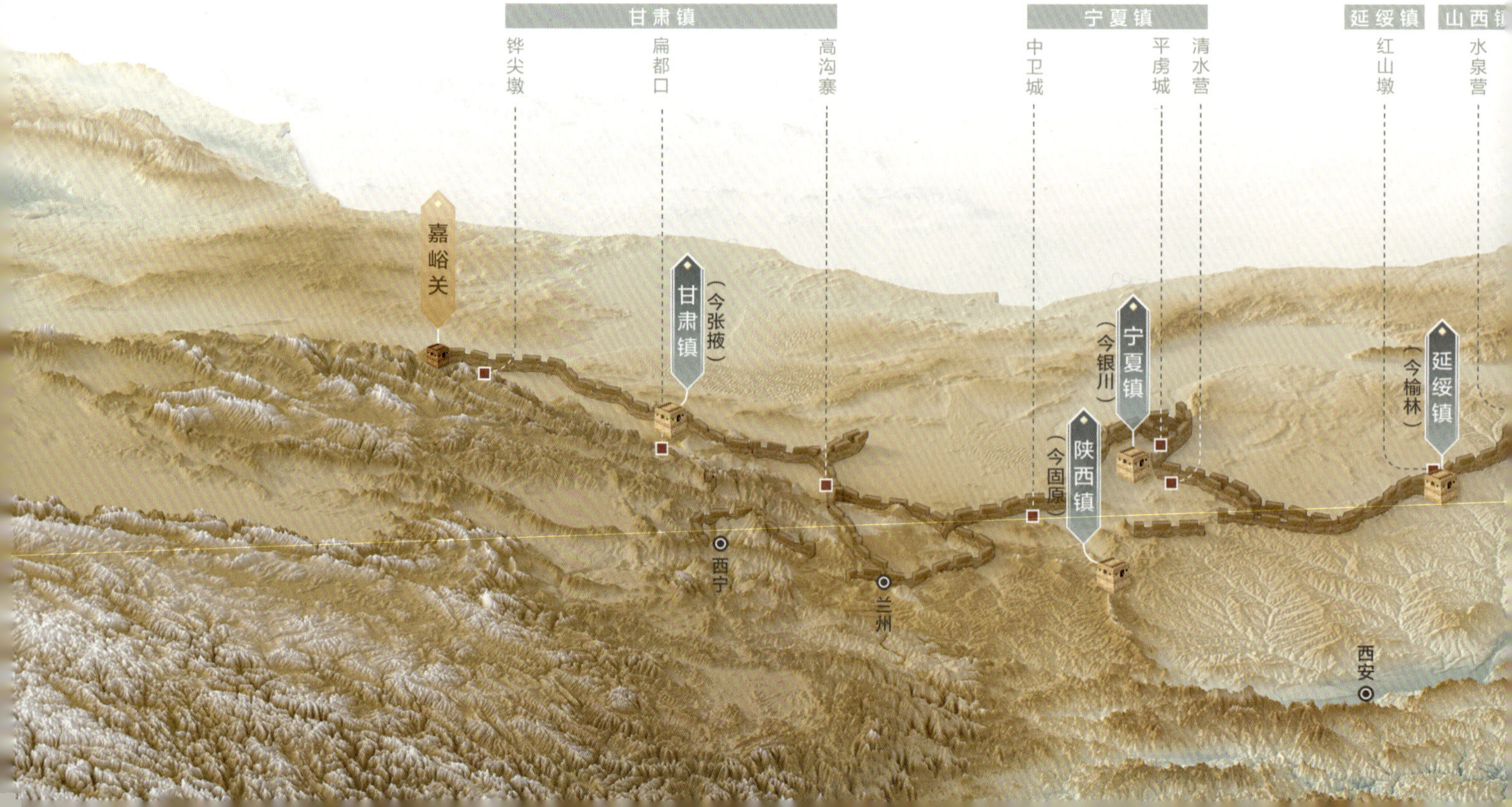

来自五湖四海的百万兵马驻扎在这 700 多座城堡中，平时屯田耕作，战时浴血杀敌，构成明长城体系中最生动、最鲜活的部分。1555 年，鞑靼突破长城防线，位于山西忻州的老营堡守军奋起抵抗，面对数倍于己的敌人，誓死不退，700 余人全部战死。1557 年，位于晋北的右卫城被重重包围，足足有半年之久，全城军民拆屋取暖，以马为食，无一人投降。

然而，已经登峰造极的长城防御体系真的就能固若金汤了吗？

1629 年，后金皇太极率军突入喜峰口，逼得北京城门紧闭，不敢有丝毫妄动。之后又接连四次攻入长城，劫掠京师周边，掳掠人口达百万。1644 年，山海关的明军守将开城迎接清军入关，又一个王朝终结了。

究其原因，登峰造极的长城也只能是中原王朝防御体系的一环，甚至不是决定性的一环。在腐败无能的统治者和官僚体系面前，再精妙的防御体系也无力回天。

但更重要的问题是，农耕族群与游牧族群的冲突会走向何方？长城又将面临什么样的历史使命？

“天下第一关”山海关 / 摄影 揣连海

山海关是明长城最东端的关隘，处在渤海和燕山之间，同时是关内和关外的重要地理分界。

肆 融合

答案或许在之前就已经出现。

1570 年 11 月 8 日，在大同附近的云石堡内，守将苑宗儒如坐针毡。当时的城堡外面，是蒙古大军和 9 名明军俘虏，而释放蒙古俘虏的圣旨却迟迟未至，蒙古军队怀疑明朝统治者缺乏诚意，一度躁动不安，试图进攻。

千钧一发之际，苑宗儒带着 12 岁的儿子自愿充当人质，蒙古大军颇受触动，鸣金收兵。8 天后圣旨传来，双方成功议和，开启了蒙古与明朝之间长达数十年的和平贸易，史称“隆庆和议”。

长城拒绝被征服，却没有拒绝交流。

在历史的日常里，戒备森严的冷酷军堡也可以蜕变为和平贸易的烟火集市，牧民用草原上的牛羊与马匹交换中原农民手中的布匹和茶叶。长城内外的贸易，正是中原与草原融合的前奏，而之后的破局者则是清朝统治者。

通过一系列政治、军事、宗教手段，清朝统治者与蒙古王公的关系日趋密切，冲突烟消云散。长城从“外边疆”变为“内边疆”，成为统治者进行内部封禁的工具。两千年边塞史诗，终于画上了终止符。

清朝也在此基础上，实现了中国历史上前所未有的大一统，同时将汉族、满族、蒙古族、回族、藏族等纳入统治，并奠定了近代中国的版图。

之后的长城见证了更多长城内外的融合。1689 年 9 月 7 日，中俄《尼布楚条约》签订，开启双方茶叶贸易往来，一条穿越张家口的“万里茶道”自此形成，这座明朝的长城军堡也一跃成为清朝中期的金融中心之一。1902 年，清廷解除开垦草原的禁令，默许晋陕百姓走出长城杀虎口，开拓新的家园，“走西口”由此得名，兵戈相见上千年的农牧冲突从此消遁于无形。

右页上图　山西大同云冈堡 / 摄影 杨东
云冈堡是明朝在大同镇修建的众多军堡之一，以屯兵驻守，防御草原力量。云冈堡原本在云冈石窟西侧的前方，在明万历年间因为御敌的需要而移到云冈石窟之上，也就是今天我们所看到的场景。

右页下图　山西大同得胜堡遗址 / 摄影 王璐
上文场景发生于大同的云石堡，但隆庆和议发生在得胜堡。

长城的使命，却远未结束。

1933 年 3 月 12 日傍晚，残阳如血，在古北口的一座山头上，7 位中国士兵抵挡着 2000 余名日军的进攻，在毙伤 160 余名日本士兵后，最终在重炮轰击中全体阵亡。

那个春天，共有 20 余万中华儿女赶赴长城沿线抵抗日本侵略。在那段波澜壮阔的岁月里，包括汉族、蒙古族、满族、回族、藏族、维吾尔族等在内，各民族前所未有地团结在一起，中华民族的民族意识前所未有地高涨，古北口七勇士就是中华儿女群像的一段缩影。

1935 年，长城抗战电影《风云儿女》上映。它的片尾曲激励着人们，“把我们的血肉，筑成我们新的长城”，这首《义勇军进行曲》最终被选为中华人民共和国国歌。

长城，历经两千年战与和，塑造四万里家与国，也正式成为中华民族的精神象征。

它象征着中华民族保家卫国的坚强信念，那是在令人绝望的境地，为了血脉相连的同胞，奋力开辟出的一条孕育着希望的前路。

它象征着中华民族重整山河的强大创造力，那是亿万万个肩膀挑起亿万万筐砖石，在这旷野千峰之间筑起的一道奇迹。在峥峥群山面前，人类是如此渺小，但总有些人类造物坚定地展示着人类的壮志与雄心。

鲁迅先生曾言：

> 我们从古以来，就有埋头苦干的人，有拼命硬干的人，有为民请命的人，有舍身求法的人……这就是中国的脊梁。

长城内外会聚着这群被视为“中国脊梁”的人。从碰撞到融合，最终碰出了一个大中华。

云雾缭绕下的司马台长城 / 摄影 吴强

司马台长城部分路段两侧是悬崖峭壁，惊险异常。中国著名古建筑学家罗哲文曾评价：“中国长城是世界之最，而司马台长城堪称中国长城之最。”

3.2 京杭大运河

永不停歇的南北动脉

打开中国地图，
我们会发现中国东部的大江大河，
很多都是自西向东流淌，
但有一条竟以南北走向，
逐个“贯穿”包括海河、黄河、淮河、长江、钱塘江等
在内的一众大江大河。

它是如此特别，
也并非天然形成，
而是一条长达 1794 千米的人工运河，
即京杭大运河。

它横卧于平原，水中没有惊涛骇浪；它流淌于田野，两岸没有悬崖峭壁。繁忙时，它千帆竞渡；衰落时，它如同被遗忘的角落。2014 年，京杭大运河与隋唐大运河、浙东运河共同组成的“中国大运河”，作为全球开凿时间最早、使用时间最久、空间跨度最大的运河，被列入《世界遗产名录》。

大运河对我们的文明而言，究竟意味着什么？今天的我们回望它的过去，又会看到什么？在我们看来，它曾见证众多王朝的兴衰，也曾目睹世间众生的命运。

扬州高邮镇国寺塔 / 摄影 王昆远

镇国寺塔矗立在京杭大运河航道之畔，其西侧是高邮湖。镇国寺塔建于唐朝，已被列为世界遗产。20 世纪 50 年代，挖掘大运河航道时，扬州人“让道保塔”，让这座国宝今天依然矗立在大运河之畔。

壹 宏图

1271 年，元朝定都北京，中国古代大一统王朝的都城第一次北移至燕山脚下，以便同时控扼中原与草原。于是，一座辉煌的都城拔地而起。

但是此时，长期的战乱，大量人口的南迁，致使北方已然丧失经济优势，无力供养王朝的庞大都城。而彼时中国经济的重心远在千里之外的江南，如何才能解决都城的供给问题？

前朝统治者早已给出答案。早在隋炀帝时期，便贯通了以洛阳、长安（今西安）为中心，连接南北的隋唐大运河，用以向北方转运粮食和其他物资。[1] 这种水路运输漕粮的方式，远比陆路运输高效，被称为“漕运”。

元朝定都北京后，修建从江南到北京的运河，如果裁弯取直，就不再需要绕行洛阳。由此，直达大都[2]的难度似乎要比隋唐大运河容易许多。但事实真的如此吗？

---

1. 《中国运河志》记载：“隋朝兴建人工运河始于文帝杨坚，隋定都长安后，首先开凿的运河为广通渠，在西汉所开‘关中漕渠’遗址上重新疏浚而成，后隋炀帝开凿了永济渠、通济渠等四条运河，隋朝大运河总长 5000 余里，把中国中部沿海与隋唐政治中心长安、洛阳、汴京联结在一起。”
2. 大都即北京。元朝实行两都制，大都是首都，在北京；上都是陪都、夏都，在今内蒙古自治区锡林郭勒盟正蓝旗上都镇。两都是元朝的政治中心，元朝皇帝每年来往于两都之间。

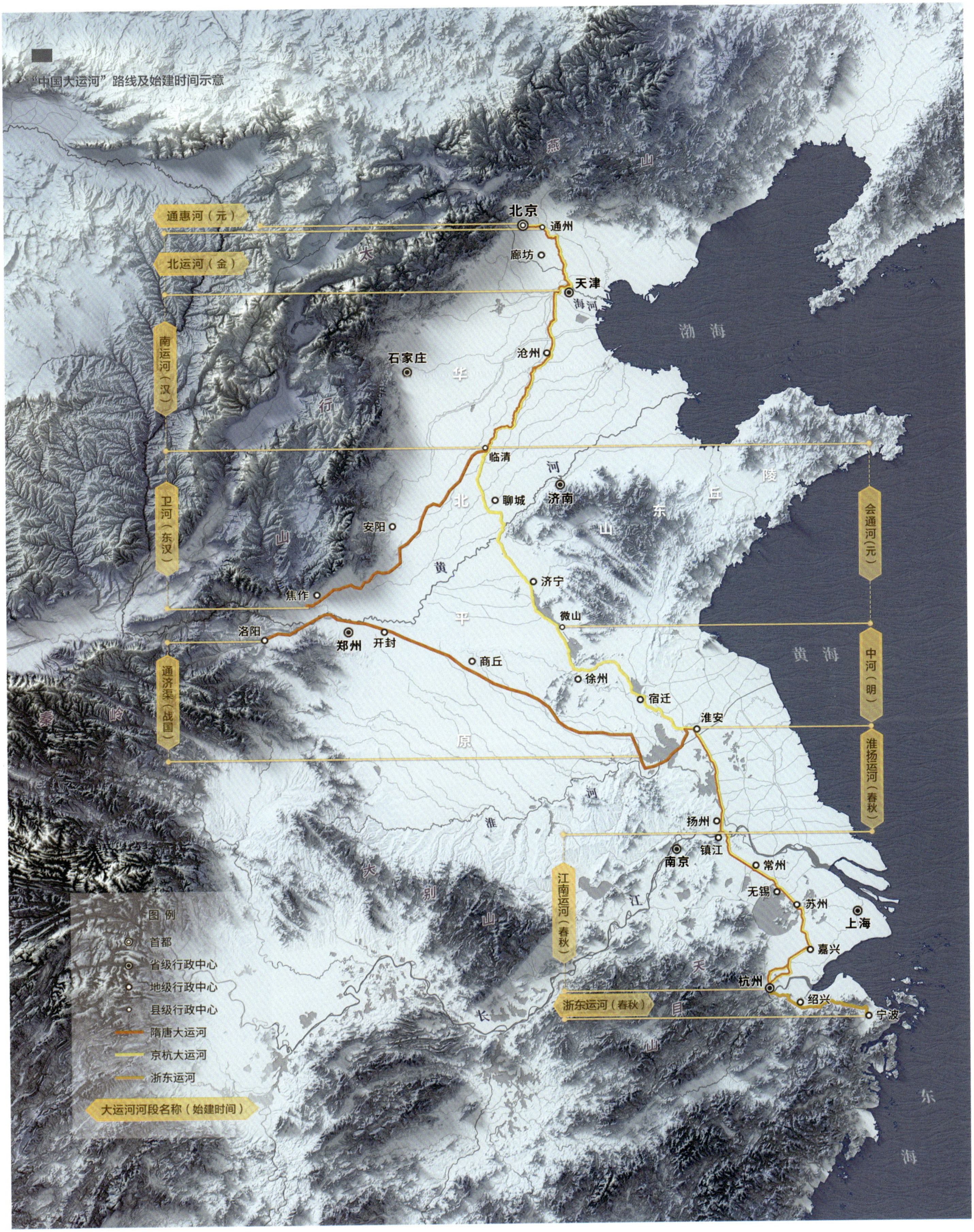

“中国大运河”路线及始建时间示意

白浮泉引水工程示意

贰 难题

然而，要保证运河运输的畅通，有两道难题需要解决。

第一道难题是水源。

在元朝以前，漕船大多只能抵达今天北京通州的张家湾，从通州到大都的河段因缺水导致河道窄浅，漕船运力有限。

为解决这一问题，元朝杰出的水利专家郭守敬提议，沿北京西北部山麓修建水渠，汇聚白浮泉[1]等诸多水源。考虑地形起伏因素，为引入足够的水量，甚至有意绕行30千米，最终抵达漕运终点积水潭[2]，这便是“白浮泉引水工程”。

这一工程为大都至通州的漕运河道提供了水源，形成了运行至今的通惠河。于是，南来北往的船只络绎不绝，汇集于大都积水潭，大大方便了南北物资的交换。

1. 遗址在今北京市昌平区白浮村附近、京密引水渠北岸，现今这里建有大运河源头遗址公园。
2. 当时的积水潭就是今天的什刹海。

右页图 北京通惠河 / 摄影 余明
通惠河是元朝郭守敬主持挖通的漕运河道，从昌平白浮泉起，通到通州张家湾。今天的通惠河，仅从北京东便门附近起，流到通州。

通惠河

右上图　南旺水利枢纽工程示意

左页上图　江苏扬州高邮，京杭大运河与高邮湖以高邮湖大堤相隔 / 摄影　李琼

左页下图　江苏宿迁，京杭大运河与骆马湖一堤相隔，两者通过水闸连通 / 摄影　李琼

在山东，元朝开凿的会通河（大运河山东段的一部分）也常面临缺水的局面。在枯水季节，河道因缺水甚至断流，导致漕船无法通航。明成祖定都北京后，朝廷对运河漕运的需求更大，因而必须破解这一困局。

时任工部尚书宋礼，在熟悉当地山川形势的民间水利专家白英的建议下，选择在今天的济宁市汶上县南旺镇设置分水工程，此即“南旺水利枢纽工程”。

南旺镇曾是京杭大运河山东段沿线的制高点，与南北两端的河道相比，这里的地势高出近 40 米，人称“运河水脊”。在距南旺镇数十千米处，有一条奔腾的大汶河，其地势又比南旺镇高出十多米。白英建议在东平县筑戴村坝，拦截大汶河之水，通过小汶河引水至南旺。源源不断的水流便以南旺为起点，向南北两侧自然流淌，保证了运河的水源供给。白英就是利用了南旺的地势条件，把“运河水脊”变成了水源地。

不仅如此，考虑到南旺镇南北两侧大运河缺水程度的不同，从南旺向两边分水的比例是三七开，七分向北，三分向南，俗称“七分朝天子，三分下江南”，缺水的北方因此获得了更多的水源分配。白英还将南旺周边的南旺湖、蜀山湖、马踏湖等天然湖泊进行疏挖，改造为运河水源的调节器，丰水季节储水，枯水时期放水济运，人称“水柜”。这种智慧即便放在今天，也令人赞叹不已。

而在江苏，沿线较多的湖泊可以为运河补水，但在河湖之间需要设置水闸，以防枯水期湖泊倒吸运河之水。

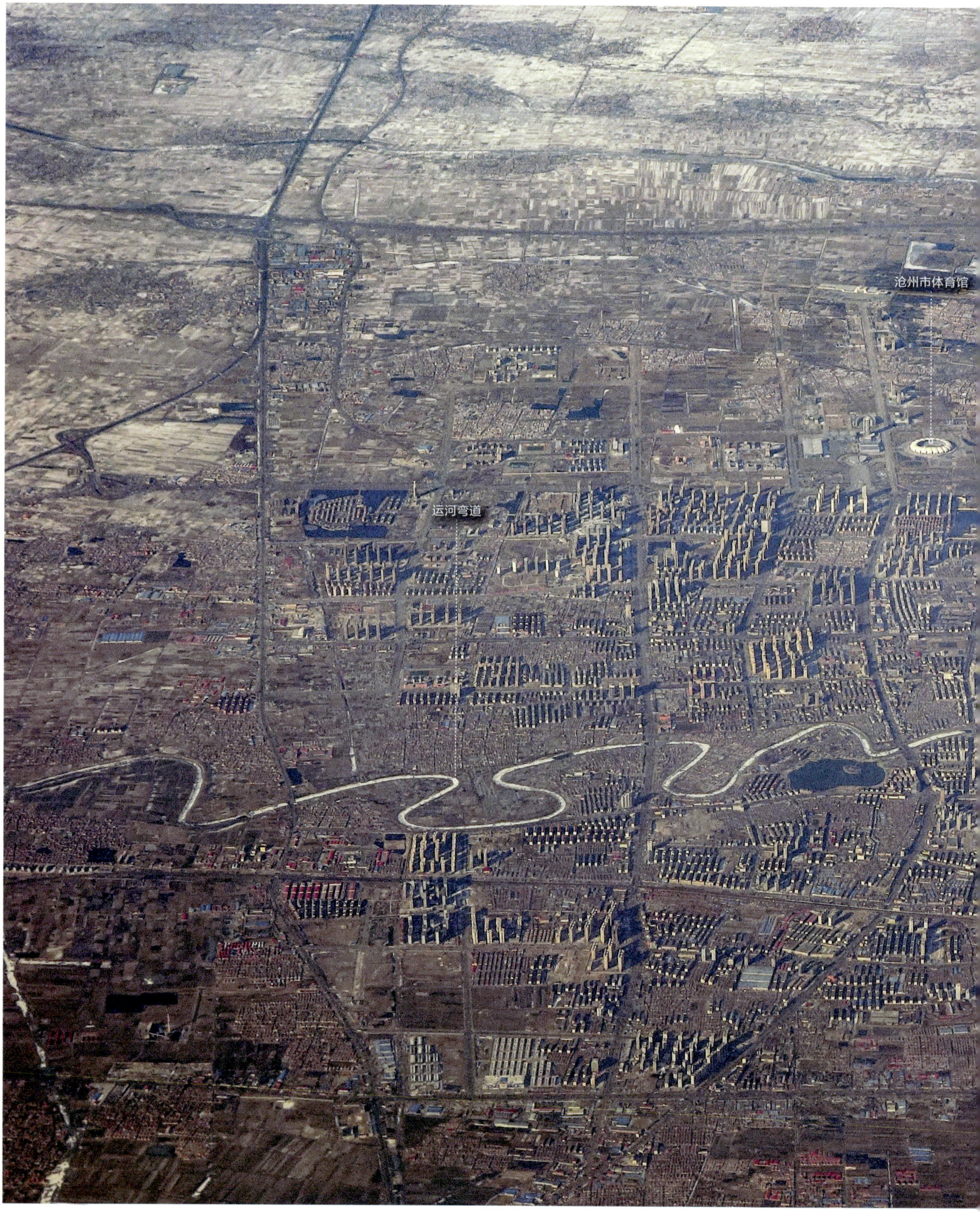
沧州市体育馆
运河弯道

解决了水源问题，大运河的修建者还要面临第二道难题——地势。

京杭大运河北京到天津段，以及山东到江苏段，均存在数十米的地势高差。在地形起伏较大、坡度较陡的情况下，行船难度和风险都会大大增加。在主要依靠人力和畜力的古代，要逆流而上、翻越地势制高点，其难度可想而知。

为此，从元朝到清朝，人们在京杭大运河沿途设置船闸，仅山东段就建有数十座。尤其是被称为“运河之脊”的山东会通河段，因船闸极多而被称为“闸河”。众多船闸组成了一个庞大的梯级船闸系统，借助闸门的开启、闭合，以及水位的升降，过往船只可以像爬楼梯一样逐级向上，越过地势较高的河段。而这种梯级船闸的智慧，时至今日我们仍在使用。

在地势相对低平的河段，人们将河道拉长为连续的大拐弯，其原理跟盘山公路一样，通过延长行程来减缓坡度。在河北沧州，大运河一些河段的水面海拔低于海平面，而华北夏季多发暴雨洪水，于是人们在此特意设置数百个弯道，增加河水的滞留时长，为消减水势创造空间，人称“三弯抵一闸”。

河北沧州，京杭大运河弯道航拍 / 摄影 吴亦丹

有水之后，如何行船？

运河之于古代中国，犹如动脉之于人的身体，影响着王朝兴衰。为保障它的通达，人们不断改造它、升级它，造就了全长近1800千米的古代水利工程杰作。它将恢弘的规划、巧妙的设计、复杂的管理融为一体，是无数工程智慧汇聚的结晶。

其中“堰”和“闸”是人们经常用于调节运河水位、水量的设施，帮助船只克服了地形带来的航行问题，保障船只能够安全驶过不同水位的水面。

注：该场景仅为原理示意，并非真实场景。

越堰
"堰"也称为堰埭，是横卧在水道上的拦截设施，可以抬高水位，用平缓的坡面让船只通过。小船越堰多靠人力协助，大船则需依靠两岸的绞盘和绳索牵引。越堰会对船体造成损害，需用桐油和石灰填补船体损伤处。
绞盘
堰埭
▲越堰示意
水柜：具有"储水"与"供水"的功能，用于调节运河水量。
闸板：闸门开启与闭合的构件。图为叠梁式闸门，由多块单独的闸板横向叠成。水位越高，选用的闸板越多。
闸板还可横放为桥梁，供行人通过水面。
梯级船闸
适用于地势高、坡度大的河段，可借助多个闸门的开启或闭合来提升或降低运河的水位，维持航道水深，确保船只顺利实现"上下楼梯"。
雁翅：过渡水流的护岸，可以防止水流侧蚀闸体。
绞盘：利用轮轴原理，帮助闸板提放的设施。

解决了水源和地势的难题，运河的修建者还要面临第三大难题——穿河。

京杭大运河贯穿南北，与东部五大水系相交，其中穿过黄河是难题之一。在南宋至清末的大部分时间里，黄河并非在今天的山东入海，而是在江苏夺淮入海。更为严重的是，巨量的泥沙在黄河下游堆出高悬的河床。

由于黄河水面更高，为防止大运河“穿河”时河水倒灌，人们在两河之间建立堤坝进行阻隔。运河船只靠人力或畜力拉动“越堰”过河，而货物则经由陆路搬运至后续航程的船上。

此外，为了减少黄河的泥沙淤积，人们还筑起洪泽湖大堤，蓄水为湖，再让湖水流进较窄的河道，这样便可以利用水流的冲击力带走泥沙，是为“束水冲沙”。湖水的不断蓄积，最终也造就了中国的第四大淡水湖——洪泽湖。

就这样，古人一次次地克服地形等条件的限制，解决了水源、地势、穿河三大难题。

但事实上，古人为贯通大运河所克服的难题远不止于此，还包括修筑各种堤坝，修建用于分流洪水的“减河”，等等。有了这一系列的工程，一条长达 1794 千米的超长运河才得以贯通，登上历史舞台。而这条运河，将为沿线地区乃至整个国家带来前所未有的辐射力，其溢出效应远超修建的初衷。

右页图　淮安市洪泽湖 / 摄影 王昆远

洪泽湖是中国的五大淡水湖之一，因为历史上高家堰（洪泽湖大堤）的修筑，才有了洪泽湖。

下图　黄河改道与明清洪泽湖位置示意

叁 辐射

明清时期，从每年开春时节起，数百万石漕粮、数十万匹丝绸、数不尽的木料和砖石沿河北上，供给着至高无上的北京城。但在皇室、朝廷的需求之外，或明或暗的“土宜”[1]也开始通过运河输送。南北商品不再局限于当地流通，而是汇入了以运河为骨干，覆盖近半个中国的贸易网络。天南海北的商人、手工业者，沿途城镇与白姓的生活，纷纷被卷入长河之中。

天津，作为北方的漕运枢纽，从军事卫所变身为商业重镇。山东临清扼守在卫河与大运河的交汇点，一跃成为与苏杭媲美的商业都会。位于“运河水脊”的山东济宁，诞生了“运河第一钱庄”——胡记钱庄。在山东聊城，商人们修建起中国现存最具代表性的会馆之一——山陕会馆。

大运河与长江交汇处的江苏扬州，拥有数不清的商业店铺、看不尽的广陵风光，足足辉煌了上千年。明清时期，扬州一处的盐产量更是占到了全国总产量的近 1/3，盐商税收占据国库收入的 1/4，诠释了富可敌国的含义。而借助浙东运河的连接，浙江宁波实现海河联运，早在唐宋时期便是外贸重镇。

一座座运河城市，从沉寂到崛起，从闭塞到开放，组成了明清时期人口集聚、商业繁荣的“一线城市群”。

强势的商业活动冲击着人们的重农观念，手工业蓬勃发展，“丝绸市镇”遍布江南，机杼之声通宵彻夜。明清时期，全国拥有八大钞关[2]，而大运河沿岸包揽其中 7 个，税收最高时占总额的 90%。

大运河堪称举世瞩目的“财富之河”。

---

1. “土宜”即各地的土特产。
2. 钞关是明清两朝设在内河航线上的征税机构。明清时期，京杭大运河是南北商品流通的主干道，运河沿线就设置了 7 个钞关，由北至南依次是崇文门关（北京）、河西务关（清朝移至天津）、临清关、淮安关、扬州关、浒墅关（苏州）、北新关（杭州）。此 7 处外，还有九江关，它们共同组成了明清全国八大钞关。

左页上图　海河穿过天津 / 摄影 张明贺
海河与南、北运河在天津交汇，让天津也成为一座运河之城。天津城市最早的起点，就是三河的交汇处。

左页下图　苏州阊门外 / 摄影 赵雪屯
大运河从苏州全境贯穿而过，在苏州城区，大运河还通过护城河与苏州古城相连，守护着这座历史文化名城，见证着城市的繁荣。

黄土高原
关中平原
秦岭
中条山
伏牛山
南阳盆地
黄河
华北平原
淮河
大别山
黄山
长江
工艺
扬州自明清以来即为中国三大玉雕重地之一，扬州玉雕成品秀丽典雅、玲珑剔透，于2006年被列入第一批国家级非物质文化遗产名录。
扬州玉雕
诗词
该渡口位于运河与长江交汇处，是古代航运的重要枢纽，诗人墨客迎来送往之际，在此留下了许多诗篇，最为知名的是王安石的那句“春风又绿江南岸，明月何时照我还”。
瓜洲古渡
园林
运河离不开水，大运河沿线城市一般都位于水网密布的水乡。享有“江南园林甲天下，苏州园林甲江南”之美誉，被誉为“咫尺之内再造乾坤”。
苏州园林
纺织
大批丝织业市镇兴起，把明朝江南运河地区的丝织业推向了新的阶段。其中杭州丝绸以优良的质地、丰富的内涵享誉全国，至今仍是中国最具特色的丝绸品牌之一。
杭州丝绸
交通
在没有机械动力的古代，逆风行船时需纤夫拉纤，而拉纤没有专门的纤路。位于绍兴的古纤道坐落着数十座拱桥，是古人行舟背纤的通道，也是今日的一道风景。
古纤道
龙王庙行宫
窑湾古镇
台儿庄古城
总督漕运公署遗址
高堰铁牛
邵伯古堤
盂城驿
界首古镇
卢绍绪宅
瓜洲古镇
盐宗庙
汪鲁门宅
瘦西湖
个园
邵伯码头
黄埠墩
清名桥历史文化街区
山塘河历史文化街区
苏州园林
吴江古纤道
周庄古镇
平望古镇
南浔镇历史文化街区
水利通判厅遗址
广济桥
拱宸桥
富义仓
六和塔
入字桥历史文化街区
宁波庆安会馆
徐州
微山湖
宿迁
骆马湖
双金闸
清江大闸
淮安
洪泽湖
刘堡减水闸
扬州
镇江
谏壁船闸
常州
无锡
太湖
苏州
杭州
长安闸
嘉兴
绍兴
钱塘江
宁波
杭州湾
长江三角洲
长江口
东海

京杭大运河：贯通南北的文化长廊

古人曾用"东南四十三州地，取尽脂膏是此河"来形容大运河的重要性。一座又一座运河城市从沉寂到崛起，从闭塞到开放，从萧条到繁荣。若干个分割的自然环境得以贯通，区域与区域之间能够快速地流动、交融，大运河不仅孕育了两岸特有的民情风俗，也深刻影响了人们的生活方式。如今，沿线不同地区在衣、食、住、行等方面，仍保留着一代又一代的共同记忆。无论曾经的河道干涸还是鲜活，不可否认的是，大运河都曾永久地改变了一个国家，嵌入波澜壮阔的历史册页。

财富之河外，大运河也是当之无愧的“文化之河”。

大运河使南北的融合更加密切，北方的城镇有了波光桥影的似水柔情，南方的美食因小麦种植区的扩展增添了颇具北方特色的多样面点和面食习俗。大运河沿线丰富的世俗生活，推动了世俗文学的繁荣，明清时期的市井小说、言情小说，有上百部与运河城镇有关。巡演于大运河上的戏班，融合各地戏曲元素，各类剧目红遍全国。

帝王权贵、文人墨客、外国使臣多曾通过大运河游历。意大利旅行家马可·波罗在游记中详尽描述了元朝大运河的恢宏壮丽。远渡重洋的苏禄国国王，携 340 多人的使团经大运河北上和南下。[1] 清朝康熙、乾隆两位皇帝通过运河下江南，留下家喻户晓的传奇故事。

但“成也萧何，败也萧何”，大运河无尽的繁荣背后，衰落的种子也已经深深埋藏。

---

1. 苏禄国为菲律宾古国，在今加里曼丹岛和菲律宾群岛之间的苏禄群岛上。明朝永乐十五年（1417 年），苏禄东王巴都葛叭哈剌与西王、峒王率使团来访。而后使团一行人沿着京杭大运河归国，途中东王不幸病逝在山东德州，永乐皇帝以王之礼将其厚葬在德州，大运河畔也就有了一位长眠于此的外国国王。

左页上左图　台儿庄中国运河招幌博物馆里的“大河行舟”景观 / 摄影　李琼
台儿庄是一座抗战名城，也是一座运河古城。京杭大运河由此穿流而过，台儿庄成了水陆码头。

左页上右图　矗立在卫河畔的临清舍利宝塔 / 摄影　李琼
临清舍利宝塔建于明万历年间，与北京通州的燃灯塔、杭州的六和塔、扬州的文峰塔并称“运河四大名塔”。

左页下左图　扬州运河三湾风景区 / 摄影　何小清
这里是古运河的扬州三湾段，附近建有扬州中国大运河博物馆。

左页下右图　扬州邵伯古镇 / 摄影　潘锐之
大运河从这里流过，给这里带来了繁荣，也带来了人文财富。古镇至今保留着不少历史文化遗迹。

肆 兴衰

持续千年的漕运制度，一方面代表着王朝中央集权的强大力量，另一方面也代表着王朝制度的僵化。

事实上，贯通京杭大运河的元朝，大部分时间仍选择以海运方式向华北运输漕粮。其中的考量，既有海运相较河运的可靠性，又有航海技术的进步。

自大运河诞生起，大自然从未放弃夺回自己的领地，缺水、淤塞、决溢、洪涝、改道，意外总是不时到来。这也意味着，当成千上万艘漕船拥在河道中时，任何耽搁都会引起连锁反应。

同时，维护大运河的运行也要付出高昂的成本。看似设计精巧的船闸，在古代技术条件的限制下，使用非常烦琐。为节省水量，通常只在聚集很多船只时才会启用，其通行效率是有限的。

运河周边本用于农田灌溉的水系，往往优先向运河供水，以保障运河通畅。而运河遭遇洪水之时，两侧的农田则需充当泄洪区。因维护运河而不断蓄积水量、水位不断加高的洪泽湖，也严重威胁着周边城镇、村落的安全 。

右页图　淮河流入洪泽湖的入口处 / 摄影 吴亦丹
位于洪泽湖畔的明祖陵从清朝康熙年间起被吞没于洪水之中长达 300 余年。

明祖陵
洪泽湖

上图　江苏淮安镇淮楼和总督漕运公署遗址／摄影　潘锐之
漕运总督是明清两朝统管运河漕运事务的最高级别官员。

下图　绍兴浙东运河古纤道／摄影　方力

其他高昂的成本，来自庞大的运维大军。

以明朝为例，大运河之上每隔数千米便配有一名挖泥工，是为“浅夫”；每座水闸配数十人起降闸板，是为“闸夫”；过闸翻坝还需人力辅助，有时一艘船用人便多达数百，是为“纤夫”；缺水的山东段，还要征派上万民夫开发水源，是为“泉夫”；更有多达十万余人，是直接负责运输的“运丁”。

在这些劳力之上，是一个庞大的官僚体系，林林总总多达数十万人。漕运体系之外，还有各种配套机构，包括驿站[1]、造船厂等，以及户部、工部、兵部的协同管理人员。

明清时期，不断有人提议将河运改为海运，但多数时候未能实行。一方面是统治者厉行海禁政策；另一方面是漕运官员的反对，认为大运河“藉此为衣食者，不啻数百万人”。

不过，“百万漕工利益”很大程度上只是冠冕的说辞。这些官员所代表的其实是一个庞大的漕运利益集团。他们以运河为生，巧设名目，向百姓征收钱粮，无论是运转输送，还是河道治理，盘剥巧取，层层勒索。清朝人黄维梦就在《停漕论》中写道：“聚胥吏无数之蠹贼，耗国家无数之开销。”

但是，任谁也不能阻挡时代的巨变。

在欧亚大陆的另一端，西方历经文艺复兴、工业革命，即将从海上袭来。曾经的强大王朝，到晚清时已宛如百病缠身的巨人，根深蒂固的僵化、腐朽已无法自我修补，只有将它打碎。

1851 年，太平天国运动爆发，太平军与清军在运河沿线展开激烈争夺，造成了严重的破坏。1855 年，黄河于河南铜瓦厢决口，在山东张秋（今聊城市阳谷县下辖乡镇）将运河拦腰斩断，动荡中的清廷放弃了修护。

1876 年，吴淞铁路正式通车运营，吹响了中国铁路兴起的号角。

1901 年，清政府宣告停止漕运，千年漕运史合上了最后一页。曾经繁华喧嚣的大运河，也不可避免地走向了衰落。

其实，无论京杭大运河上千帆竞渡，还是平静流淌，抑或是被大众遗忘，都不能磨灭它对中国历史的深刻影响。而在新的世纪里，京杭大运河实现了新生，肩负起新的使命。

---

1. 大运河沿线的高邮“盂城驿”是全国目前规模最大、保存最完好的古代驿站。

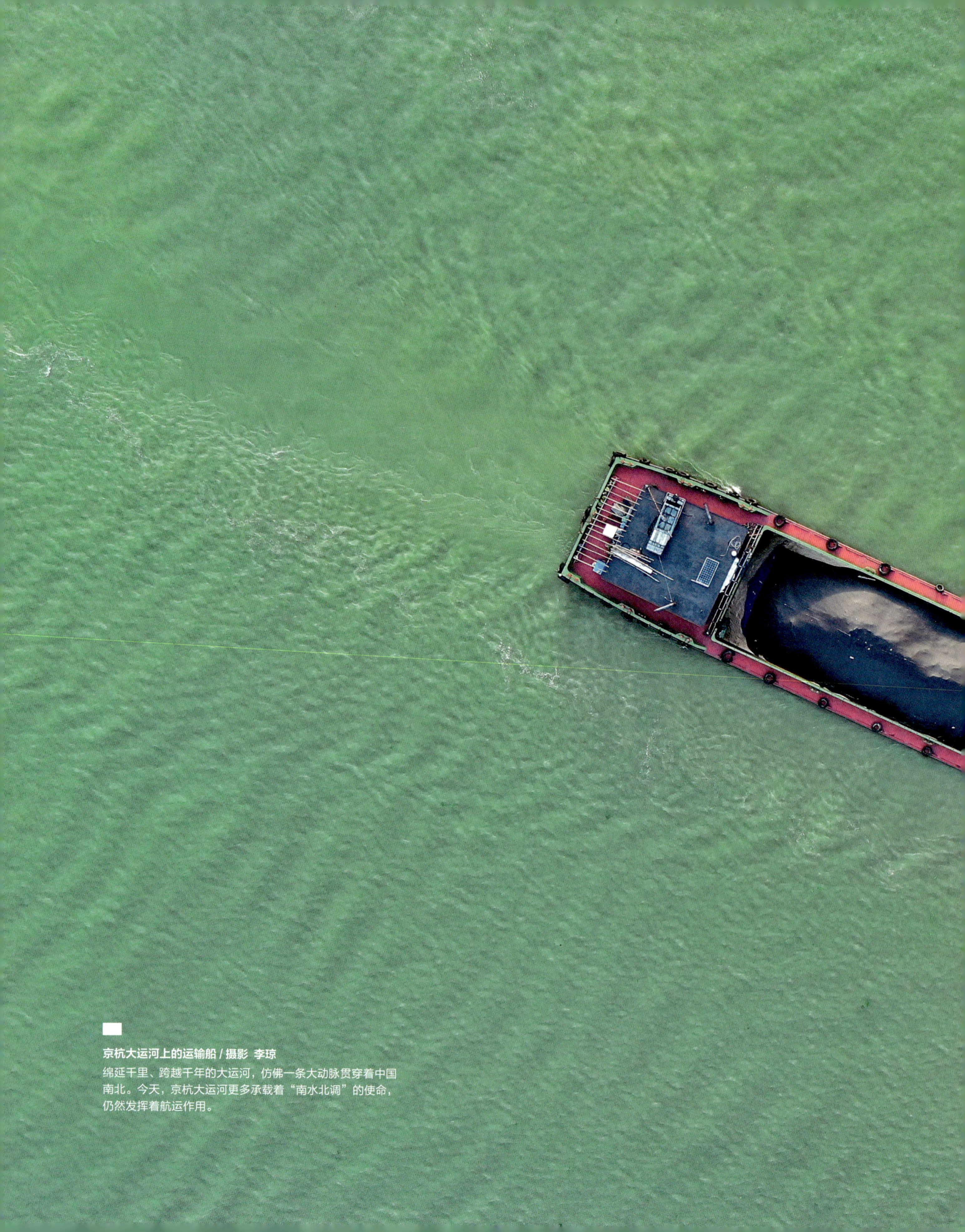

京杭大运河上的运输船 / 摄影 李琼

绵延千里、跨越千年的大运河，仿佛一条大动脉贯穿着中国南北。今天，京杭大运河更多承载着“南水北调”的使命，仍然发挥着航运作用。

2022 年，南水北调东线工程二期开工。它完工之时，京杭大运河与南水北调两大超级工程将跨越 2500 年的时空，在近乎相同的起点和终点上实现完美接力。同时，我们将重新审视它的价值，进行全面的治理，建起先进的枢纽，赋予其全新的使命，将大运河打造为拥有众多湿地的生态大走廊。

今天，即便古老的运河工事只留下即将湮灭的遗迹，我们依然能够通过那些仍在运转的工程，遥想当年千帆竞渡、舟楫纵横的场景，依然能够通过奔腾不息的滔滔河水，看到一个南北共济、青天碧水的未来。

3.3 莫高窟

一片沙石，万千美好

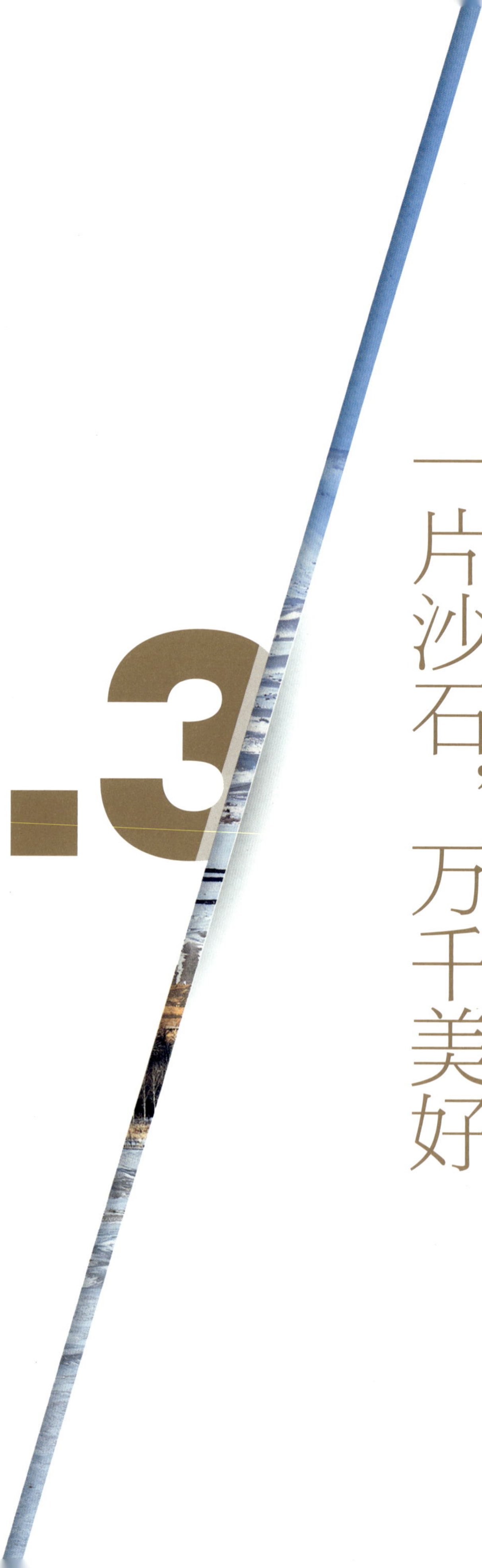

敦煌莫高窟开凿伊始，原本无人问津，
因为那里如此荒凉，只有一片沙石。
然而，却有无数人来到这里，
留下长达千年的人间画卷，从十六国延续到元。

他们是谁？经历了什么？为何会来到这里？
这是关于苦难与美好共存的故事。

在人世的悲伤与困苦中，
幸好，还有莫高窟，可以寄托万千美好。
而了解莫高窟的故事，我们需要回到 1600 多年前。

壹 第一重空间：宁静的山崖

敦煌城外东南处是一片流沙瀚海，目之所及鲜有生命的痕迹，但在僧人乐僔看来，这里却是理想的圣地。

此时是公元 366 年，敦煌作为中原进入西域的门户，来往两地的高僧常在此停留，拥有浓厚的佛教氛围。乐僔在云游四野后，于鸣沙山上看到万道金光，如佛化现，他认定是自己的虔诚修行得到了感应，便毅然决定在这里停下脚步，而这里恰好有一处理想的栖身之所。

这里距敦煌古城约 25 千米（直线距离约 17 千米），一边是流沙覆盖的鸣沙山，一边是重岩叠嶂的三危山，二者交会之处留有一段天然的山崖。对乐僔而言，这是一处完美的山崖。山崖下有宕泉河缓缓流过，对面便是金光闪现的三危山，同时这里又远离市井，足够清静。

乐僔就在这处山崖上开凿了一个洞窟，山崖如同屏障，隔绝了烈日风沙，也隔绝了红尘纷扰。乐僔攀入山崖，虔心修行。但他不会知晓，自己触发了一场延续千年的洪流，它会产生足够壮阔的力量，牵动无数人的命运，冲出这片沙漠戈壁，直到震惊世界。

1600 余年后的今天，这处山崖分布 735 个大小洞窟，总长度达 1680 米，人称“莫高窟”。是谁做出了和乐僔一样的选择？答案就在这重屏障背后。寂静中，这里容纳着千万颗心灵。

敦煌在甘肃的位置

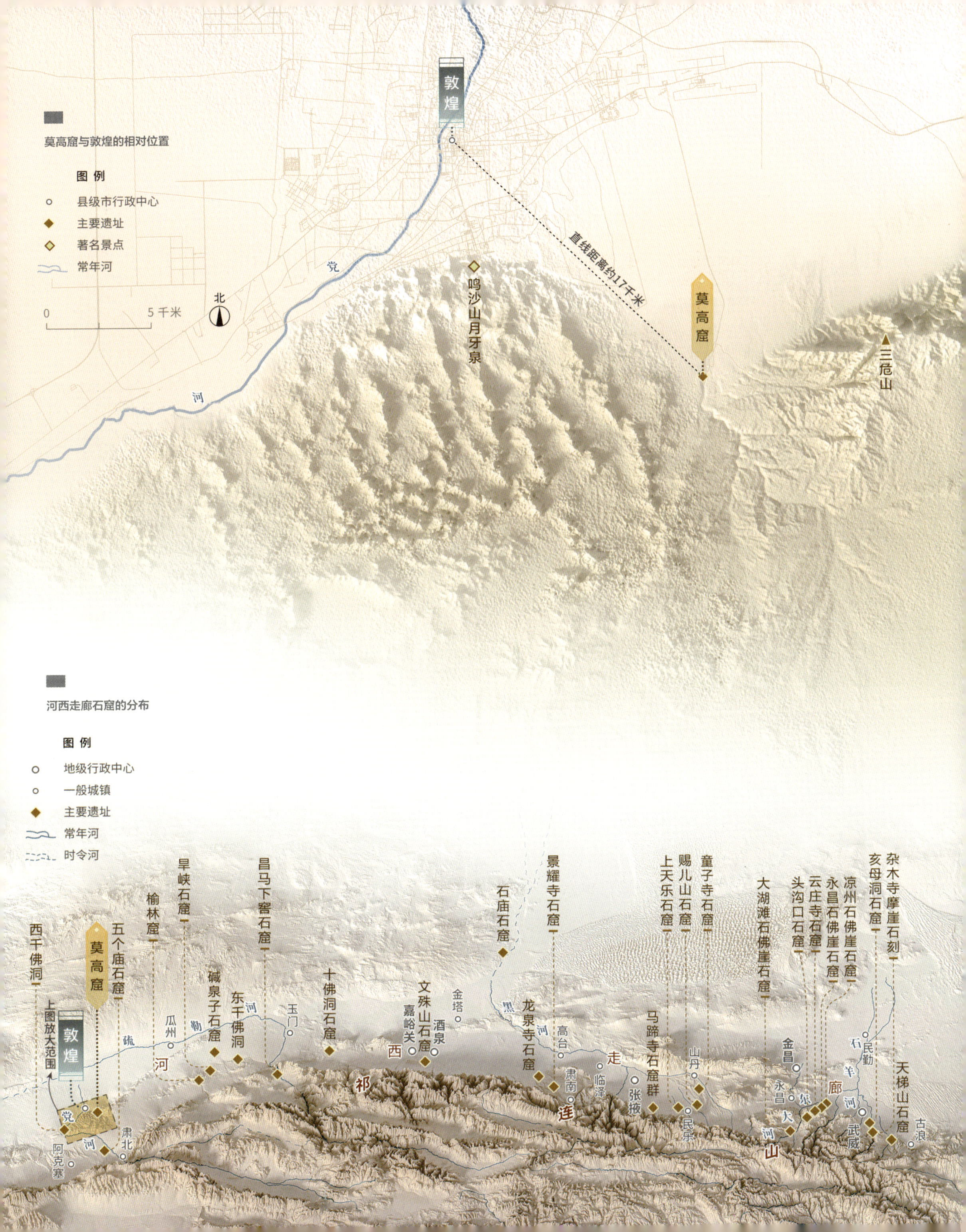

莫高窟与敦煌的相对位置
图 例
县级市行政中心
主要遗址
著名景点
常年河
0
5 千米
北
敦煌
党
河
鸣沙山月牙泉
直线距离约17千米
莫高窟
三危山
河西走廊石窟的分布
图 例
地级行政中心
一般城镇
主要遗址
常年河
时令河
西千佛洞
莫高窟
五个庙石窟
榆林窟
旱峡石窟
昌马下窨石窟
碱泉子石窟
东千佛洞
十佛洞石窟
文殊山石窟
石庙石窟
景耀寺石窟
龙泉寺石窟
马蹄寺石窟群
上天乐石窟
赐儿山石窟
童子寺石窟
大湖滩石佛崖石窟
头沟口石窟
云庄寺石窟
永昌石佛崖石窟
凉州石佛崖石窟
亥母洞石窟
杂木寺摩崖石刻
天梯山石窟
上图放大范围
敦煌
阿克塞
肃北
瓜州
玉门
嘉峪关
酒泉
金塔
高台
肃南
临泽
张掖
山丹
民乐
金昌
永昌
民勤
武威
古浪
党
河
疏
勒
河
黑
河
石
羊
河
祁
连
山
河
西
走
廊
大

远眺沙海中的莫高窟九层楼（北大像窟）/ 摄影 孙志军

莫高窟身处沙海，干燥的环境让洞窟里的壁画、经卷等历经千年而不毁。

409
回鹘王妃供养像
回鹘
323
张骞出使西域
初唐
428
430 427 426 424 425 423 422 421 420 419 418 417 416 415 414 413 412 411 410 409 408 407 406 405 404
300 301 302 303 304 306 307 308 309 310 311 312 313 314 315 317 318 319 320 321 322 323 326 327
305
34 33 32 31 30 29 28 27 26 25 24 23 22 21
324 325

61 儿童杂技 五代
62 贵妇与侍女 隋代
23 雨中耕作图 盛唐
▼不同时期洞窟数量对比
十六国时期 7
北魏时期 14
西魏时期 6
北周时期 17
隋朝时期 95
唐朝时期 278
五代时期 27
宋朝时期 15
西夏时期 15
回鹘时期 1
元朝时期 9
448 446 447 445 444 443
264 460 459 458 450
456 455 454 442 441 440 439 438 437 436 434 432 431
262 263 265 266 272 274 452 451 453 449 435 433
268 273 275 284 286 288 290 291 292 293 295 296 297
60 59 58 57 56 55 276 277 278 279 280 281 282 283 287 285 294 298
65 64 63 61 62 484 482 480 478 44 42 41 40 39 38 37 36
483 481 479 467 54 53 52 51 49 48 47 46 45 43

249
山中狩猎图
西魏
258 261
233 234
235 236 237 238 239 240 241 242 243 244 245 246 247 248 249 250 251 252 253 254 255 256 257 259 260
473 474 475 93 92 91 89 88 87 86 85 84 83 82 81 80 79 78 77 76 75 74 73 72 71 70 69 68 67 66
72
南区◀ ▶北区

贰 第二重空间：神圣的洞窟

开凿之初的莫高窟，不过是僧侣的修行之所。他们在里面禅修、冥想，寻找着终极意义上的解脱。

莫高窟现存最早的洞窟，内部幽闭、昏暗，又极狭小，小小的禅室只能容纳一人，供僧人禅修使用，即禅窟。除此之外，僧人也在莫高窟礼拜、讲经、生活，有的僧人死后也被埋葬在洞窟里[1]。然而就算僧人们长居于此，也不足以形成如今日所见的浩大规模。在漫长的岁月里，莫高窟还吸引了大量的世俗信众。

对世俗信众而言，直接理解佛经十分困难，因此人们会通过各类礼仪接近佛陀。在中心塔柱窟内，信众在引导僧的带领下绕行塔柱，彩塑、壁画以特定的组合顺序逐一映入信众们的眼帘，人们看到佛陀护卫众生，帮助众生渡过艰难困顿，静静地感受着教义的指引。

6 世纪，来自中原的元荣[2]让莫高窟发生了改变。元荣是敦煌的地方长官，也是一名虔诚的佛教徒。元荣不仅带领着世俗群众开窟造像，也为莫高窟的建造引入了中原的营造技术。在中原文化的影响下，洞窟开始采用一种新的形态——窟顶如同倒置的斗，即为覆斗顶。覆斗顶形窟没有塔柱支撑也不会塌陷，拥有更大、更完整的空间，能容纳越来越多的信众。

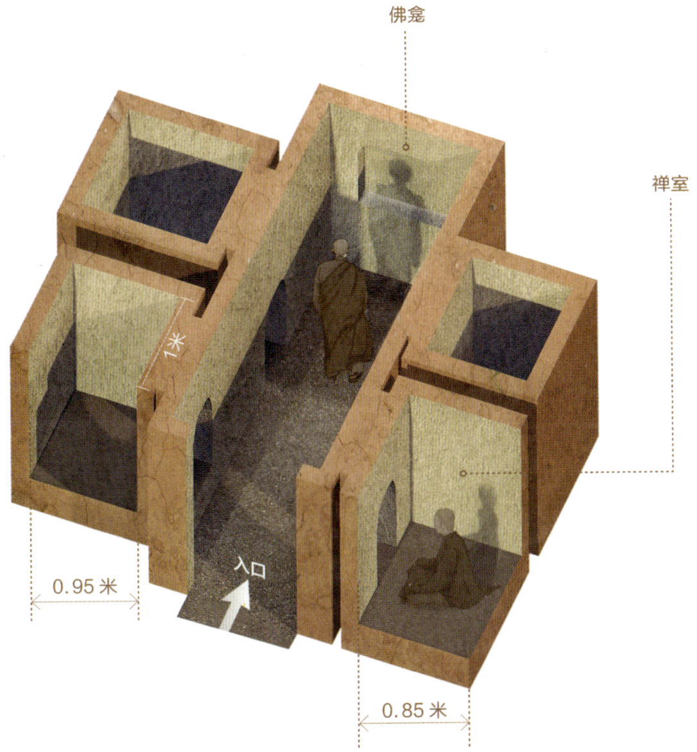

1. 埋葬死后僧人的石窟是瘗窟。
2. 元荣为南北朝时期的北魏宗室，曾任瓜州（北魏时敦煌称瓜州）刺史。他是佛教徒，任内曾在敦煌抄写佛经、开凿佛窟。

禅窟空间示意
268 窟建于北凉，是莫高窟现存最早的石窟。

覆斗顶洞窟 / 摄影 孙志军

图中为莫高窟第 285 窟，根据学者推测，285 窟的创建人很有可能是元荣。覆斗顶窟的顶部压力，可以向四周分散，不至于顶部塌陷。

穿越千年的沙石画卷

366年，一名叫乐僔的僧人来到敦煌东南部凿开了一座石窟，从此莫高窟开始了长达一千多年的建窟之旅。历朝历代的人路过这里，凿窟塑像，用自己的方式表达内心虔诚的信仰。莫高窟全长1600多米，分为南北两区，现共有735个洞窟，其中存有壁画、塑像的洞窟共492个，且大部分位于南区，北区仅有极少数洞窟存有壁画和彩塑。

摄影图来源：摄影师@孙志军

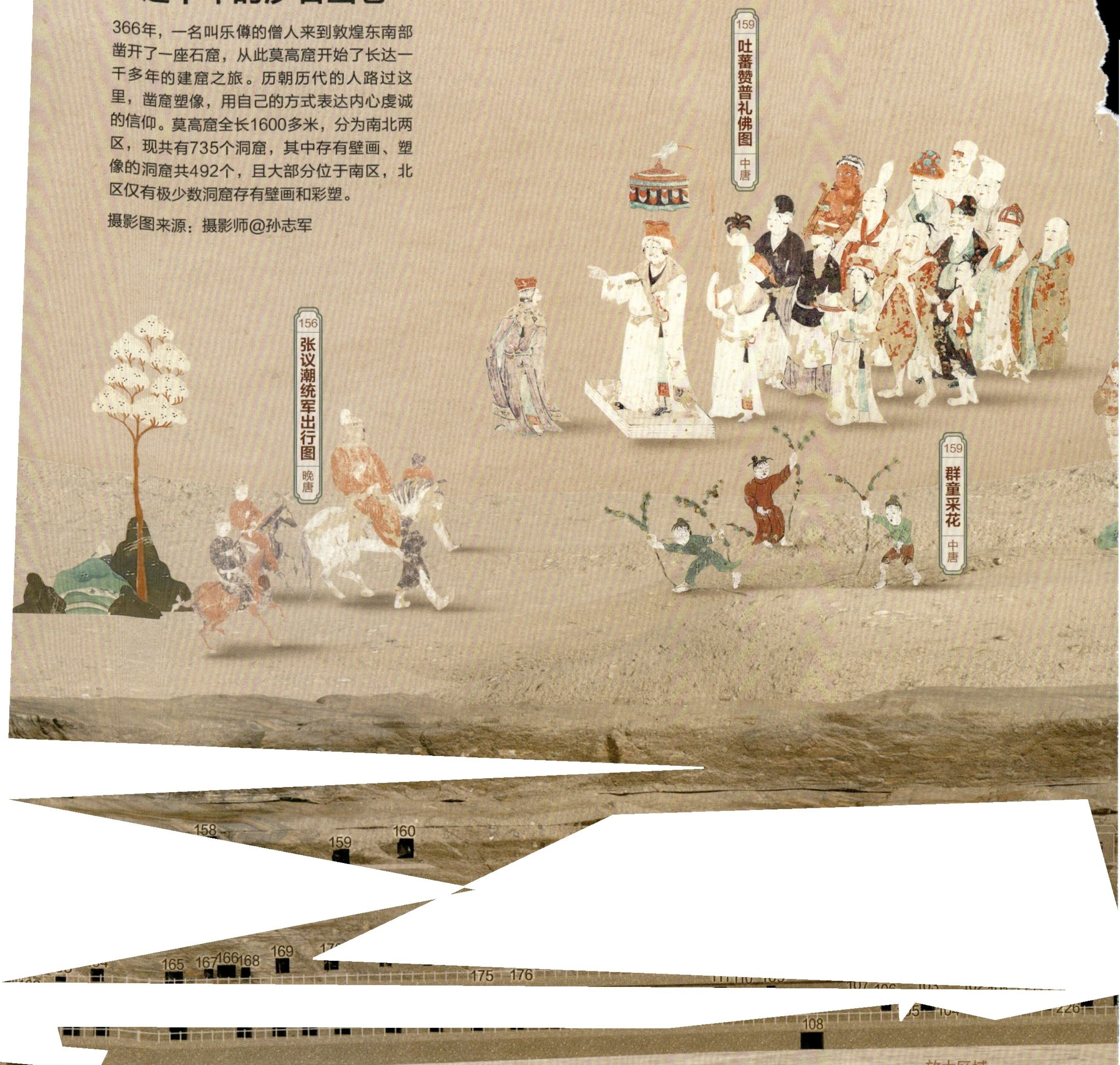

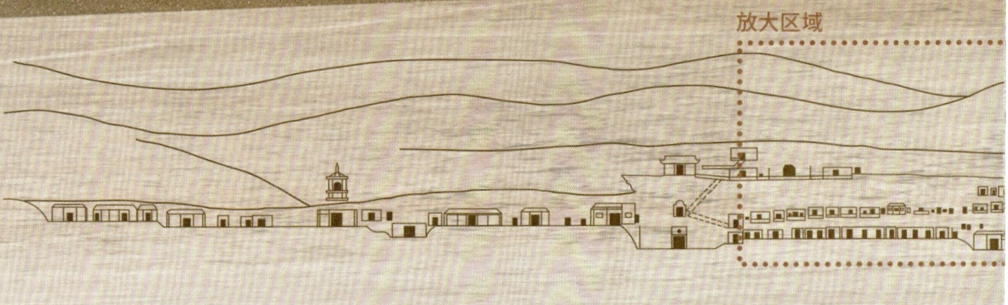

▸ 莫高窟洞窟全景图

注：莫高窟洞窟编号存在不同版本，本图主要采用敦煌研究院的编号。

莫高窟全景 / 摄影 孙志军

在长达 1600 多米的崖面上，分布着 700 多个洞窟，收藏着 7 万余卷文献、4.5 万平方米壁画、2000 余身各类彩色塑像，莫高窟是一座历史与艺术的宝藏。

107
喜和母女供养像
晚唐
159
拜塔行礼
中唐
217
山间行旅
盛唐
96
202
203
204
205
206
207
208
209
217
216
215
214
213
212
211
23
222
220
221
219
218
100
99
98
97
93

莫高窟覆斗顶窟受力示意与其他洞窟类型示意

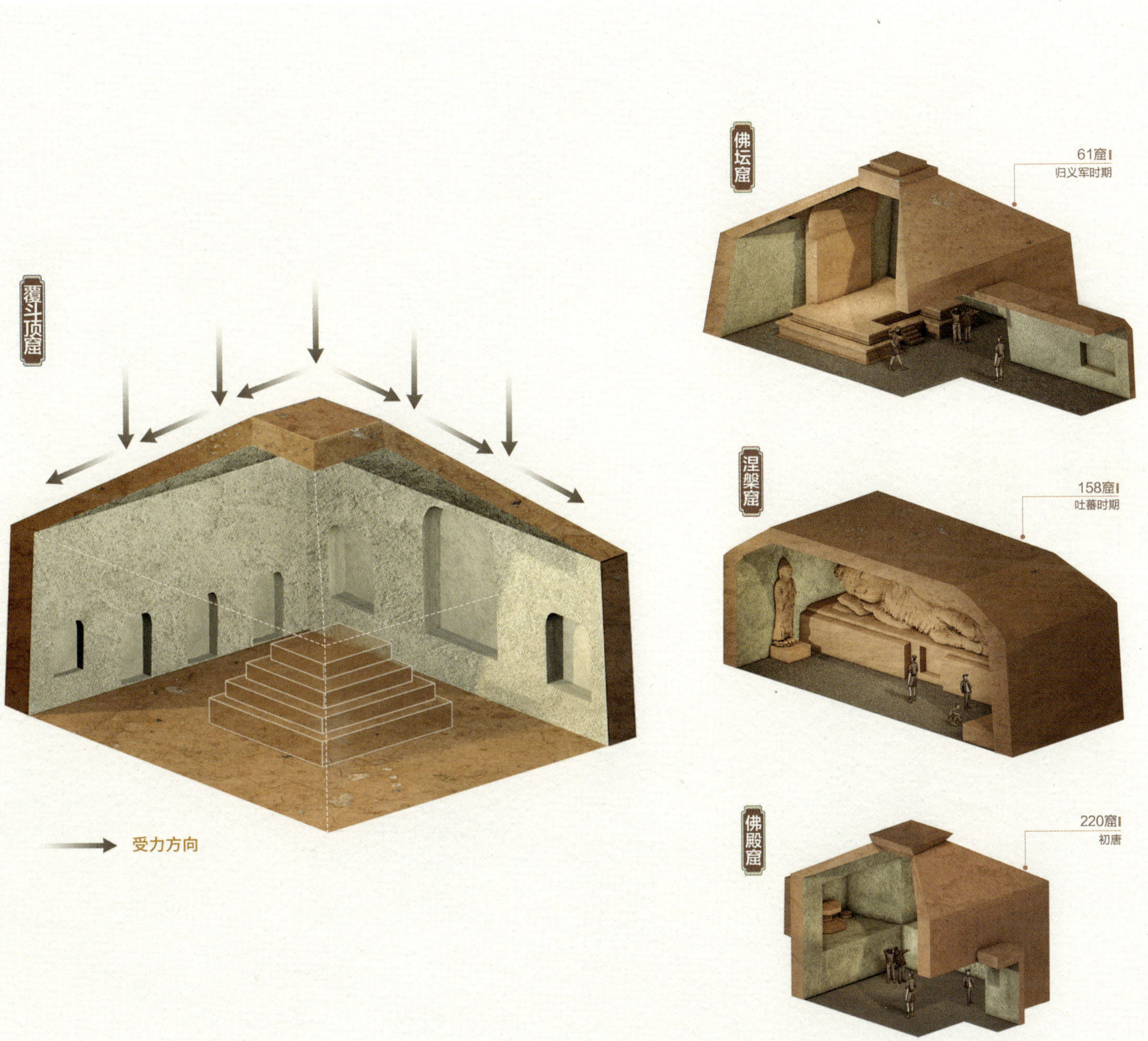

莫高窟第 96 窟内部示意

第 96 窟建于初唐，洞窟依靠山崖而建，最初为四层，到民国时改为九层。从远处观看，是一座雄伟壮观的九层楼阁，俗称“九层楼”。洞窟内是一尊依山崖而塑的巨型弥勒倚坐佛像，是敦煌石窟中最大的塑像，在唐朝已被称为“北大像”。

在莫高窟营建洞窟的包括当地世家大族。唐时，当地家族大多建造佛殿窟，他们将佛像全部置于墙壁上的佛龛内，在洞窟内留下完整、宽敞的空间，可以满足一家人共同礼佛的需求。营建洞窟的也有一方领袖，归义军时期[1]，统领敦煌的曹氏家族建造了面积近 200 平方米的佛坛窟，将神佛群像安置在中央佛坛上，并带有直通窟顶的精美背屏。营建洞窟的还有中原帝王。相传武周时期，敦煌本地人以武则天为原型，塑造了 35.5 米高的巨型佛像，并为此像特意开凿出北大像窟。

敦煌当地人家的奴婢喜和母女，也出资参与了莫高窟的营建，她们的形象也留在了洞窟里，像喜和母女一样的百姓还有很多。有人组织起家庭参与，有人以个人名义参与，还有更多平民结成民间社团，如亲情社、兄弟社、女人社等，集体参与莫高窟的营建。纵观整个莫高窟的营造，多依赖于社会力量，当地世族和百姓的努力使得它经久不衰。

从敦煌城来到莫高窟，要在黄沙中走上四五个小时，但这并不能阻止人们涌向这里。吸引他们的并非幽闭的洞窟，而是洞窟所承载的内容，这里是属于他们的美好世界。

1. 归义军是唐宋时期的节镇名，也是唐宣宗大中五年（851 年）至宋仁宗景祐三年（1036 年）的沙州（唐时敦煌称沙州）地方政权，以河西地区的敦煌为中心，由唐朝名将张议潮建立，经历了张氏和曹氏两个统治阶段。

96 窟修建大事记

- **7 世纪**：96 窟初建，建筑为四层，大佛曾涂装金彩。
- **9 世纪**：建筑改为五层，后历经宋、西夏、清等时期重修。
- **20 世纪**：建筑改为九层，并对大佛进行了全面整修、重新妆彩。

叁 第三重空间：美好的壁画

925 年，敦煌人翟奉达来到了莫高窟。翟氏先祖斥巨资修建翟家窟，洞窟如同家庙，由翟氏子孙世代守护，到翟奉达已是第九代子孙，他要继续在这里守护。

有着长安情结的翟家人，在壁画中画出了让他们骄傲的盛景——大唐的上元节灯会[1]。壁画之中，手握长巾的乐伎跳起风靡长安的胡腾舞，不同肤色的乐伎演奏不同的乐器，一派祥和景象。为了还原上元节灯会，舞台正中还绘制了华丽的灯楼，两侧有天女点燃西域样式的灯轮，如同唐朝诗人描绘的长安盛景——“西域灯轮千影合，东华金阙万重开”[2]。翟家人将心中美好的上元节灯会场景绘成了一幅巨大的壁画，用以描绘心中的佛国世界。

1. 上元节即元宵节，自汉朝起，中原有元宵燃灯的习俗。到唐朝，这一风俗更盛，唐朝诗人苏味道《正月十五夜》里“火树银花合，星桥铁锁开”的诗句，描写的是唐朝武则天时，东都洛阳城元宵节灯花盛景。
2. 出自唐朝诗人张说的《十五日夜御前口号踏歌词二首》。

人们向往美好的世界，莫高窟内的壁画因而大放异彩。

现实生活中美好的事物不断被投射在壁画中，组成佛国世界。神佛之外，大量普通人也融于壁画，折射出普通人的生活图景，展现出平凡而生动的日常。

左图　莫高窟第 220 窟北壁胡旋舞与胡腾舞壁画，初唐时期壁画 / 摄影　孙志军
右图　莫高窟第 220 窟乐队壁画，初唐时期壁画 / 摄影　孙志军

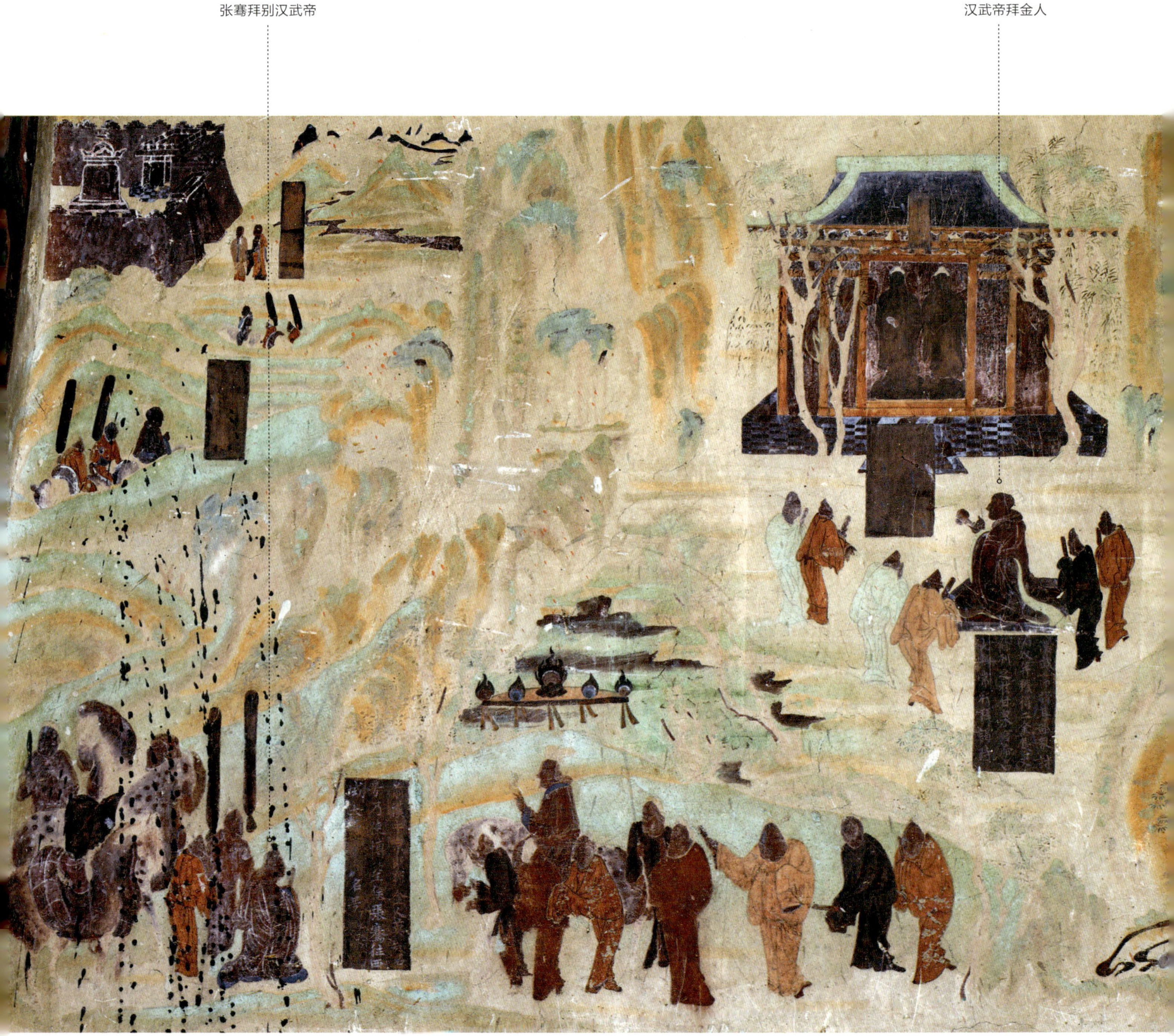

莫高窟第 323 窟张骞出使西域图壁画，初唐时期壁画 / 摄影 孙志军

张骞出使西域是重要的历史事件，这一历史故事也被佛教信众搬上了莫高窟的壁画。壁画的右上方是汉武帝拜金人的场景，下面则是壁画内容主体 ——张骞拜别汉武帝。壁画上持笏板跪拜者就是张骞。

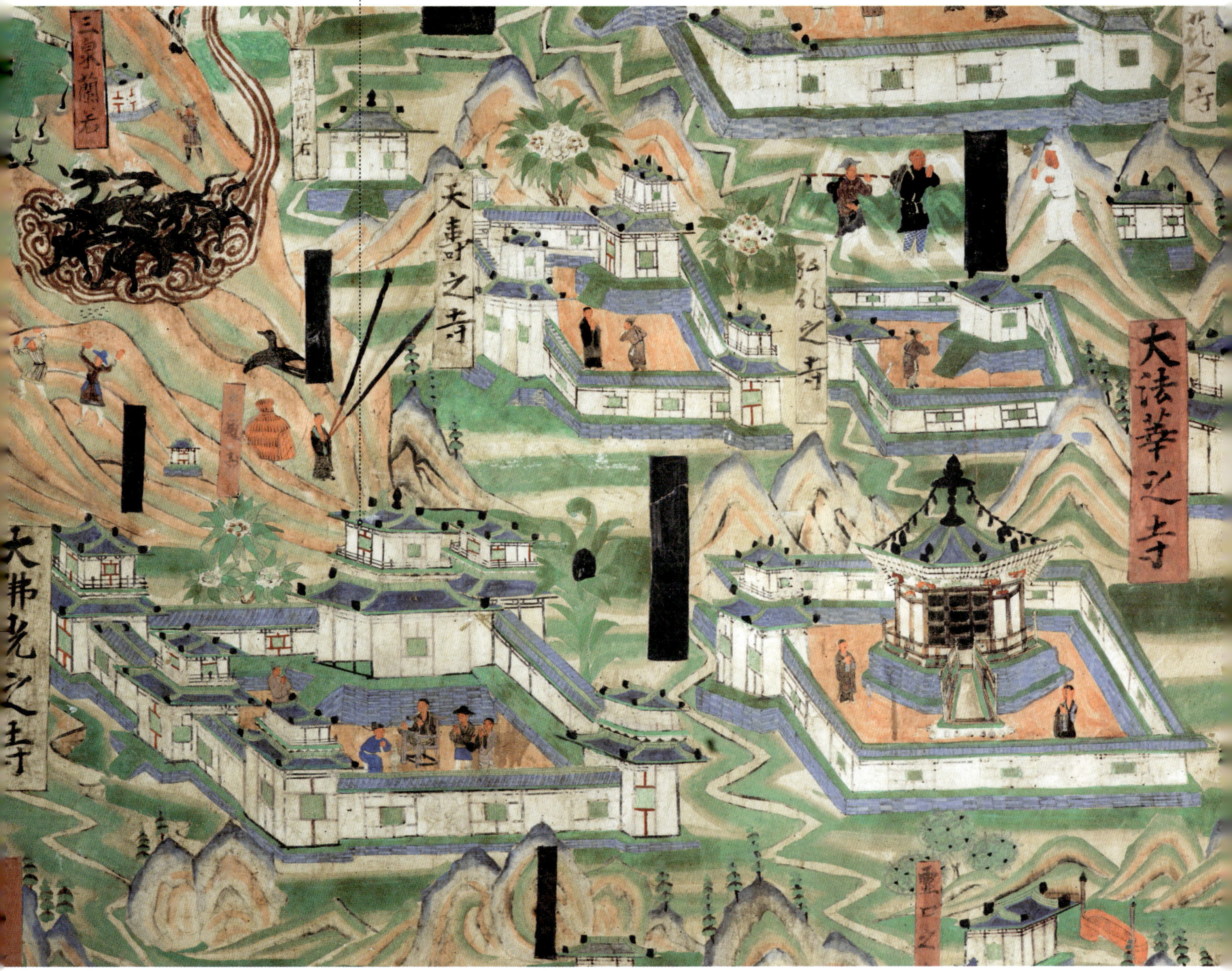

莫高窟第 61 窟西壁五台山图壁画局部，五代时期壁画 / 摄影 孙志军

第 61 窟也称“文殊堂”，主要为供奉文殊菩萨修建。传说文殊菩萨的道场在山西五台山，五台山便成了重要的佛教绘画题材。壁画主要表现的是唐朝五台山的寺庙与生活场景。

还有的壁画记录着人一生的重要阶段。在敦煌人张议潮眼中，唐王朝的繁华太遥远了，他能见到的只有陷入吐蕃统治的敦煌，当地人民被强制断绝和中原的联系，被迫接受吐蕃的改造，胡服编发，讲吐蕃语。张议潮年少誓心归唐，不断积蓄实力，蛰伏至年过半百。自 848 年起，张议潮率领当地民众起义，为唐王朝收复河西十一州失地，他接受朝廷加封的时刻被定格在壁画中。在长达 8.3 米的巨幅出行图里，张议潮身穿唐装，策马前行，他率领的这支队伍名为“归义军”。[1]

像张议潮这样留下自己形象的人还有很多，他们是营建莫高窟的“金主”，被称作供养人。在莫高窟壁画中，现存供养人像有 8000 余个，这些供养人真实存在于历史中，来自不同时代、不同阶层，有门阀贵族，也有市井小民。在出资开窟造像后，他们的名字与形象会留在壁画里。

1. 唐宣宗大中五年（851 年），张议潮的兄长张议潭到长安，献上沙州（治所在今甘肃敦煌）、瓜州（治所在今甘肃瓜州东南）、伊州（治所在今新疆哈密）、肃州（治所在今甘肃酒泉）、鄯州（治所在今青海乐都）、甘州（治所在今甘肃张掖）、河州（治所在今甘肃临夏）、西州（治所在今新疆吐鲁番东）、兰州、岷州（治所在今甘肃岷县）、廓州（治所在今青海化隆县）十一州图籍，以示归顺唐朝。唐宣宗于是在沙州设归义军，以张议潮为节度使。归义军遂成为唐晚期到北宋初年活跃于河西地区、以敦煌为中心的地方政权。

不同于出资的供养人，营建莫高窟的工匠们鲜少留下自己的身影。他们大多没有家园与财产，且无论是哪个级别的工匠，都是一日两餐，一餐两三块胡饼。但他们把造窟视为一种功德，愿少报工价，甚至义务劳作，不计回报地投入于此。壁画也投映着他们的艺术追求，他们用细腻的笔触、丰富的想象，描绘出画中的美丽世界，使之洋溢欢乐，无限神圣，融合四方。

进入壁画中的美好世界，似乎能够摆脱种种悲戚。但在这重美好世界之外，还有人们要经受的现实。

莫高窟第 156 窟张议潮出行图壁画局部 / 摄影 孙志军

该壁画真实反映了晚唐时期河西节度使张议潮出行的赫赫军威。图中展示了一百多个人物，八十多匹马，场面宏大，气氛热烈而庄严，呈现了节度使张议潮统军出行的盛大场景。第 156 窟应该是张议潮的功德窟，开凿的时间应在咸通五年（864 年）前后。

莫高窟第 409 窟回鹘王妃供养人壁画 / 摄影 孙志军

第 409 窟开凿于五代时期，在回鹘时期和清朝都重修过。这幅壁画在洞窟东壁门的一侧，画中两位人物是回鹘王妃，头上立桃形冠，并镶嵌蓝色宝珠。

莫高窟第 61 窟归义军曹氏家族女供养人壁画 / 摄影 孙志军

第 61 窟开凿于五代时期，这幅壁画在洞窟的东壁。学者推测，第 61 窟是五代晚期河西归义军节度使曹元忠及夫人开凿的功德窟。画面中间人物为于阗王后（曹议金之女，因政治联姻而远嫁于阗），她的凤冠与项饰镶满玉石，显示出于阗国盛产玉石的特色。她们面部贴花，这是当时贵族妇女的时尚。

肆 第四重空间：纷乱的敦煌城

长安城的上元节早已曲终人散，翟家窟中的上元灯会还是歌舞升平，翟氏子孙已守护这场灯会三百多年，但这里同样将落下帷幕。

1036 年，党项族[1]崛起，敦煌变更为由西夏统治。王朝变更之际，敦煌的世族们走向了衰落，翟氏子孙世代守护的家族窟内壁画，被后来者中意的千佛图完全覆盖。

敦煌曾借助地理优势连接四方，成为极负盛名的西北都会，但和平与辉煌并未持续。这里紧邻阳关与玉门关，西出阳关，生还玉门，都提示着“边疆”才是敦煌的主要身份。生活在敦煌的人们不断经受着现实的纷乱，经受着杀戮、兵变。

没有一个时代没有苦难，没有一个地方没有悲伤，长期处在边塞的敦煌更为悲壮。

佛教认为，人自出生就与苦相伴，要面对着生苦、老苦、病苦、死苦，怨憎会苦，爱别离苦，求不得苦，五取蕴苦。[2]这些苦，在敦煌展现得淋漓尽致。莫高窟历经千余年世事，弥漫着无尽的悲凉。

1. 党项族是 6—14 世纪活跃于中国西北地区羌族的一支，西夏政权的建立者。
2. 佛教所讲的苦种类繁多，较常见的说法是佛教八苦。

右页图 莫高窟第 259 窟释迦禅定像 / 摄影 孙志军

释迦牟尼弯眉上扬，面带微笑，似乎体味着参禅悟道后的满足、愉悦。第 259 窟大约开凿于北魏年间，距今已有 1600 多年。

莫高窟见过对家国安定的求不得。

张议潮费尽一生心血，只为河西之地能回归唐王朝，但终是飞蛾扑火，唐廷始终忌惮张氏归义军，不断分割其地盘，削弱其势力，使张议潮兄弟先后入长安为质，继而导致张氏内部相互屠戮，河西地区陷入纷乱。

莫高窟见过权力斗争中的爱别离。

为在夹缝中求存，掌管敦煌的曹氏家族[1]选择以持续的政治联姻获取安定，回鹘天公主李氏便是嫁到敦煌与曹氏和亲的第一人。通过联姻等和平手段，敦煌在乱世中获得了百年安稳，但公主李氏的个人生活却极为不幸。在曹氏清理内部回鹘势力时，她的儿子全部被杀，丧子之痛使她最终双目失明。在曹氏家族窟内，那些身着华服的女眷，还有很多都是出于政治目的而出嫁。

---

1. 归义军经历了张氏和曹氏两个统治阶段。到唐末五代，归义军开始由曹氏接替张氏掌管沙州地方政权，直至北宋初年亡于西夏。

敦煌鸣沙山，行走在沙漠中的骆驼队 / **摄影 王祖凯**

莫高窟见过民族冲突下的怨憎会[1]。

在敦煌人阴处士看来，他活得左右为难。阴氏先祖曾勠力战场，为国驱驰，却因遭受猜忌而漂流他乡。鉴于先祖的教训，阴氏一直善于攀附统治者。安史之乱后，中原王朝势力衰落，为能在动荡的环境中自保，阴氏家族开始趋奉吐蕃统治者。他们本是忠君尽孝的汉族世家，却还是为了保全家族而屈膝于吐蕃。在阴处士心里，自己像是一个“活死人”。

莫高窟也见过人人都要面对的生老病死。

女子真净是一介平民。父母双双过世后，她出资在此绘制佛像，为双亲祈祷，将莫高窟视为自己的精神寄托。

然而，包容众生、抚慰众生的莫高窟又何尝不是生于苦难。16 世纪中叶，当明王朝封闭嘉峪关后，敦煌基本成为关外的废弃之地，兴盛千年的莫高窟就此陷入沉睡，直到一场场盗窃将它唤醒。[2]

---

1. “怨憎会”为佛教八苦之一，意为要与憎恨讨厌的人相处在一起，无法摆脱。
2. 1900 年 6 月的一天，道士王圆箓和他的弟子无意间发现莫高窟 17 号窟内的藏经洞，这一发现让敦煌成为世人瞩目的焦点。接下来的时间里，世界各地的探险家、考古学者接踵而来。他们将其中 3 万多件文书分批盗运出中国，如今这些文书藏在全球十多个国家的 30 多个博物馆或图书馆中。这一天，既是给莫高窟带来劫难的日子，也是让敦煌再次走向世界的日子。

莫高窟本来只有无边的苍茫，却盛下了那么多的美好，命运却又那么令人心碎，让人叹息着“敦煌者，吾国学术之伤心史也”[1]。

1943 年，常书鸿放弃了优渥的生活，伴着凛冽的寒风来到敦煌。为挽救支离破碎的莫高窟，他在此固执守护了 40 年。

与常书鸿一样的人还有很多，他们从五湖四海来到沙漠戈壁，治理风沙，抄绘壁画，整修洞窟，埋身于浩繁的文卷，守护着先人们的愿望，复活着往昔辉煌的创造。

幸好，世上还有莫高窟。

在敦煌饱受苦难的人们，还能有精神上的寄托，它映射着人们的内心世界。人们尽管经受过命运的无常，辉煌过、沉沦过、期待过、煎熬过，笑过、痛过、爱过、恨过，依然能在这里寄托美好。

幸好，世上还有莫高窟。

它让芸芸众生穿透历史的迷雾，继续向我们讲述，能超越诸多苦难的是我们自己心中对美的召唤。

1600 余米，物是人非。1600 余年，呼啸而过。
它有过什么？从星河到人间，任君所想。
它有过什么？最初，不过一片沙石。

1. 此句是史学家陈寅恪对 20 世纪上半叶敦煌宝藏惨遭盗掠和破坏而做出的痛心疾首的评价。

敦煌莫高窟全景 / 摄影 李文博

莫高窟崖壁后是鸣沙山，前面是几乎干涸的宕泉河，而远处为敦煌城区。

3.4 泉州

所有神的眷顾，都是人的奋斗

对大多数人而言，
泉州是一片神奇的土地，
也是一座神秘的宝藏。

它是“港城”，
是“海上丝绸之路”的起点之一。

它是“佛国”，
朱熹说它“满街都是圣人”，
更是号称“世界宗教博物馆”。

它是强市，
民营经济蓬勃发展，
GDP 曾连续 22 年雄踞福建省榜首。[1]

1. 2021 年，福州的 GDP 超越泉州，位居福建省第一。在此之前的 22 年里，泉州的 GDP 一直位居福建省第一。2020 年，泉州的 GDP 首次突破万亿元大关。

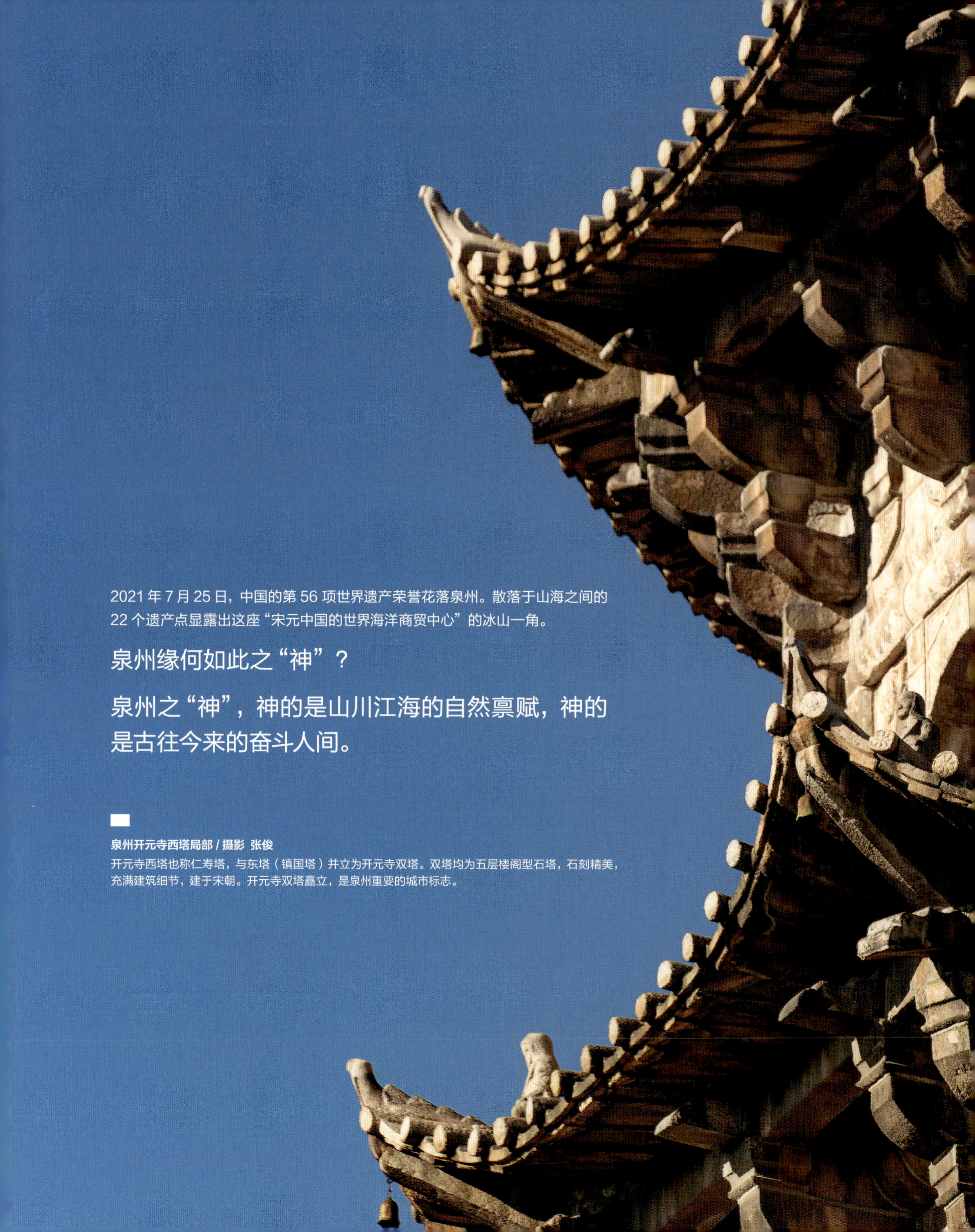

2021 年 7 月 25 日，中国的第 56 项世界遗产荣誉花落泉州。散落于山海之间的 22 个遗产点显露出这座“宋元中国的世界海洋商贸中心”的冰山一角。

泉州缘何如此之“神”？

泉州之“神”，神的是山川江海的自然禀赋，神的是古往今来的奋斗人间。

泉州开元寺西塔局部 / 摄影 张俊

开元寺西塔也称仁寿塔，与东塔（镇国塔）并立为开元寺双塔。双塔均为五层楼阁型石塔，石刻精美，充满建筑细节，建于宋朝。开元寺双塔矗立，是泉州重要的城市标志。

泉州的世界文化遗产有什么?

2021年7月25日，中国第56项世界遗产花落泉州，散布山海间的22个遗产点，揭露这座“宋元中国的世界海洋商贸中心”的真容。

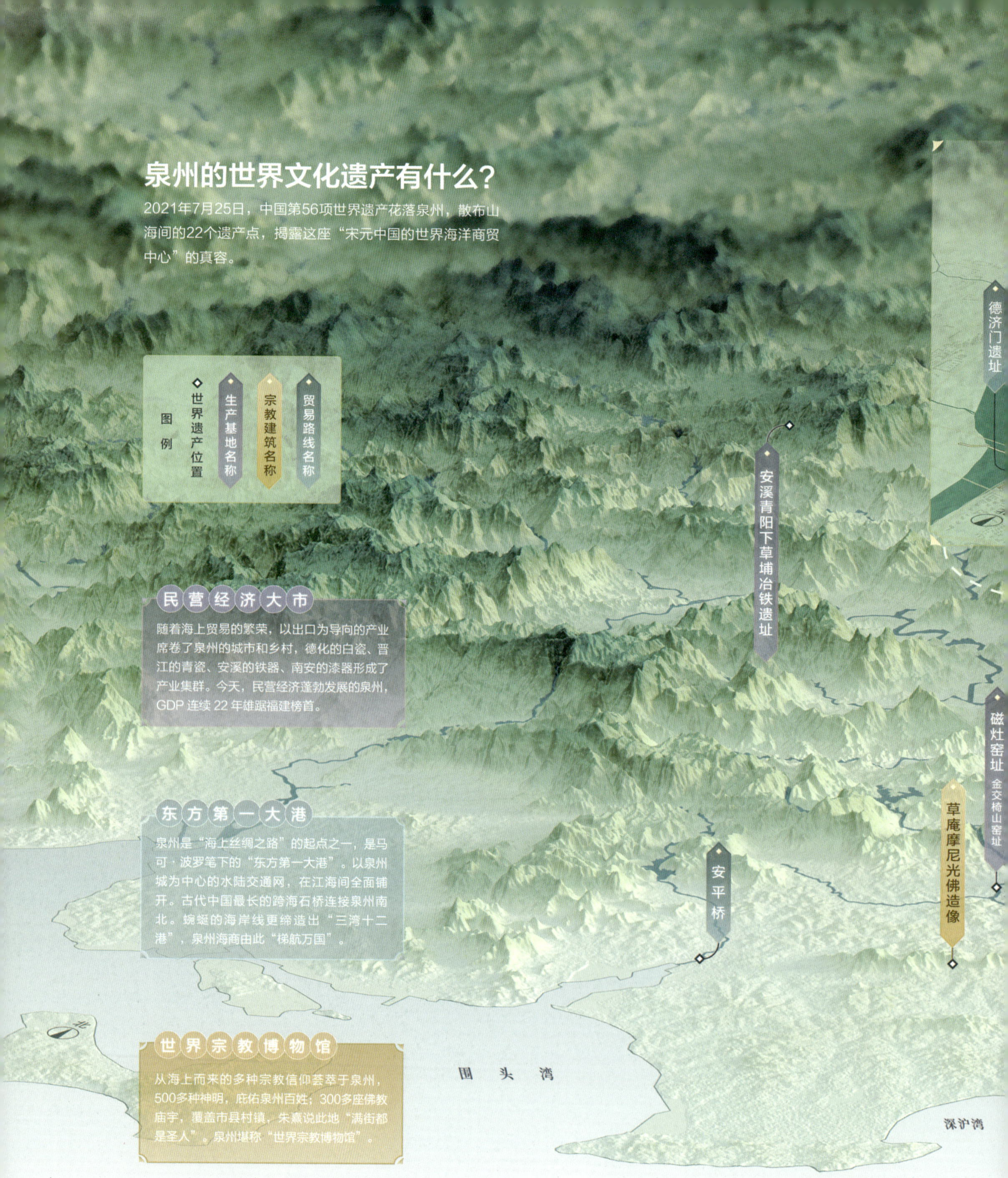

民营经济大市

随着海上贸易的繁荣，以出口为导向的产业席卷了泉州的城市和乡村，德化的白瓷、晋江的青瓷、安溪的铁器、南安的漆器形成了产业集群。今天，民营经济蓬勃发展的泉州，GDP 连续 22 年雄踞福建榜首。

东方第一大港

泉州是“海上丝绸之路”的起点之一，是马可·波罗笔下的“东方第一大港”。以泉州城为中心的水陆交通网，在江海间全面铺开。古代中国最长的跨海石桥连接泉州南北。蜿蜒的海岸线更缔造出“三湾十二港”，泉州海商由此“梯航万国”。

世界宗教博物馆

从海上而来的多种宗教信仰荟萃于泉州，500多种神明，庇佑泉州百姓；300多座佛教庙宇，覆盖市县村镇，朱熹说此地“满街都是圣人”。泉州堪称“世界宗教博物馆”。

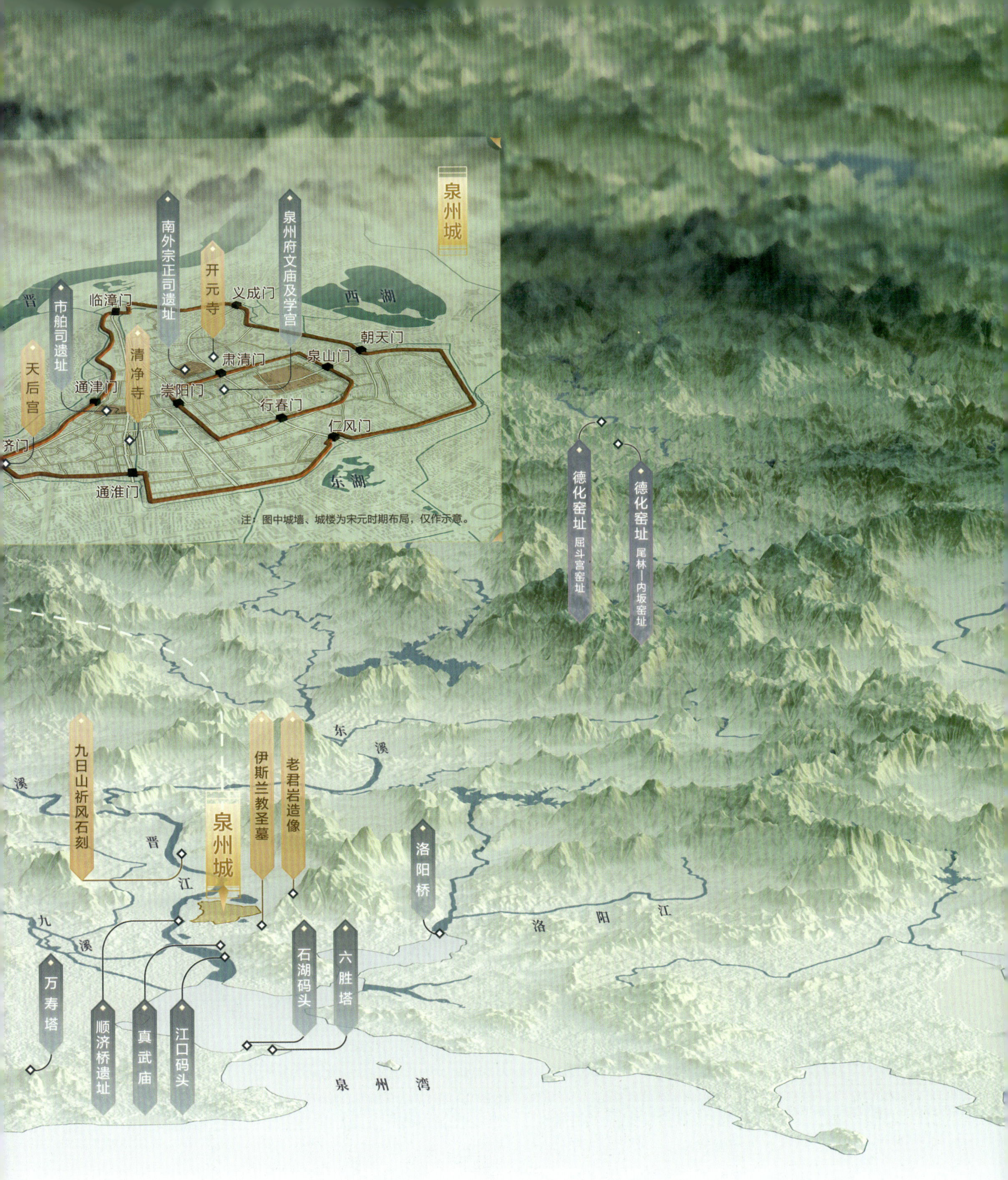
泉州城
晋
临漳门
市舶司遗址
南外宗正司遗址
开元寺
义成门
泉州府文庙及学宫
西湖
朝天门
天后宫
清净寺
通津门
肃清门
泉山门
崇阳门
行春门
仁风门
齐门
东湖
通淮门
注：图中城墙、城楼为宋元时期布局，仅作示意。
德化窑址 屈斗宫窑址
德化窑址 尾林—内坂窑址
东
溪
溪
九日山祈风石刻
晋
江
泉州城
伊斯兰教圣墓
老君岩造像
洛阳桥
洛阳江
九
溪
万寿塔
顺济桥遗址
真武庙
江口码头
石湖码头
六胜塔
泉州湾

壹 山海一隅

泉州，本是一个为世人所忽略的地方。它地处福建东南，背山面海，地势起伏较大，人称“八山一水一分田”。群山自三面合围，全省第二大山脉戴云山脉横亘于西北。山间丛林苍翠，云蒸霞蔚，其支脉连绵起伏，从内陆直抵东海之滨。

山海相接之处，是一条漫长而曲折的大陆海岸线。在短短 90 千米的直线范围内，生生绕出 471.33 千米[1]。百

1. 2020 年，泉州市自然资源和规划局公布，泉州市大陆海岸线和有居民海岛岸线长约 600.36 千米，其中大陆海岸线长 471.33 千米，有居民海岛岸线长 129.03 千米。

转千回之中，数十个大大小小的港湾深嵌其里。发源于山地东麓的河流往往急促而下，奔流入海。纵是泉州第一大河晋江，其全长亦不过 182 千米，流域面积不及福建第一大河闽江的 1/10。

群山阻隔了远方，河流亦不能远航。在航海技术不够发达的古代，泉州被封闭于东南一隅。不过，从魏晋时期开始，中原地区一次又一次的动荡，逐渐影响到远在千里之外的泉州，它即将迎来蜕变。

山海之间的泉州崇武古城 / 摄影 朱金华

崇武古城是一座滨海石城，在泉州的惠安县，为明朝设立的所城，主要是为防御倭寇等海上势力侵扰。

贰 巨港崛起

从魏晋时期起，中原板荡，战乱频发，大批中原士族陆续南迁，其中一些进入今福建地区。或许是出于对故土的思念，移民将闽南地区最大的河流命名为“晋江”，而另一条重要的河流则取名为“洛阳江”。

他们敬奉祖先，并以此团结宗族。在艰难的开拓时期，同享收获，共担风险。他们的语言保留着中原遗韵，他们的城镇透露着中原气象。他们带来中原先进的生产工具与技术，开垦荒地，兴修水利。更重要的是，他们与当地人相融合，逐渐组成了“新泉州人”。新泉州人一代代繁衍生息，中原移民亦不断迁入。到了唐朝，泉州人口已经多达数十万。

日益增长的人口，与泉州山多地少的自然条件产生冲突。新泉州人迫切需要开拓一条全新的生路，这条生路就在海上。

泉州看似偏居一隅，但纵观中国东南海疆，泉州却恰好位于其中部，与传统海上商业大港广州、宁波距离相当，是东西航路的交会处。泉州向东可直通日本和朝鲜半岛，向西南亦可远航至南洋。

而蜿蜒的海岸线更是缔造出“三湾十二港”。它们深入陆地，水域开阔，是不可多得的深水良港。加上年复一年的季风，更为远航提供了源源不断的动力。泉州地处低纬度地区，夏季盛行西南风，冬季盛行东北风，风向恰与海岸线走向平行，航船可循着季节顺风而行，尤为便利。

泉州晋江近海养殖 / 摄影 林昉

如果说山地是山区人的田地，对于临海而居的人，向海求生，大海就是他们的田地或牧场。

早在秦汉时期，古泉州人便已开始制造舟楫，渡海谋生。至于唐宋，人们更是制造出既能装载大量货物，又具备优异抗风浪能力的“福船”。“福船”船身扁宽，船底尖细，同时采用“水密隔舱”的设计，将甲板以下的船舱分隔为互不连通的若干区域。由此一来，即使船底某个分区损坏漏水，也不会波及全舱，大大降低了船难发生的概率。此外，指南针、牵星板等航海工具也逐渐得到应用，船队得以更精准地导航和定位，在茫茫大海之中找准方向。

唐朝后期，随着陆上丝绸之路逐渐受阻，其发展日趋衰落，后继的统治者逐步将目光投向财税收入丰厚的海上贸易。与民间的进取相呼应，从五代至宋元，历代王朝鼓励海洋贸易，进一步使泉州的航运得以繁荣。

1087 年，北宋朝廷在泉州城南设立市舶司，主管进出口贸易的税收与航运。泉州由此与广州、明州（宁波）并列成为海运大港。南宋时期，中国统治中心南移，泉州的地位更是与广州并驾齐驱，号称“涨海声中万国商”[1]。

1. 为宋朝人李邴一千年前在泉州写下的诗句。

泉州民间送王船活动 / 摄影 杨福添

依海而居的泉州渔民创造出诸多海洋信仰与民俗活动，比如妈祖信仰、王爷信仰。“送王船”是王爷信仰中的一个重要民俗活动，是一种海洋祭祀活动。

到了元朝，统治者大力经营泉州港，实施各种优惠政策，泉州港的海外贸易走向巅峰。终元一世，与泉州通航的国家或地区多达 98 个，东亚诸国、南洋诸岛，甚至更为遥远的印度、西亚、东非，遍布泉州海商的足迹，当时的泉州号称“梯航万国”[1]。

于是，无数的泉州人传承移民先祖筚路蓝缕的创业精神，在海上开拓进取。香料、珠宝、药材等异域物产，从海外被源源不断地运往中国，而更大宗的则是中国外销的物产。繁荣的贸易彻底改变了泉州的面貌，一座举世瞩目的大城就此诞生。

1. 出自元大德六年（1302 年）庄弥邵所著《罗城上壕记》，“梯航”意为如阶梯一样逐级航行。

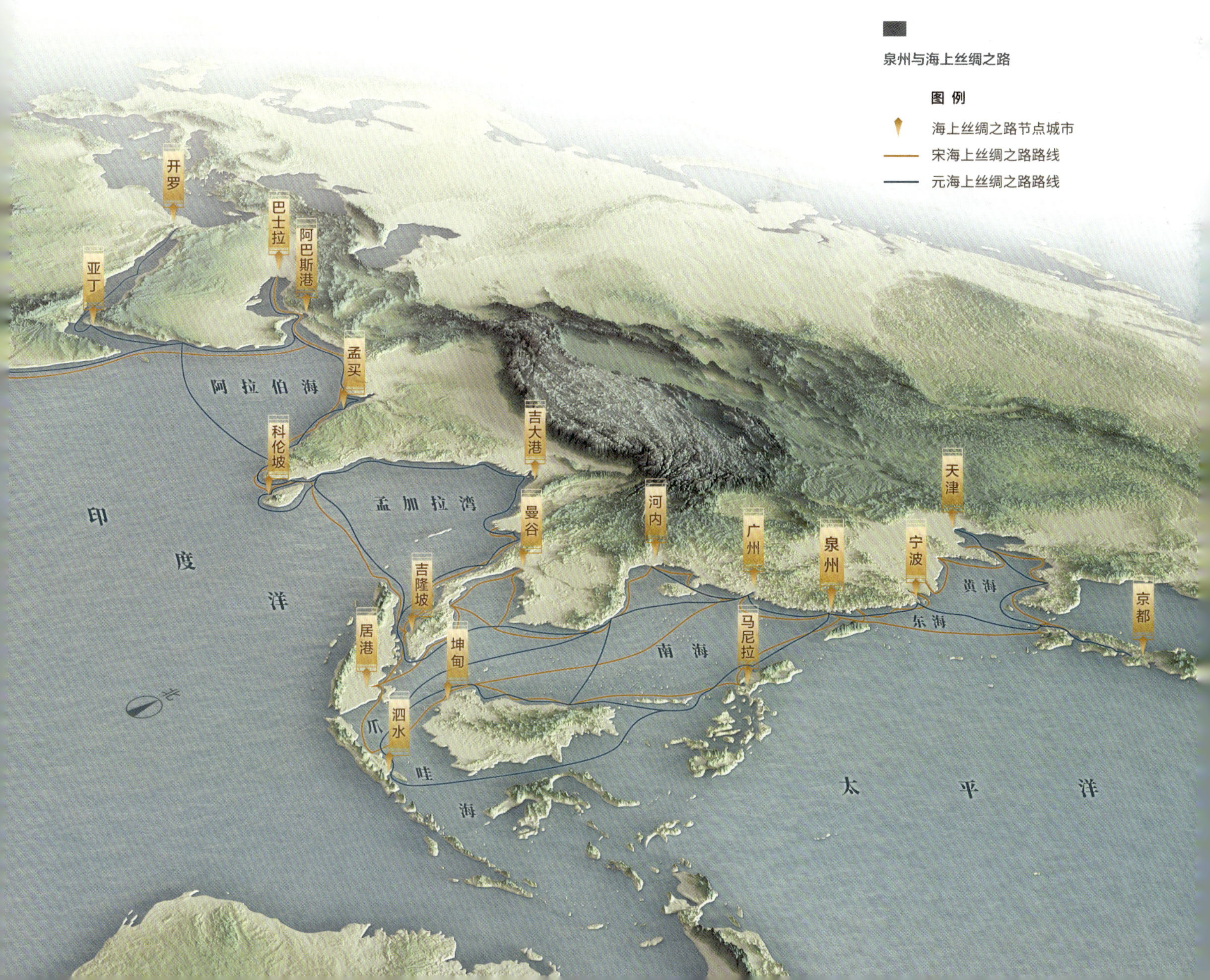

叁 大城鼎立

随着海上贸易日趋繁荣，以出口为导向的产业席卷了泉州的城镇和乡村。利润更高的经济作物遍植于内陆的山岭，以此加工而成的茶叶、蔗糖远销世界各地。

手工业更是迎来了大繁荣，德化的白瓷、晋江的青瓷、永春的篾香、安溪的茶叶与铁器、南安的漆器、惠安的石雕和遍布泉州各地的绸缎，各自形成了具有地域特色的产业集群。这些商品质量高、产量大，深受海外市场的喜爱。

而为了货物和人流能够快速集散，泉州建立起四通八达的水陆交通网络。人们在晋江江口建造内港码头，便于江海联运，沟通内陆诸县。人们在江海之上搭建桥梁，便于连接南北两翼的城市。始建于北宋的巨型梁式海港石桥——洛阳桥，飞架于洛阳江上，结构稳固，形态优美。始建于南宋的安平桥更是长达 2255 米，是中国现存最长的古代跨海大石桥。

而这张水陆交通网络的中心，即是泉州城。

从唐朝建城开始，历代王朝都对泉州城进行了营建、扩展。依山傍江的地形、多元荟萃的文化，以及繁荣发达的商贸，令其格局突破了传统城市方正的平面形态框架，呈现为一个不规则的多边形。

若是站在城北的清源山上俯瞰泉州中心城区的形状，活像一尾将跃龙门的鲤鱼，泉州也因此得名“鲤城”。而五代时的统治者，还在城中遍植高大的乔木刺桐树。开花时节，刺桐满树火红，令人印象深刻，因此泉州也被称为“刺桐城”。

刺桐城里，民居极富特色。人们用富含铁元素的黏土烧制出红砖，建造大量的红砖建筑，组成了饱含闽南风情的图景。众多红砖建筑之中，形态最优美的莫过于红砖大厝（在闽南语中指房屋）。它的屋顶往往采用燕尾脊，两边向上翘起，造型夸张，气势不凡。如果地震、台风等突发自然灾害破坏了墙面，人们便用石材、红砖修补，形成不规则的“出砖入石”的墙面，古朴美观。

泉州城里商贸繁荣兴盛，如唐时即已“列屋成街”的西街，地处城内高地，较少受洪涝侵袭，成为泉州城中的繁华地带，行人如织，商贾如云。而濒临晋江的德济门，因通江达海、运输便利，诸多货物在此汇聚。

泉州西街 / 摄影 魏经纬

俯瞰西街，两侧密布的红砖建筑十分醒目。当你走进去，便会发现它的热闹与非凡。
西街犹如一串珍珠，穿起泉州不同时期的历史文化遗迹。

闽南红砖大厝的燕尾脊 / 摄影 张俊

闽南地区的庙宇、祠堂、古厝多用燕尾脊，高高翘起，飞扬灵动，色彩鲜艳，装饰华丽，十分醒目。屋脊的尾端分叉为二，形似燕子的尾巴，燕尾脊由此得名。

在泉州城，随航船而来的，还有各国商旅、海客。

朝鲜人、日本人、东南亚人、波斯人、印度人，不同的族裔，迥异的面孔，在泉州城中和谐共处。各色面孔带来了多元文化，其中尤以宗教的多元最为突出。

穆斯林在清净寺中做礼拜，清净寺是中国现存最古老的伊斯兰教寺庙，始建于北宋。佛教徒则在开元寺进香，开元寺始建于唐朝，历经一千多年的香火，已成为今日福建规模最大的佛教寺院。道教徒可在元妙观找到自己崇奉的神灵，元妙观是福建最早的道观。

而儒者可以在泉州府文庙体味邹鲁遗风，泉州府文庙集宋元明清四朝建筑形式于一体，为东南地区最大的文庙建筑群。以海为生的人们，则在海神妈祖的庙宇天后宫中寻求庇佑。位于泉州城南天后路的天后宫始建于南宋，是中国建筑规模最大的妈祖庙之一。

除此之外，敬奉关公、城隍、土地公的庙宇，以及各式各样民间信仰的祭拜场所，甚至是极为罕见的摩尼教[1]寺院，皆在泉州留下了不凡的踪迹。

就这样，自四方而来的众神挤满了泉州的穹顶，袅袅的香火祝福着熙攘的人间。

---

1. 3 世纪中叶创立于古代伊朗的一种宗教，约唐朝时传入中国，经唐末被禁毁后成为民间宗教。

本页上图　清净寺门楼 / 摄影 李琼

清净寺始建于北宋年间，元明时期均有修建，是我国现存较早的清真寺，现存门楼、奉天坛等建筑。作为海上丝绸之路的重要见证，2021 年，清净寺被列入《世界遗产名录》。

右页上右图　泉州开元寺大雄宝殿 / 摄影 杨虎

本页下图　泉州承天寺 / 摄影 张俊

右页下右图　泉州府文庙大成殿 / 摄影 吴俞晨

泉州府文庙始建于唐朝，现存建筑历代有增修，大成殿建于明朝。

肆 伟大遗产

然而，随着元末的战乱和明清越发严厉的海禁政策，泉州的辉煌逐渐衰落。

阴云之下，许多泉州人沿着祖先走过的海路，远赴南洋各国谋生，形成数量庞大的南洋华侨团体。华侨们在南洋打拼、致富，同时将大量的南洋元素带回泉州，建起一座座别具特色的番仔楼[1]。时至今日，海外泉籍华侨华人已多达 900 余万，为福建之最。

而在新中国成立之后，泉州屡屡与国家的投资建设擦肩而过。1978 年，泉州的 GDP 为 7.79 亿元，仅居福建省第五。城市建成区面积，只比新中国成立时拓展了 0.24 平方千米。这座古城，一度仿佛被封印在了时间里。

但在客观上，这为较好地保存古城原貌创造了条件。如今走进泉州，你会发现它是一座洋溢着烟火气与人情味的"活着的古城"。男男女女，老老少少，一次又一次迈过开元寺的门槛。婚丧嫁娶，悲欢离合，人们一遍又一遍地向神明祈祷。敬香之人，不分尊卑长幼，礼佛之日，俱是诚心实意。

如今，300 多座佛教庙宇林立于泉州的市县村镇，500 多位神明庇佑着百姓千家。当你走在闹市街头，看到承天寺、清净寺、关岳庙、文庙立于城中各处，各处信众纷至沓来；当你在庙会的大小舞台上，见到南音[2]、高甲戏、提线木偶戏等饱含古韵的曲艺表演轮番登场，次第唱起；当你了解到泉州人将他们的城镇划分为一个又一个唇齿相衔的"铺境"[3]，一铺一境都有专属的草根神明，聆听街头巷尾的人事，庇佑春去秋来的风霜……你就会明白这座"世界宗教博物馆"的真正含义，不仅在于样态之丰富、存续之完整，更在于信仰之鲜活、灵魂之包容。

这些岁月的痕迹被一一揉进了今天的生活，一代又一代的泉州人继承了这座城市的记忆。对他们来说，这些庙宇、街巷、礼仪、习俗，并非身外的他者，而是他们见证着的、参与着的历史，也是安放着他们人生的故乡。

---

1. 番仔楼是一种中西合璧的闽南民居建筑，是闽南人在南洋谋生、衣锦还乡后，在老家所建的带有闽南特色的洋楼。
2. 用闽南语演唱的南音素有"中国音乐史的活化石"之称，它保留了唐朝的传统民族唱法，被列入《人类非物质文化遗产代表作名录》。
3. 铺境制由保甲制演变而来，整合了基层行政组织"铺"与民间信仰空间"境"，每一铺境的神明，都有一座自己的庙宇。

左页上左图 **泉州中山路 / 摄影 施维天**
泉州中山路纵贯古城南北，沿街为廊柱式骑楼，直观呈现出泉州传统民居与南洋建筑的融合。

左页下左图 **泉州提线木偶表演 / 摄影 樊鑫**

左页上右图 **泉州石狮番仔楼景胜别墅 / 摄影 姚力**

左页下中图 **泉州开元寺信众参与礼佛活动场面 / 摄影 刘培冲**

左页下右图 **泉州南音表演 / 摄影 樊鑫**

人们虔诚但不沉溺，故乡的一切激励着泉州人的进取之心。

今天，凭借着改革开放后一代代泉州人的努力打拼，泉州长时间成为福建的经济实力之冠。泉州港正渐渐恢复往日的繁华，大小渔船遍布码头，来往货轮穿梭海上。民营经济为泉州贡献超过 80% 的 GDP 和税收，使其成为名副其实的“民营经济大市”，一大批耳熟能详的品牌从这里诞生，走向全国乃至世界。

经济的复兴带来城市面貌的革新，但古城保护仍是重中之重，“留形、留人、留乡愁，见人、见物、见生活”，人们小心地呵护古城风貌，以此为傲，因为这是一份留传至今的珍贵遗产。

时至今日，泉州的过去、当下和未来，越发真切地呈现在我们面前。我们看到它作为宋元东方大港的神采，看到它作为“世界宗教博物馆”的神韵，看到它作为“民营经济大市”的神奇，也终将看到它这些“神”的背后是一代又一代泉州人的努力打拼。

泉州开元寺东西塔和西街 / 摄影 赵高翔

泉州是一座传统与现代交融的城市，这里的人在细心呵护自己遗产的同时，也在现代化的道路上拼出了一条自己的路。

3.5 『南海一号』

800年前的海底盲盒

它是中国主动开展的
第一个水下考古项目，
见证了中国水下考古的成长。

它是一艘满载珍宝的南宋沉船，
它的价值无法估量，它就是“南海Ⅰ号”。

800 多年前的一天，
它从当时世界上最大的港口出发，
但不幸在途中被大海吞噬，
就此被海底淤泥深埋，它的时间至此被定格。

而它的再次苏醒，
还要从 30 多年前的一次联合调查说起。

广东江门台山上川岛渔港，位于川山群岛海域 / 摄影 张向良

壹 自海底唤醒：发现“南海 Ⅰ 号”

1987 年的一天，一艘调查船正漂浮在广东省川山群岛海域，广州打捞局与英国一家打捞公司的人员正在船上用声呐向海底探测，他们在搜索一艘名叫“莱茵堡号”的荷兰商船[1]。据记载，这艘装满了白银与锡锭的船只正好沉没在这片海域。

搜寻持续了一阵，就在他们觉得将要无功而返时，调查船的抓斗竟然从海底打捞出大量器物，里面有陶器、瓷器、铜器、锡器、金器、铁器等，共计 247 件文物，更有一条长达 1.72 米的金链，虽然被海水经年浸泡，其光芒却丝毫未显黯淡。令人意外的是，这些器物与“莱茵堡号”的货物相差甚远，其中的瓷器具有明显的南宋特征。人们这才明白，位于调查船之下的并非英国人要找的荷兰商船，而是一艘中国的南宋沉船。

海底的淤泥之中，封存的是 800 余年的时间与记忆。让我们开启这艘神秘沉船的“时空胶囊”，一睹曾经围绕着它的形形色色的人物，揭开他们的故事。

1. “莱茵堡号”是一艘隶属于荷兰东印度公司的商船。据资料记载，这艘商船于 1772 年行驶在广东台山上下川岛（属于川山群岛）附近海域时，遭台风袭击沉没。

“南海 Ⅰ 号”沉船位置示意
沉船位于广东阳江与江门的交界海域。

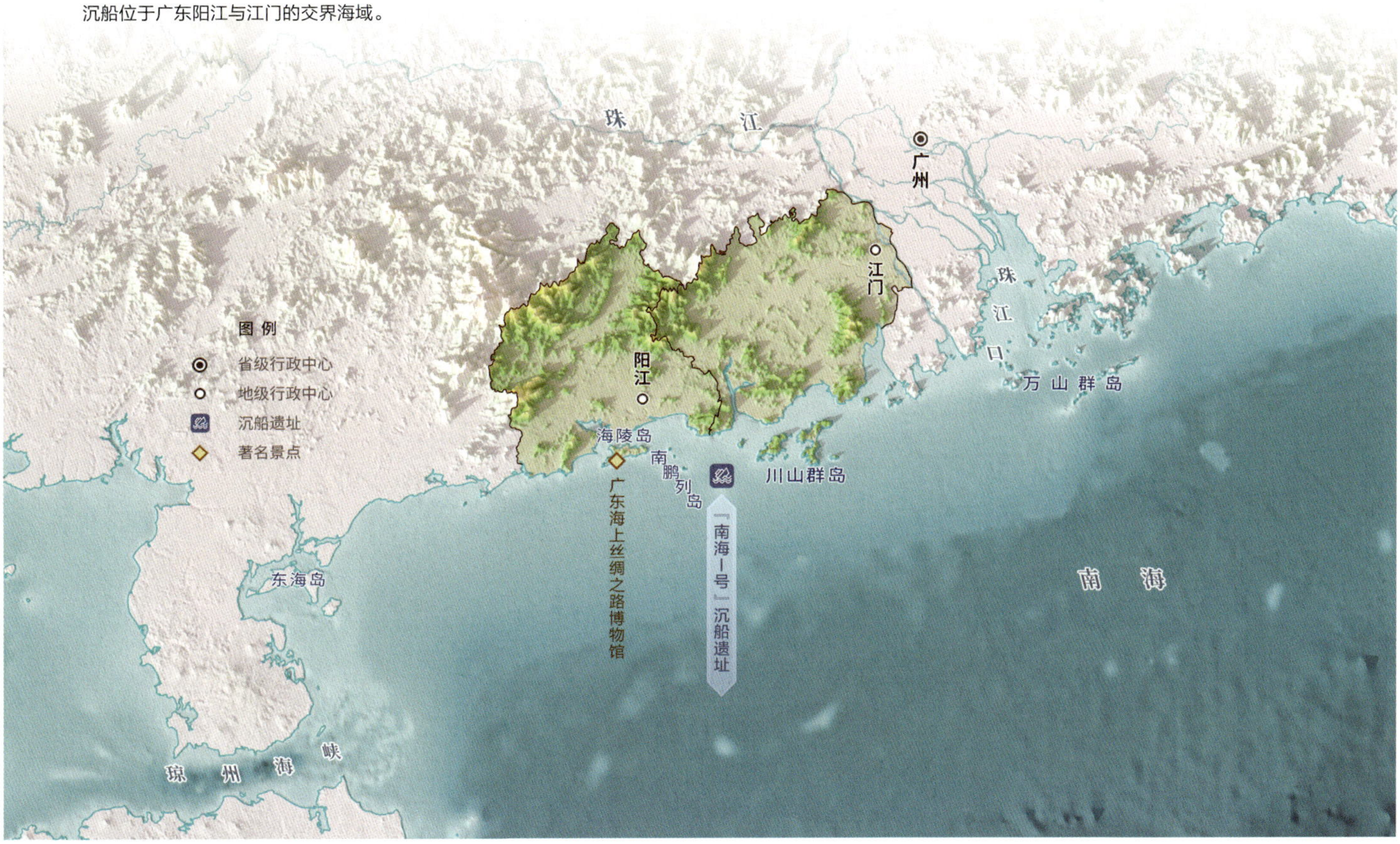

贰 官员：南宋贸易与出航审批

就快入冬了，刺桐港（今泉州港）仍是一片繁忙的景象。蜿蜒的海岸线与开阔的水域，使这里拥有诸多的深水良港。作为当时世界上最大的海外贸易港，这里会聚了来自世界各地的商人、旅行者与传教士，街头巷尾总能听见来自世界各地的声音。大大小小的船只满载瓷器与丝绸，在这里等待着出港。不出意外的话，它们将在数个月后载回数不尽的海外象牙、香料与珠宝。

随着海上交通和对外贸易的发展，商税成为政府的重要收入来源之一。自北宋开始，政府便在重要的贸易港口设置市舶司[1]，向来往的商船征收税费。宋室南迁后，陆地交通受到限制，东南沿海贸易越发繁荣，市舶司的地位与收入随之提高。

此时，城里的市舶司里，一名官员正在办理一艘商船的出海申请。他查看了船主提交的备案清单，里面详细记录了出海的船只、人员、货物及目的地信息。为了保证船上未携带朝廷规定的违禁物品，船主还找了三名当地的富商进行担保。[2]

1. 中国古代管理外国商贾、对外贸易与征收关税的机构，最早于唐朝在广州设立（名为市舶使）。到两宋时期，随着海外贸易的发展，沿海的重要贸易港口相继设置了多个市舶司。
2. 宋朝苏轼在奏文《乞禁商旅过外国状》里写道：“诸商贾许由海道往外蕃兴贩，并具人船物货名数所诣去处，申所在州，仍召本土有物力户三人，委保物货内不夹带兵器。”

两宋市舶司分布示意
部分市舶司的设立时间尚存争议，本图仅作示意。

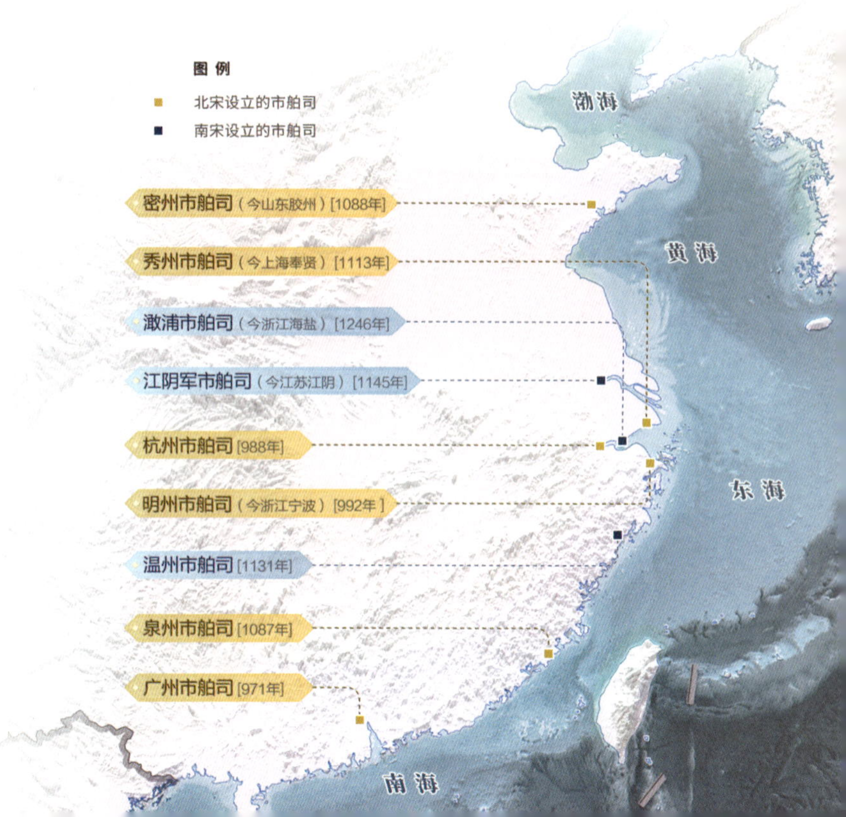

看在这艘船手续齐全、船主也已登记纳税的份儿上，官员没有过多检查，很快就签发了公凭，他期待着将要举行的祈风仪式。根据当地传统，每年的冬季，官员们会在港口欢送船只出海。随后他们会登上附近的九日山，将出航信息刻在山石之上，祈祷船员们的出航一切顺利。到了来年的夏季，他们会再次举办仪式，期盼船员们平安归来。

按照规定，从海外归来的商船要回到始发港以缴纳高额的税赋，征收税额的多少也会成为官员重要的考核指标。不过这位官员或许要失望了，因为他再也不会等到这艘船回港。

下图　泉州天后宫与德济门遗址 / 摄影 李文博

德济门是南宋、元朝泉州城的南门，背靠天后宫，南临晋江，地处蕃商来华上岸之处，见证了泉州港海洋贸易的熙来攘往。

a 德济门遗址
b 天后宫

泉州九日山石刻 / 摄影 周先丽

宋元时，人们会在冬夏季风到来之时登山祈风，保佑远洋舟船顺风而行。

叁 富商：船上的货物

从市舶司出来后，商人终于松了一口气。多年的打拼，加上对经商的热爱及优异的经商头脑，让他拥有了一艘属于自己的商船。[1] 不过在刺桐城，像他这样的商人不在少数，其中相当一部分来自国外。

如果经商有功，他们甚至能被朝廷封官。商人暗自梦想着有朝一日能因此被封官，正准备将一船的陶瓷销往阿拉伯地区。便宜又实用的陶瓷在海外大受欢迎，加上宋朝政府的大力支持，使得中国几乎垄断了当时世界上的瓷器贸易。

在海外狂热的瓷器需求下，东南沿海地区出现了大量以外销瓷 [2] 为主的窑场。一艘又一艘载满瓷器的商船驶向海外，换回价格昂贵的香料与珍宝，商人两头都能赚得暴利。

富商特地在出发地附近的窑场采购大批瓷器，虽然这些瓷器的质量参差不一，但外销瓷向来都是以量取胜，物美价廉的瓷器从来不愁销路，一到目的地便会售罄。除此之外，商人还特地根据国外的纹饰风格定制了一批瓷器和饰品，这些货物将会被高价卖出。

1. 重要宋朝史书《宋会要》记载："漳、泉、福、兴化，凡濒海之民所造舟船，乃自备财力，兴贩牟利而已。"
2. 中国古代通过贸易形式销往国外或有海外商人来样定制的瓷器。

"南海 Ⅰ 号"主要出水瓷器窑口分布图

船上所装瓷器绝大部分来自福建、浙江和江西，因此考古学家推测这艘船很可能是从泉州港出发的。

下左上图　南宋景德镇窑青白釉印叶脉纹花口盘 / 摄影 张林
“南海 I 号”出水，中国国家博物馆藏。

下左下图　南宋龙泉窑青釉菊瓣纹盘 / 摄影 王长春
“南海 I 号”出水，中国国家博物馆藏。

下右上图　南宋景德镇窑青白釉菊瓣纹印花盏 / 摄影 王长春
“南海 I 号”出水，中国国家博物馆藏。

下右下图　南宋龙泉窑青釉敛口钵 / 摄影 张林
“南海 I 号”出水，中国国家博物馆藏。

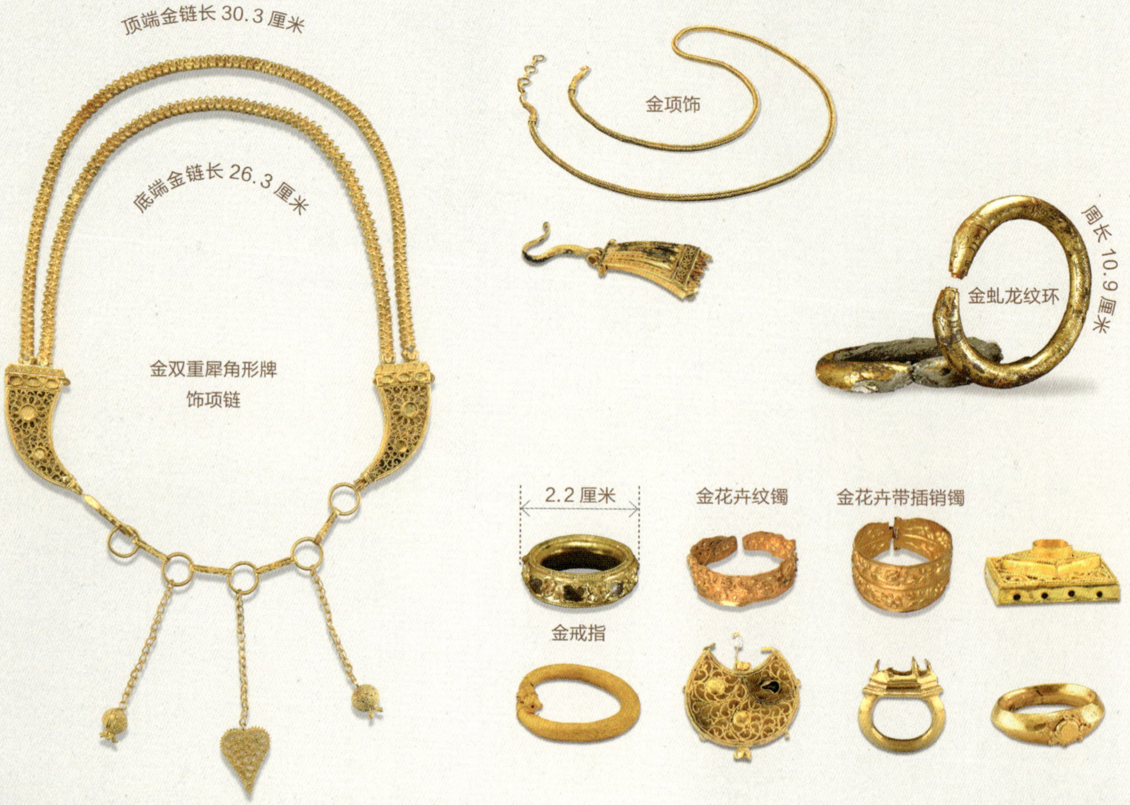

宋太宗
太平通宝

宋真宗
咸平元宝

宋真宗
景德元宝

宋英宗
治平元宝

宋神宗
熙宁元宝

宋哲宗
绍圣元宝

宋徽宗
大观通宝

宋徽宗
宣和通宝

船上的货物除了十几万件瓷器，还有丝绸、铁器、竹木漆器等，大部分都是贩卖的商品。不过富商绝对不会告诉市舶司的是，他还在船上偷偷藏了其他“商品”。

繁盛的对外贸易，让铜钱成为海外交易中的硬通货，其在国外的购买力远超国内，宋人文集《敝帚稿略》里就记载道：“每是一贯之数，可以易番货百贯之物，百贯之数，可以易番货千贯之物。”

钱币的大量外流，造成了国内的“钱荒”，《宋史》记载：“然金银铜铁，海舶飞运，所失良多，而铜钱之泄尤甚。”因此，政府屡次下令，严禁船商携带铜钱出海，违者不仅会被没收全部货物，更会被判重罪。

但在巨大的利益面前，商人不惜铤而走险，他的船上携带了价值巨大的铜钱与铜料。虽然不知商人是以何种方式瞒过了市舶司的审查，不过这些额外的船货并未被发现。瞒天过海的商人做着在异国发财的美梦，却全然不知真正的灾难在前面等着他。

左页上图 “南海Ⅰ号”出水的金饰 / 摄影 余志鹏 · 广东海上丝绸之路博物馆、张林
“南海Ⅰ号”共出水 180 余件金饰，其中一些金饰具有异域风格，有说法认为这些金饰品属于船上的阿拉伯商人。

左页下图 “南海Ⅰ号”出水的部分北宋铜钱 / 摄影 冯东伟、冯荣彬 · 广东海上丝绸之路博物馆
“南海Ⅰ号”共出水超过 15000 枚铜钱，目前发现的铜钱大部分是北宋时期的，有部分为南宋时期钱币，另外还有新莽、五代时期的货币。

肆 舟师：船体结构、航海技术与航线

港口刮来凛冽的东北风，舟师远眺大海，虽然眼前的海面看似平静，但自幼生活在海边的他深知海风与暗流的变幻无常。按照以往的经验，商船将会在秋冬季节乘着北风出航，并在来年的夏初顺着南来的海风回国。[1]

他所在的这艘船，是泉州地区常见的“福船”。福船特殊的构造，使其适于长时间在复杂的天气下远洋航行。突出的船底，增加了吃水深度。宽厚的船体，虽然减缓了船速，但大大增强了稳定性。船舱之间彼此密封独立，即使船底被礁石撞破损坏，船舱也不会被海水整个淹没。船体使用多重木板搭接，厚实的层板之间用麻絮和油灰填满，还使用榫头和铆钉进行加固。

船上的每个人都有自己的任务，作为舟师，他的地位仅次于管理者。船上百余人的性命，都掌握在他的手中。因为他负责的是海上航行的核心环节——航向。此行的目的地远在西亚，他计划沿着唐朝以来的航线前行，途中会在东南亚和印度稍作停留，最终到达阿拉伯地区。

为了准确判断航线，在白天，他会参照航海笔记，对比沿途的岛屿及太阳的位置。到了晚上，他会使用牵星板和量天尺，丈量星辰的高度。当天气不好、遇到浓雾时，他就只能依靠指南针辨别方向。

船只启航在即，看着甲板上的重物和满舱的船货，舟师心中隐隐有些不安。纵使船只稳固，过重的船体和过高的重心，都会加剧翻船的危险性。不过，这在当时是普遍现象，他只能默默祈祷，希望妈祖保佑，让这次的航行避开风浪。

1. 古代船只在海上航行都是依靠风力，“南海Ⅰ号”应该是在冬季从我国东南沿海出发，顺着东北季风向东南亚方向航行的。

a 泉州后渚港宋朝沉船 / 摄影 刘培冲

这是一艘由海外返航的古代远洋海船，发掘于 1974 年，有 13 个水密隔舱，现陈列于开元寺内泉州湾古船陈列馆。

b 指南针与罗盘 / 摄影 张林

中国国家博物馆藏。指南针为北宋水法指南针模型，罗盘为明朝象牙二十八宿罗盘。

c 牵星板及其使用原理示意 / 摄影 姚璐

泉州海外交通史博物馆藏。牵星板一共有 12 块正方形木板，可以通过比对测出所在地星辰距离水平面的高度，北极星离水平面越近，意味着船只离南海周边诸国也就越近。

b

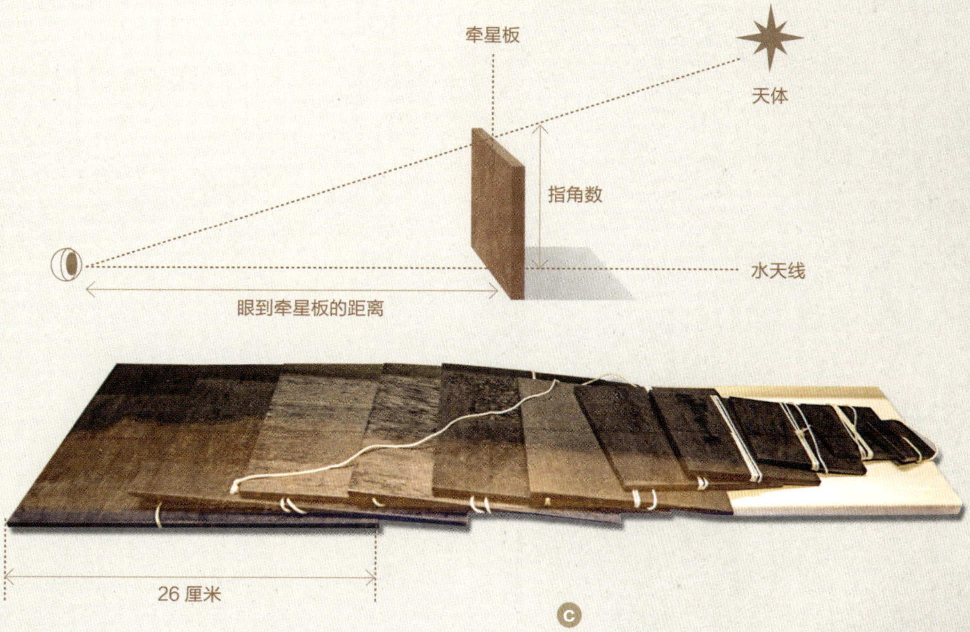

c

“南海Ⅰ号”复原图

“南海Ⅰ号”是南宋时期以瓷器运输为主的远洋贸易商船。从船所属的类型来看，“南海Ⅰ号”为泉州地区常见的福船，安全系数高，耐波性好且装货量大，适用于远程航行。关于其沉船的原因，考古团队推测是船只特殊的装载方式和强烈的冬季风共同引起的，目前尚未有定论。

不同高度重心

船的重心高低决定其稳定性和摇摆周期，重心低则稳定性强，但摇摆周期长；重心高则摇摆周期短，但稳定性差。

船员分工

水密隔舱复原示意

隔舱板直接连接龙骨，船舱之间彼此密封独立。即便某个舱室损坏漏水，也不会波及其他舱室。

注：本图仅对当时的行船场景做想象性复原，为方便看清货物，做了放大处理。

▼中国冬季风风向示意
高气压
西
北
季
风
东
北
季
风
北回归线
赤道
季风
据学者推测，“南海Ⅰ号”应该是在冬季从东南沿海出发，顺着西北季风向东南亚方向航行的。冬季风强劲时会有沉船的危险。
尾桅
用牵星板测量星辰的高度来判断航线与距离
通过旋转舵来控制方向
铜钱
黄金
升降舵
“南海Ⅰ号”采用上重下轻的装载方式，将铁器装载于船舱上层，瓷器装载于船舱下层，以此减缓船的摇摆周期，确保送达瓷器的完整率，但也增加了行船危险性。
吃水深度
“南海Ⅰ号”的船底呈V字，可以增加吃水深度，减缓船速，增加行船稳定性。

“南海Ⅰ号”船舱局部/供图 广东海上丝绸之路博物馆

『南海Ⅰ号』共有15个船舱，每个船舱都满载各式各样的货物。

伍 水手：船上的生活与最后的沉没

正值出航的季节，码头上到处都是招工的船队，水手没怎么费力就找到了一份活儿。

他要上的这艘船规模中等偏上，能容纳两百人左右。宋朝记载南宋都城杭州风貌的《梦粱录》里记有当时船只的大小情况："（船只）大者五千料，可载五六百人。中等二千料至一千料，亦可载二三百人。"[1] 跟大部分在船上干活的人一样，这名水手的工钱少得可怜。不过这些水手都会做点小生意，他们会在出航前自掏腰包，购买一批瓷器，等到国外卖掉这批货物后赚的钱便是自己的额外收益。

水手和他的同伴们需要在出航前往船上搬运货物，大部分都是易碎的瓷器，为此需要格外小心。他将瓷碗和瓷盘叠成一摞摞，瓷瓶被首尾相对地搭在一起，器物之间用草叶或秸秆垫着，外面再用薄木板和竹条捆扎起来。为了尽可能地利用空间，大的瓷罐内会装着小瓷盒或瓷盖，每一摞器物间的缝隙也被塞满了各种小件瓷器。船上还载有上百吨的铁器，他将铁器用藤条捆好，均匀地压在其他货物之上。

船上的两百来号人，根据职位的高低，都携带了大大小小的货物。为了彼此区分，瓷器的底部会写上货主的姓名，并在货物上挂上木牌标识。由于不愁销路，大家都拼了命地多装多带，而这次的货物似乎比以往的还要多。很快，船舱就被塞得满满当当。

1. "料"是宋朝船只常用的大小单位，在概念上相当于今天的船舶排水量。

"南海Ⅰ号"上的南宋德化窑青白釉印花四系罐 / 摄影 冯东伟 · 广东海上丝绸之路博物馆、李咸良
其内套有小瓷瓶，可以想见，当年为在有限空间内装载更多货物，船上的水手花了不少心思。

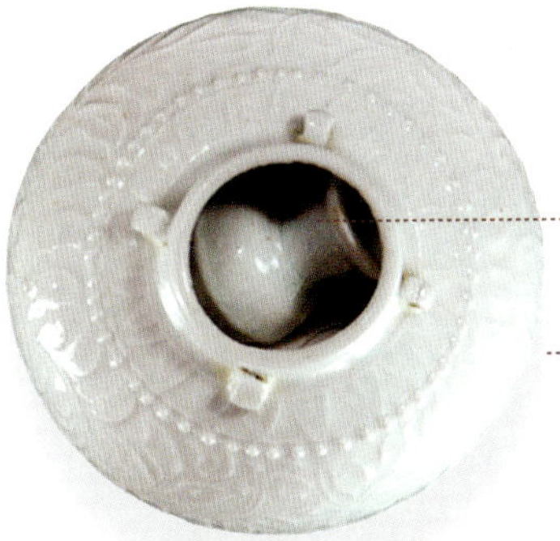

船已在海上航行了一阵子，到傍晚时，水手已经饿得前胸贴后背，好在开饭的声音传来了。在漫长的海上航行中，除了必不可少的淡水，船员们还会自己酿点酒。此外，他们也会带上不少腌制品、坚果，以及羊、鸡、鹅一类的活物，这些家畜与家禽能为船员提供蛋和奶。闲时，他们也会捞点鱼上来。水手们一边喝着酒，一边聊着天，畅想着如何在国外大赚一笔。

酒足饭饱之后，船上的人们回到了各自休息的地方，只有富商和高级船工才能住在甲板上的艉舱。像他这样的普通水手，只能挤在甲板下狭小的货舱中，在货物上垫块木板凑合着躺下。宋朝笔记《萍洲可谈》中记载了当时海上船只上的情形：“舶船深阔各数十丈，商人分占贮货，人得数尺许，下以贮货，夜卧其上。”

出发已有几天，海上的生活是枯燥的，不少人带了象棋和骰子，一群人围坐在船舱里，伴着风浪声高谈阔论。当游戏进行正酣时，船只突然反常地剧烈摇晃起来。水手赶忙跑到甲板之上，夹杂着海水的狂风险些将他吹倒。今晚的海风十分狂烈，近400吨的船只在肆虐的海浪面前如同一叶孤舟，摇摆不定。每一次巨浪袭来，都仿佛要将它吞下。海况越发恶劣，在舟师和水手长的指挥下，水手们急忙调整桅杆，丢弃甲板上的重物，但一切为时已晚。超重的船体，以及压在船舱瓷器上部和甲板上的上百吨铁器，让船只根本无法承受强烈的风浪。

纵使船员们的航海技术再高超，也无力抵抗自然的狂暴。在连续的浪涌中，这艘船很快消失在海面上，水手绝望地落入海中，冬季冰冷的海水很快让他失去知觉。再也无法实现财富梦想的水手，同那些贵重的船货一起被埋葬在了黑暗的海底。

这一沉，就是 800 余年!

泉州石狮祥芝开渔节渔船 / 摄影 张俊

以海为生的人，虽然能从海洋中获取资源、谋求生计，但常年的海上风波，也让他们面临各种风险。

陆 再现:“南海Ⅰ号”打捞与考古发掘

时间再次来到 1987 年,在发现沉船之后,它被起名为“南海Ⅰ号”。

简单的名字,寄托了中国考古人对于海洋之下无限可能性的期盼。但当时的中国水下考古工作才刚刚起步,面对资金与技术的限制,发掘计划只能被暂时搁置。以此为契机,中国开始培养一支属于自己的水下考古队伍,考古队员们穿上潜水服,开始接受艰苦的训练。

十余年后,对“南海Ⅰ号”的正式考古调查开始了。但考古队员们面临着又一个难题,浑浊的泥沙与昏暗的光线,致使海底的能见度极低,考古工作只能“摸黑”进行,极大地阻碍了考古调查工作的推进。对此,专家们想出了一条解决方案,那就是整体打捞。

这是一次史无前例的打捞计划,涉及多个学科和专业领域,整个工程历时 264 天,调用了 21 艘大型船舶,潜水员下水 3016 次,潜水时间共计 198000 分钟。

终于，2007 年 12 月 22 日，随着亚洲第一吊船 ——“华天龙号”巨臂的上扬，满载宝物的沉箱缓缓升起在海面之上。在海底沉睡了 800 多年后，“南海 I 号”再次回到世人眼中。

随后，“南海 I 号”被运往不远处的海陵岛，那里有一座专门为它修建的博物馆 ——广东海上丝绸之路博物馆。在那里，伴随着观众的目光，“南海 I 号”将接受最为细致的考古发掘。

广东海上丝绸之路博物馆 / 摄影 陈碧信

博物馆在广东阳江市海陵岛之上，“南海 I 号”整体打捞上岸后，就保存于广东海上丝绸之路博物馆，该博物馆以研究和展示“南海 I 号”沉船及其文物为主。

“南海Ⅰ号”整体打捞过程

2007年，沉睡了800多年的“南海Ⅰ号”成功出水。考古人员采用了“整体打捞”的方案，即用特制的沉箱套在“南海Ⅰ号”整个船体和周围的淤泥上，再将沉箱底部封住，用起重船起吊出水，之后再移送到广东海上丝绸之路博物馆进行异地保护。这种特殊的打捞方式为我国首创，是我国乃至世界水下考古历史的重大突破。

“南海Ⅰ号”发现史

1980 1990 2000

1986年
英国海上探险和救捞公司联合广州救捞局(后分拆为打捞局和救助局)开展打捞工作。

1987年
联合打捞队伍在广东阳江海域发现了一条沉船，但它并非“莱茵堡号”。

1989年
中方与日本水下考古队合作，对这艘沉船进行探查，后将之命名为“南海Ⅰ号”。

2001–2004 年
“南海Ⅰ号”水下考古队成立，先后进行了7次水下调查。

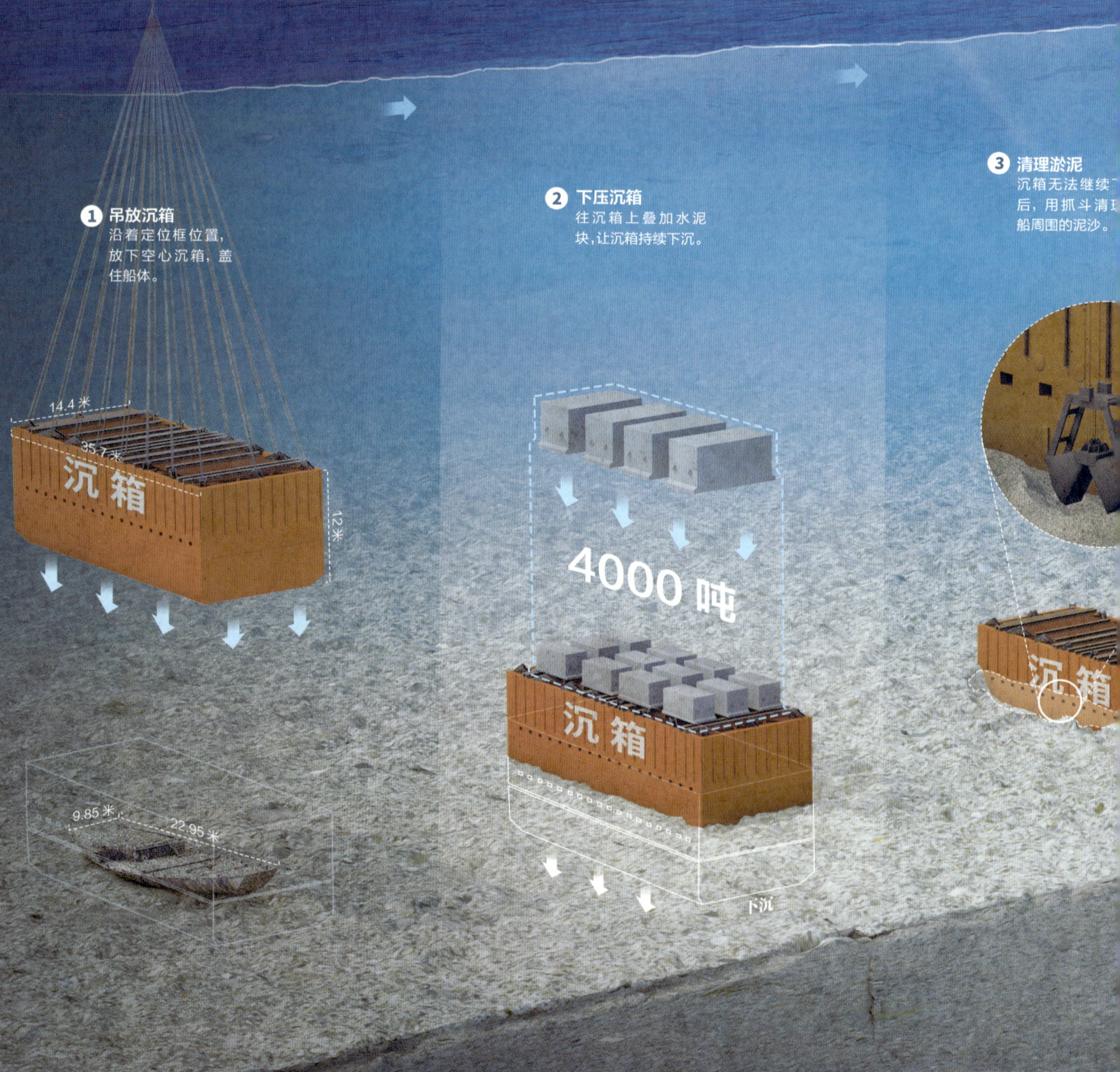

注：场景仅作示意。

2010
2020
04 年
南海 I 号”整体打
方案确定。2007
“南海 I 号”整
打捞出水。
2013 年底
“南海 I 号”沉船的全
面考古发掘启动。
2021年
入选中国“百年百大
考古发现”榜单。
6 起吊沉箱
用驳船承接并上顶沉箱，通过排水使沉箱完全浮出水面。
沉箱
4 插入托底梁
左右各用18根钢梁，交错穿过沉箱中部的孔洞，作为沉箱上部的托底。
切割
上下沉箱连接板
沉箱
5 分离沉箱
割除沉箱上下部分的连接板，用起重船起吊沉箱上部。
打捞完整流程
凝结物
信标
信标
信标
信标
华天龙号
驳船
博物馆
清理凝结物
水下定位
打捞沉船
拉移沉箱
进驻博物馆

截至 2016 年，“南海Ⅰ号”上发现的文物包括：17 万余件陶瓷器、120 余吨铁器、180 件金器、15000 余枚铜钱、260 余件金银货币，还有竹木漆器、铜锡器、丝绸痕迹等。

从 1987 年被发现，到 2007 年被打捞上岸，再到 2019 年基本完成发掘，“南海Ⅰ号”的考古工作前后共花费了 32 年。

在这三十余年间，中国水下考古从无到有，由弱变强，从“望洋兴叹”到“敢为天下先”。在这背后，是许多中国考古人日夜不断的付出。

右图　广东海上丝绸之路博物馆内的考古发掘现场 / 摄影 杨睿
其中采集的考古数据可以精确到毫米。

右页上图　广东海上丝绸之路博物馆内放置“南海Ⅰ号”沉船的“水晶宫”/ 摄影 陈碧信

右页下图　广东海上丝绸之路博物馆内“南海Ⅰ号”船舱文物发掘现场 / 供图 广东海上丝绸之路博物馆

智能测绘平台

柒 尾声

宋朝虽在人们印象中“积贫积弱”[1]，但也曾有世界上最繁荣的海上航线，向世界输送来自中华的货物；也曾有一座辉煌的东方商业之城，孕育过享誉全球的商业文明。

在这样的时代，一群海上冒险者，曾带着无比的勇气，带着家人的祝福，带着国家的期许向海洋进发，可是他们没能回来，他们在冰冷的海水里等待了 800 余年。海难是写了一半的剧本，“南海 I 号”的发现将他们的故事续写，让我们得以窥见那个大航海时代下的芸芸众生。

而在这约 300 万平方千米的蓝色国土之下[2]，在这条“宝马雕车香满路”的海上丝绸之路中，又有着多少座沉船、多少个故事静静沉睡在海底，等待着我们去发现?

1. 史学大家钱穆先生在《国史大纲》中指出：“宋朝对外既如此不振，而内部又终年闹穷，而且愈闹愈凶，几乎穷得不可支持……宋之疆土民庶远不及汉唐，而国家税入远过之，此其所以愈贫而愈弱矣。”宋朝“积贫积弱”的说法随之流行开来。
2. 我国的海域总面积约 473 万平方千米。根据《联合国海洋法公约》有关规定和我国主张，我国管辖的海域面积约 300 万平方千米。

中国海域内主要沉船遗存点分布

图上画出了 14 处重要的沉船遗存点。截至 2016 年，我国共发现了 241 处水下文化遗存（不含港澳台数据），其中沉船遗址 115 处。据估计，我国海域内的沉船至少有两千艘。

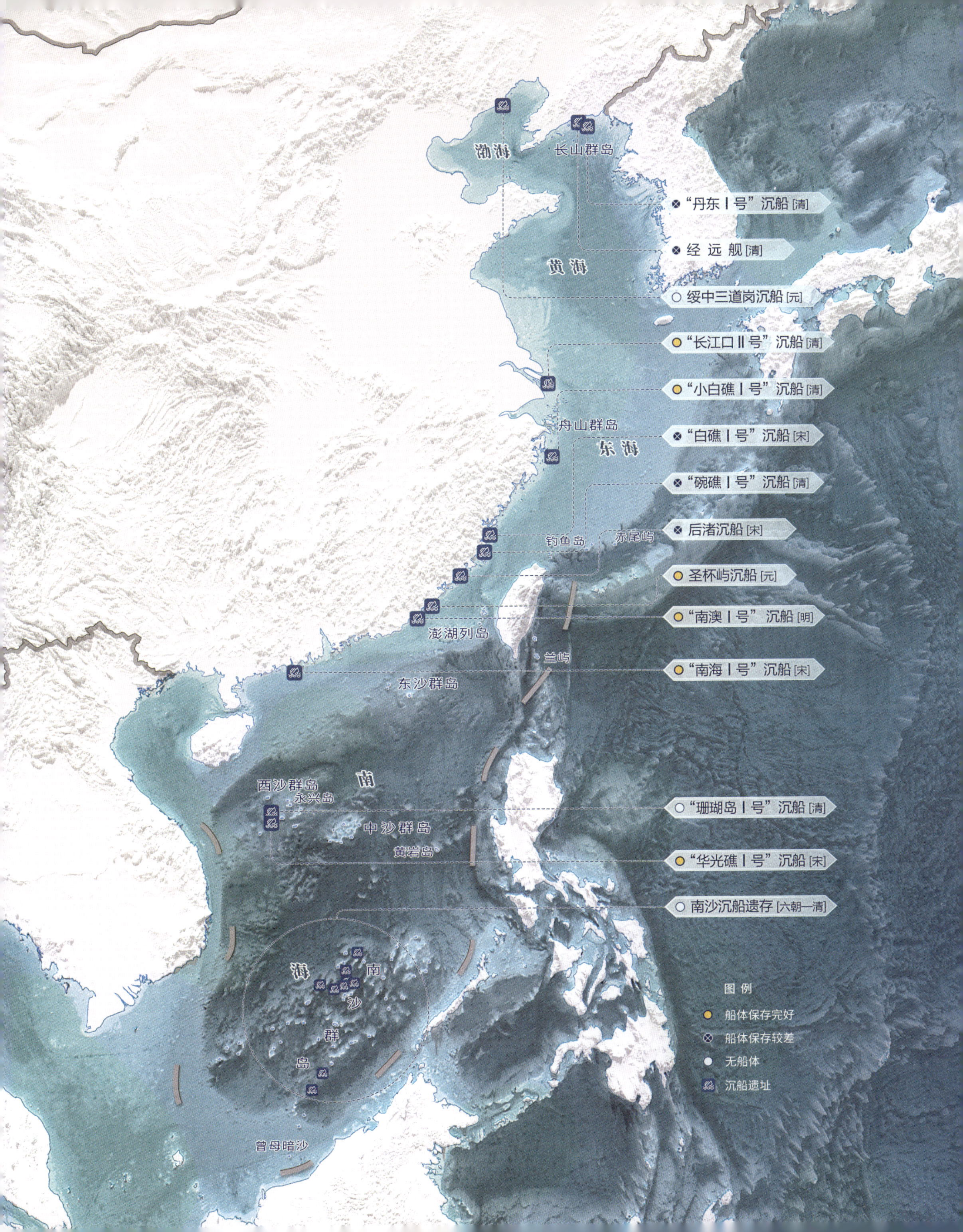
渤海
长山群岛
"丹东Ⅰ号"沉船[清]
经远舰[清]
黄海
绥中三道岗沉船[元]
"长江口Ⅱ号"沉船[清]
"小白礁Ⅰ号"沉船[清]
舟山群岛
"白礁Ⅰ号"沉船[宋]
东海
"碗礁Ⅰ号"沉船[清]
后渚沉船[宋]
钓鱼岛
赤尾屿
圣杯屿沉船[元]
"南澳Ⅰ号"沉船[明]
澎湖列岛
兰屿
"南海Ⅰ号"沉船[宋]
东沙群岛
西沙群岛
永兴岛
南
"珊瑚岛Ⅰ号"沉船[清]
中沙群岛
黄岩岛
"华光礁Ⅰ号"沉船[宋]
南沙沉船遗存[六朝—清]
海
南沙群岛
曾母暗沙
图例
船体保存完好
船体保存较差
无船体
沉船遗址

4

沧海遗珍

创造，

一部华夏文明史诗，
是一部聚合、融合发展史，
也是一部物质文明创造史。
华夏文明的历程，
更是一代代中国人一砖一瓦的创造。
因为这些创造，
我们才成了我们。
今天，它们如沧海遗珍，
散落中华各地，等待我们去发现，去记录，去见证。

4.1 民居

200 亿中国人的家

中国，山脉展布，江河纵横。

这是一片广袤的土地，
可以容纳约 419 万平方千米的山地[1]，
也可以容纳长度超过 655 万千米的江河[2]，
还可以容纳数万年来
在这片土地上繁衍生息的 200 亿中国人[3]。

我们的祖先、父母、爱人和孩子，
无一不在这里迎来新生，
无一不在这里归于尘土，生生死死，悲悲喜喜。

1. 山地是中国四大基本地貌类型之一，据《第一次全国地理国情普查公报》，山地面积占全国陆地面积约 43.65%。
2. 据《第一次全国地理国情普查公报》，全国单条长度 500 米以上的河流总长度为 655.16 万千米。
3. 据美国学者卡尔·郝伯（Carl Haub）的估算，地球有史以来总计诞生过 1080 亿个智人，我们根据现在中国人口占世界人口的比例推算得出：中国有史以来共诞生过 200 亿人口，该数据并非准确数据，仅供参考。

有文字记载以来，在中国这片土地之上，559 位帝王你方唱罢我登场，2000 余次较大战争致使生灵涂炭、民不聊生，5258 次天灾或赤地千里，或洪水滔天。[1] 历史上，中国人的苦难实在太多，以至于我们在很多时候，只求一个可以庇护安全和乐享天伦的“家”。[2]

1. 根据《中国历代战争年表》的不完全统计，自五千年以来，我国有文字记载的较大战争达 2000 余起。
2. 在甲骨文里，“家”的字形是在屋里养着一头猪。对古人而言，猪可以作为食物，因此屋内养猪便成了代表稳定与安全的“家”的文字符号。

我们在这片土地上开枝散叶、建设家园，其种类之丰富，样式之繁多，令人叹为观止。因为有多少中国人，就有多少种中国人的家园。

福建龙岩客家土楼喜宴 / 摄影 张炜

在客家土楼里，人们聚族而居。聚居在土楼里的人有父母、兄弟、叔侄、妯娌、婆媳等关系，多代同堂，有共同的祖辈，一同面对生活的风风雨雨与欢欢喜喜。

壹 北方家园

数万年前，一批智人踏上了中国的土地，他们力量弱小，认知有限，只能以天然洞穴为容身之所，这可能是中国人最早的家园。

然而，天然洞穴或大或小，或深或浅，并不能让人称心如意。更关键的是，它的数量有限。随着人口加速繁衍，人们不得不寻找新的居所。

一万年前，黄土高原上一位敢于追逐梦想的人类祖先，决心用双手打造真正适合自己的家园。他利用粗笨的石制工具，在土层深厚的断崖上日复一日地挖掘，终于开凿出一个足以栖身的洞穴。中国最早的人造家园之一——窑洞诞生了。

黄土高原断崖众多，一个人、一把简易工具，便可挖土成洞。初期可先从一个洞挖起，待条件成熟，再在附近挖掘新洞，众多窑洞依山就势，高下叠置，有如现代楼房。窑洞历经数代、数十代人不断扩展，占据整个山崖，形成壮观的窑洞建筑群。它可以是一个窑洞庄园，滋养人丁兴旺的大家族；也可以是一个窑洞城市，容纳三教九流、上万居民。

窑洞不仅可以在山崖上挖掘，还可以从地面向下挖掘，形成深达 7 ~ 8 米、边长 15 米左右的方形地坑，是为地坑院。地坑院纵横排列，从空中俯瞰，如同安装在大地上的一扇扇天窗。

生活在黄土高原的中国人，面朝黄土背朝天，外有猛兽、冻馁之患，窑洞内却是冬暖夏凉、安全舒适，一家人、数孔窑洞，足以小康。不过，窑洞的建造受制于地形地质条件，在黄土高原之外并不适用。

左页上图　陕北黄土高原上的窑洞村落 / 摄影　任世明

左页下图　陕西省咸阳市三原县地坑院 / 摄影　王警
地坑院是在平整的黄土地上，先挖出方形深坑，再向四周开凿窑洞，其中留一孔作为门洞，设斜坡通道升至地面。

窑洞：如何居住在黄土中？

窑洞是中国黄土高原地区极具特色的民居形式。由于黄土高原木材紧缺，而黄土资源丰厚且具有良好的保温性，直立性好，于是人们因地制宜、就地取材，利用远古时期“穴居”“半穴居”的形式，在黄土中挖凿，建造起了窑洞。

注：人们会根据不同类型、不同地势的黄土地貌，因地制宜，建造不同形式的窑洞。此处为便于对比不同类型窑洞，仅为示意，非窑洞真实建造的地形或地势。

▸ 中国窑洞区划分示意

▾ 常见的几种黄土窑洞的立面造型形式图示

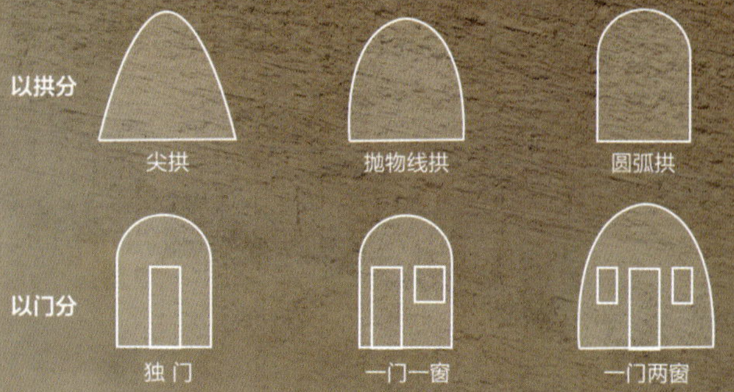

靠崖式窑洞

顾名思义就是依山所建，一般为靠着山坡、沟崖开挖的窑洞。根据所分布的位置不同，还可分为靠山式和沿沟式。靠山式窑洞主要分布在山坡、黄土塬边缘地区，沿沟式窑洞主要分布在冲沟地区两岸（图上所示主要为靠山式窑洞）。

▼下沉式窑洞的出入口形式

直通式　斜坡式　通道式

下沉式窑洞

下沉式窑洞是指从平面向下挖出的窑洞，其深度一般在6~7米。在修建时，人们一般先向下挖出约9×9米的方形大坑，然后在四周垂直的坑壁上开凿出适合的窑洞。窑顶平地可作为人们打场、晒粮的场地。

4000 年前的华北平原上，青年男女们开始利用夯土和木材在地面上建造房屋，组建起自己的小家庭。他们不但拥有自己的独立居所，还与父母、子女的居所围合在一起，形成大家庭共同居住的**合院式住宅**。

三座房屋围合的民宅称为三合院，四座房屋围合则称为四合院。围合出一个庭院称为一进，围合出两个庭院则称为两进，以此类推。二合院、三合院，乃至最经典的四合院，都在此后孕育而生。

人烟辐辏、官僚众多的都城率先形成了合院式住宅的形制标准，一座经典的北京四合院通常由正房、东西厢房和倒座房组成，从四面将接近正方形的庭院合围在中间。正房是一座院落中等级最高的建筑，空间宽敞，光线明亮，一般由长辈居住，体现出较高的等级和辈分。

四合院大门左边的一排房屋，因背对街巷而称为“倒座房”，是整个四合院中形制较简单的房屋，往往作为客房或由用人居住。中间的庭院，一般会摆放石桌石凳，养鱼种树，作为全家人的嬉戏之所。

民间有云：“天棚、鱼缸、石榴树，老爷、肥狗、胖丫头。”其乐融融，自成天地，便是对四合院内院最好的写照。四合院内，家庭成员、仆人、客人，依照长幼有序、男女有别、主仆分处的原则安身各处，中国人的礼制在此展现得淋漓尽致。

与平头百姓的民宅相比，富户们的院落往往增加到四进或五进，权贵或是富甲一方的商人更是拥有七进或九进的四合院，这样的大四合院习惯上被称作“大宅门”。

帝王公侯更是将数座、数十座院落串联，形成大型合院式住宅群落。极具代表性的是三跨十三进院的恭王府，作为一座清朝亲王府邸，它占地 6 万多平方米，横跨南北两个街区，屋内雕梁画栋，院中风光胜似江南。

左页图　北京大翔凤胡同四合院内 / 摄影　蒋晨明

下图　北京恭王府银安殿 / 摄影　严大卫

恭王府原为清乾隆时期权臣和珅的府邸，咸丰年间赐给恭亲王奕䜣，从此开始称为恭王府。

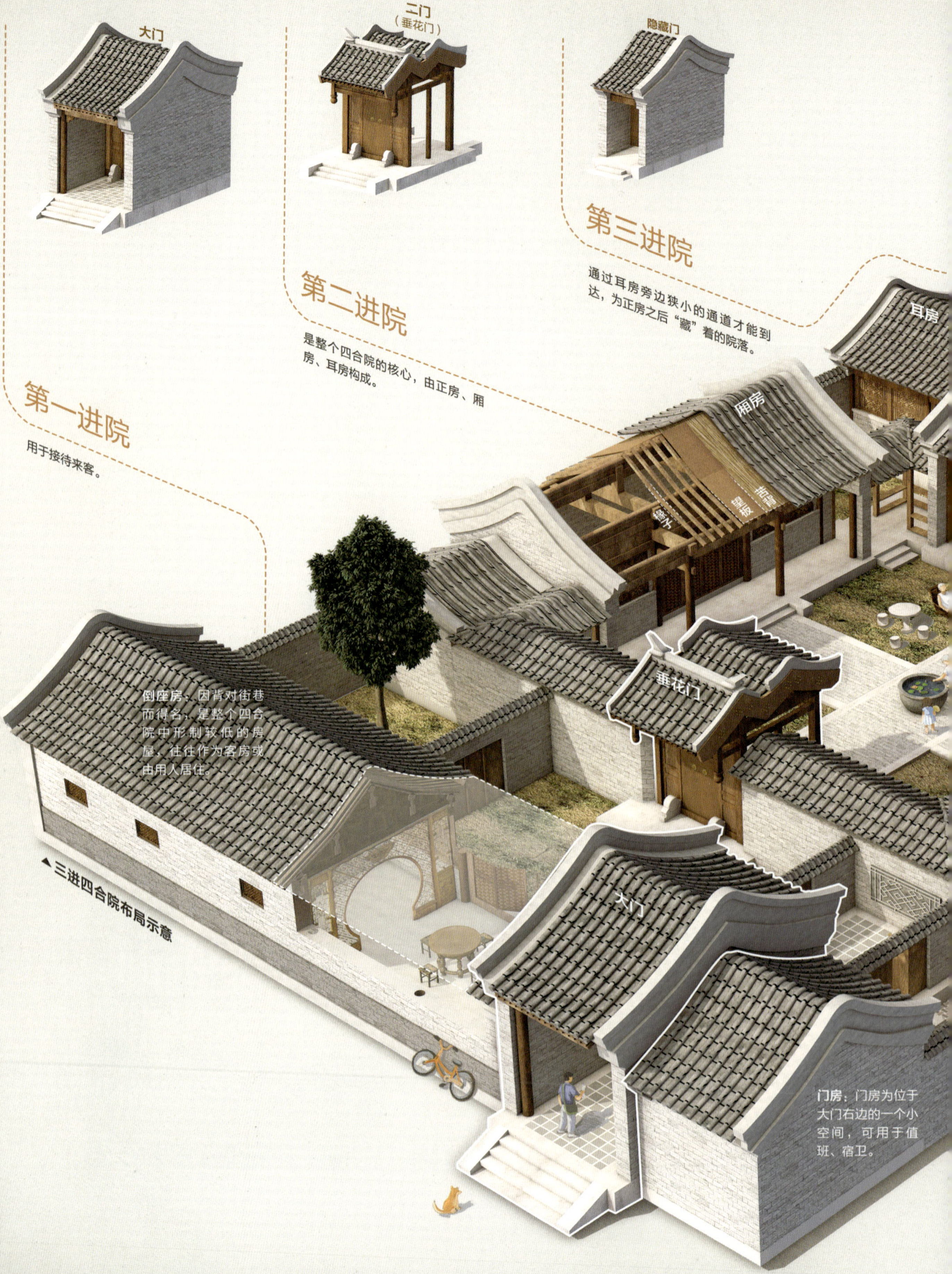
大门
二门
（垂花门）
隐藏门
第三进院
通过耳房旁边狭小的通道才能到达，为正房之后“藏”着的院落。
第二进院
是整个四合院的核心，由正房、厢房、耳房构成。
第一进院
用于接待来客。
耳房
厢房
椽子
望板
苫背
垂花门
倒座房：因背对街巷而得名，是整个四合院中形制较低的房屋，往往作为客房或由用人居住。
大门
门房：门房为位于大门右边的一个小空间，可用于值班、宿卫。

▲三进四合院布局示意

北京四合院
庭院深深深几许?

人烟辐辏、官僚众多的京城，最先出现了标准的四合院。父母、子女、仆人、客人，在一个个院落中各安其所。这些院落会随着家族繁衍，无限“生长”。

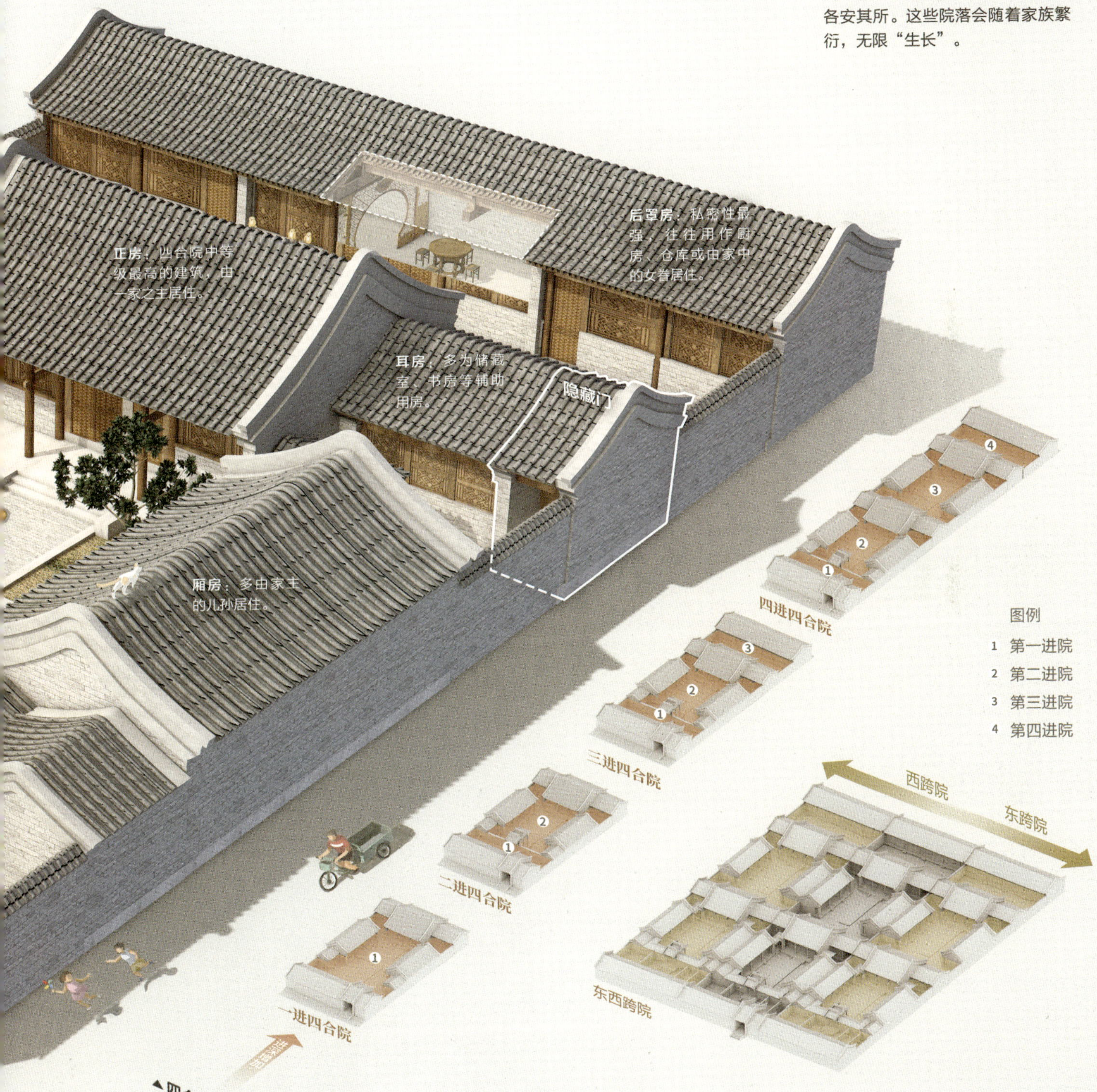

▲四合院“生长”示意

合院式住宅组合灵活，私密性强，甫一出现便从华北平原向全国扩散。在陕西关中，由于人口稠密、用地紧张，人们便缩小了庭院规模，将方正的四合院改造成竖长的窄院。

山西人同样喜爱窄院，不同的是，善于经营的晋商有钱有势，他们耗费巨资，将多个窄院拼装成一座豪宅，从榆次、祁县、太谷、平遥到灵石，乔家大院、李家大院、王家大院、曹家大院等层出不穷。

在山西阳城，明清时期的官宦大族为抵御流寇，将院落修建得像皇城一样。他们先后建起内城和外城，里面分布着 7 层 30 多米高的河山楼，5 层 125 间的藏兵洞，以及 16 座大小院落，布局紧凑，犹如一座巨型城堡。

这是北方家园的美好时代，而当我们将目光转向南方，会看到南方将创造更为丰富的家园类型。

右页上左图　祁县乔家大院 / 摄影 李文博
乔家大院是清朝晋商乔氏家族的宅院，始建于清乾隆年间，到民国时期形成现在的规模、布局。整座院落分为 6 个大院，内套 20 个小院，布局宏大、规整、紧凑。

右页上右图　晋城皇城相府 / 摄影 李平安
皇城相府是清朝康熙年间文渊阁大学士陈廷敬所修的宅邸。建筑依山就势，鳞次栉比，是一组明清城堡式官宅建筑群。

右页下左图　晋中王家大院 / 摄影 石耀臣
王家大院是灵石望族静升王氏在清康熙至嘉庆年间修建的住宅建筑群，规模宏大，依山而建，留下一众大小院落，堪称明清民居建筑的典范，见证了一个晋商家族的起起落落。

右页下右图　晋中曹家大院 / 摄影 田卓然
曹家大院原是太谷县晋商巨富北恍曹家的一处宅院，现在保存着明、清、民国三个时期的建筑。

曹
曹

二宜楼单个居住单元结构示意

贰 南方民居

中国历史上，北方地区由于动荡、战乱，先后有过三次大规模的人口南迁，分别发生在魏晋南北朝时期、唐朝安史之乱之后和宋朝靖康之难之后。北方人为躲避战乱大批逃到南方，在南方不同的区域逐渐分化，形成各具特色、相对独立的五大族群，是为南方五大民系。[1]

一花开五叶，五大民系因地制宜，各自营建出独具特色的家园。

客家民系集中于广东、福建、江西三省山区，他们从北方迁入，又居深山，既要防御外敌，又要抵御山中猛兽。于是同族同宗聚居起来，修建起各式各样的封闭式大院，即土楼，包括圆楼、围屋、围龙、围堡等。

一个个或圆或方的堡垒聚集在一起，组成了客家民系非常独特的防御式建筑群。以福建土楼为例，圆楼内部没有正房、厢房之分，也没有前院、后院之别。所有房间大小划一，不分高低贵贱。它们都朝向一个中心，即位于中央的祖堂，正是共同的祖先让他们凝聚在了一起，共生共死，共荣共辱。任凭楼外阳光风雨，楼内皆可舞狮游龙，彰显一派人间烟火。

1. 20 世纪 30 年代初，历史学家罗香林在研究客家问题时，首先用“民系”的概念来称呼汉民族南迁的各大支系。他根据汉民族移民史和汉语方言区的划分，把南迁的汉民族分为五大民系，即越海民系（又称吴越民系）、广府民系、闽海民系（又称福佬系）、湘赣民系和客家民系（又称闽粤赣系）。

二宜单元楼分布示意

二宜楼是福建漳州华安县的一座客家土楼，建于清乾隆年间，整座土楼内外呈双环结构，最大直径有 70 多米，分为 12 个居住单元。

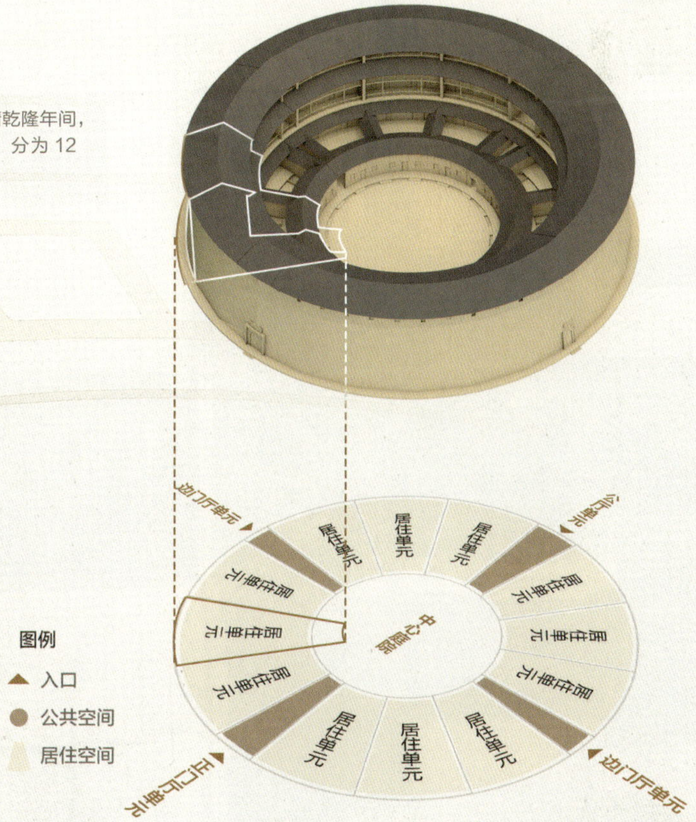

与“时刻准备战斗”的客家民系不同，吴越民系的生活环境更像是堆金积玉的温柔富贵乡，他们生活的江苏南部、浙江及古徽州，属于江南的核心区域。这里植被丰富，环境优美，气候湿润，水网纵横。

士大夫们修建起精致的园林，以彰显自己的品位。亭台楼阁、泉石花木全都聚集在方寸之间，蔚为大观。商人们则大兴奢华住宅，以炫耀乡里。他们引水绕村，穿户入宅。白墙黛瓦构建的宅院，宛若仙境。

优美的环境、富庶的生活使得这里成为接纳新移民最多的区域之一，因而人口密度极大，用地也更为紧张。人们将北方的合院式住宅再次缩小，使得四面房屋的屋顶相接，中间围成一个小天井，这样既保留了合院式住宅的私密性，又节约了用地，还加强了结构的整体性，是为天井院。

天井院四周屋顶皆向天井倾斜，下雨天时雨水顺屋顶流入其中，人称四水归堂，寓意“肥水不外流”。小型的天井院，一棵中等的树木即可撑满天井；稍大一些的天井院，所见仍不过是方寸天空。但是无论荣归故里的江南才子，还是衣锦还乡的徽州商人，都在依靠这小小的天井院，去守护他们的家人、财富。

不过这种紧凑的建筑布局，也存在明显的缺陷，即火灾风险。一屋着火，往往殃及邻院，甚至将整个村镇化为灰烬。南宋人吴自牧在《梦粱录》里就描写了当时杭州城的火灾隐患：“民居屋宇高森，接栋连檐，寸尺无空，巷陌壅塞，街道狭小，不堪其行，多为风烛之患。”

为此，人们将院落之间的墙壁加高，使其超过屋顶的高度，一旦邻院失火，高高的院墙便可将大火挡在墙外，是为封火墙。远远望去，整个村落往往只见山墙不见屋顶。于是，封火墙不但防火，还成了一道独特的景观，甚至成为江南的标志性符号之一。

不只是山墙，吴越民系住宅的色彩更加值得一提。它多数只有单调的白、黑两色，却能绝佳地融入江南的山川田野。阳春三月，油菜花盛开，大地一片金黄。简洁的徽派建筑点缀其中，如诗如画。十月入秋，藤蔓爬满高墙。丰收的农作物更是满楼晾晒，红的、黄的、白的，将家园点缀得姹紫嫣红。江南的诗意栖居，莫过于此。

左页图　歙县徽商大宅院雪景 / 摄影 方君尧

江西婺源长溪村，蓝天与秋色映衬下的徽州民居马头墙 / 摄影 朱聪

客家民系、吴越民系之外，湘赣民系、闽海民系、广府民系同样各具特色。

因历史上的江西填湖广移民活动，湖南和江西两省民居类型较多相似，两者合称“湘赣民系”。位于江西乐安县的流坑村，是一个超过万人的罕见大村落，家族兴盛，读书入仕者众多，民居亦是气势昂扬。位于湖南岳阳的张谷英村，住宅为标准的天井院，规模宏大，保存完整。

居住在福建及潮汕地区的闽海民系，山地众多，交通不便，方言复杂，民居类型也更加分散和丰富。例如闽中三明市的桂峰村，依山而建的木屋，层层叠叠，错落有致。闽南人则在泉州、厦门等地盖起鲜艳的红砖大厝，它们遍布于山间和海滨、乡村与城镇，组成了一个红色的世界。

广东东部的潮州地区居民多从福建迁入，他们的房屋山墙不似吴越民系那般高大，却也独特醒目。在广东占据主导的广府民系，其房屋山墙更加引人瞩目，形似古代烹煮牲肉的大锅之耳，因此得名镬耳墙（“镬”，意为大锅）。平视如波浪滚滚，仰观则曼妙曲折。广府民系地处“天高皇帝远”的岭南地区，其民居装饰、用色敢于僭越封建礼制，色彩明快，令人愉悦。从空中俯瞰，屋瓦排列整齐，十分规整。

客家、吴越、湘赣、闽海、广府，南方汉族五大民系的家园已是如此丰富，而我们即将看到的西南村寨更是千变万化。

左页左图　福建漳州龙海埭美古村红砖厝 / 摄影 楼晋瑜
屋脊两端翘起，为闽南民居别具特色的燕尾脊。

本页左图　广东普宁华溪村潮汕民居 / 摄影 陈冲
潮汕民居变化的厝角头（山墙）很有地域特色。根据形制，有人字形、锅耳形、波浪形等，图中是较为简洁的人字形厝角头。

本页右图　广东三水大旗头古村广府民居 / 摄影 何兆恒

叁 西南村寨

600 多年前，明朝建立，经济繁荣，社会相对稳定，是中国封建专制的巅峰。到清朝，中央政府对少数民族地区的控制力大幅增强，原来统治少数民族的土司制度被逐渐废除，改由中央政府派任流官进行管理，是为“改土归流”。新移民也正是在明清时期，大量进入以云贵川为主的西南诸省。

来自江淮地区的中央驻军及其家属，在贵州建立起半军事化的家园——屯堡。他们镇压叛乱，屯田开荒。为了防御外敌，他们的家园全部由石头垒成。一户民宅就是一座石头堡，一个村庄就是一座石头城，既可以各自为阵，又可以互相支援。其建筑、语言、服饰、婚丧习俗，也在数百年间强势地保留原籍遗风。

更多的新家园则由不断涌入的普通移民创造，样式层出不穷，如同雨后春笋，使得西南诸省堪称“各式家园博览会”。客家人在此建造了土楼，湖广移民则在此建造了合院式住宅，众多院落组合成村寨、城镇。大富大贵者则比照江南，建造起陡脊飞檐、雕梁画栋的大宅。许多汉族移民的家园还吸收了当地少数民族的建筑风格，依山建起层层叠叠的吊脚楼。

与之对应，少数民族也将汉族家园的许多元素灵活运用，创造出更加多样的家园形式。例如云南大理白族的“三坊一照壁”“四合五天井”，与汉族民居同为合院式住宅，却更加注重精美的雕刻与绘画。丽江的纳西族同样大量建造合院式住宅，在这里抬头即可望见的玉龙雪山，则是西南村寨与中原、江南的院落景致的最大不同之处。

白族典型民居布局

白族可根据财力大小、人口多少等来决定房屋的布局。主要布局形式有“三坊一照壁”“四合五天井”等。

注：“四合”一般是指内院由四坊房屋围合而成。

布局对比

“四合五天井”的布局在一定程度上是基于“三坊一照壁”的布局进行改进的，即在照壁的位置建有“一坊两耳”，其他形制与“三坊一照壁”相同。

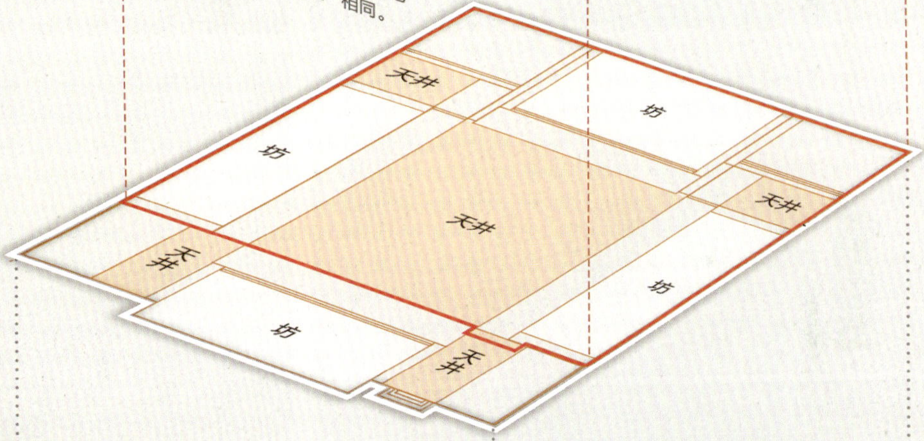

不同房屋的功能区分

照壁

起到围合院落作用的照壁，也是白族民居重要的装饰元素。照壁还是一块阳光反射板，阳光经过照壁的反射，也可以使房屋更加亮堂。

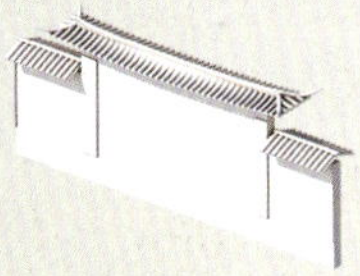

坊

“坊”一般指的是一栋两层三开间的房屋，是白族民居的基本单位。一层中间为“明间”，一般设置为客厅，作为会客的场所。一层的两侧为“次间”，一般作为卧室。二层通常用来储藏物品和粮食。

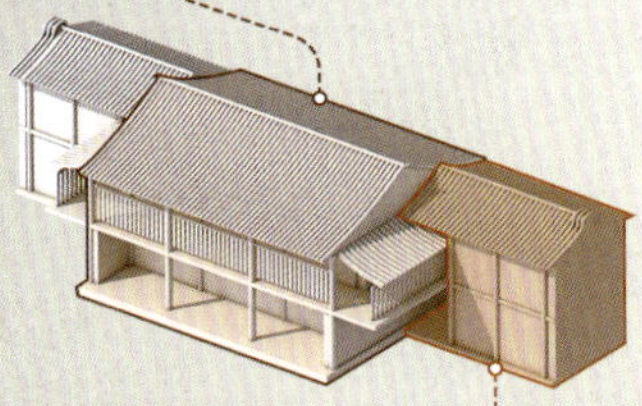

耳房（漏阁）

院落中格局较小的房屋，一般作为厨房或用于堆放杂物。

特别是在清朝，人口数量突飞猛进，乾隆初年突破 1 亿关口，乾隆中期便达到 2 亿，清朝末年则再次翻番，人口数量高达 4 亿。激增的人口使得土地资源愈发紧张，西南诸省的少数民族移家上山，兴建村寨。这便是我们今天在贵州、云南、广西等地看到诸多少数民族村寨的原因。

例如，侗族人在村寨中央建起多层檐的鼓楼，醒目而挺拔。遇有重大事件，可击鼓报信。以鼓楼为中心，全村民居依次而建，疏密相间，高低错落。无论鼓楼的外部形态如何变化，鼓楼凝聚的侗家传统始终不变。在鼓楼的荫庇下，侗家人得以安然地生活。其他如苗族村寨、瑶族村寨，都各有特色。

除了中国各民族之间的相互交流，明清时期，人们还将西方元素运用在家园之中，典型的如广东开平、新会、台山、恩平的庐居。粤闽沿海居民过海谋生，略有积余则回到家乡置田建屋。西方建筑中的意大利穹顶、英国碉堡花园尖顶、中世纪南欧教堂顶等都被大胆使用，由此开启了中国近现代民居的新风。

左页上左图　湖南凤凰古城沱江畔的吊脚楼 / 摄影　高兴建

左页上右图　贵州安顺云山屯堡，明朝军屯的见证 / 摄影　李文博

左页中左图　大利侗寨全景 / 摄影　傅鼎

左页中右图　贵州雷山县西江千户苗寨，苗族同胞在村寨广场为游客跳起民族舞蹈 / 摄影　李瑞姣

左页下左图　云南元阳哈尼族现代民居，依旧沿用蘑菇房屋的样式 / 摄影　何俊云

左页下右图　云南大理龙龛码头，洱海边的现代白族民居 / 摄影　樊哲

广东开平立园 / 摄影 卢文

当地旅美华侨谢维立于 1926 年建立的私家园林，1936 年完工。园林建筑为中西合璧的风格，颇具特色，主要有 6 幢别墅和 1 座碉楼（乐天楼，5 层高）。

楼
晃庐
乐天楼
泮文楼
炯庐
稳庐
明庐

肆 结尾

以上便是中国人家园的全部面貌了吗? 当然不是。

以今日中国之广大，各式家园数不尽数。从西南的傣族家园到东北的雪乡家园，从西北的图瓦人家园到东南的台湾高山族家园，从海岛上的石头城到青藏高原上的碉楼……都是中国人的家园。中国这片土地，地理环境足够多样，人文历史活动也足够丰富，有多少中国人，就有多少种中国人的家园。

家，原来是那么的丰富多彩!

但在今日，千城一面的现代化发展使传统民居的丰富性和多样性受到挑战。多姿多彩的传统家园是否可以保留和延续下去，我们将来还会有怎样的家园，都将取决于我们如何看待我们的生活和文化。

左上图　新疆布尔津禾木村秋景 / 摄影 焦潇翔
图上景象令人陶醉，这里是图瓦人的家园。

左下图　中国东北雪乡 / 摄影 贺磊
冬雪覆盖的木屋，远看犹如生长在大地上的白蘑菇。

右页右图　四川甘孜州丹巴县藏寨碉楼 / 摄影 张浩
藏式民居和碉楼依山而建，错落分布，美不胜收。

4.2 梯田

漫山皆云梯

在这颗星球上，
我们曾创造无数的超级工程，
却鲜有一项工程覆盖面积如此之广，
修建时间如此之久，参与人数如此之多，
可谓全球史上最伟大的超级工程之一，
它就是中国梯田。

你也许无法想象，
在中国近 20 亿亩的总耕地面积中[1]，
居然超过 1/4 都是梯田。
中国不仅是全球梯田面积最大的国家，
还是全球梯田类型最多、分布区域最广的国家。

1.《2023 年中国自然资源公报》显示，截至 2023 年底，全国耕地面积约为 19.14 亿亩。

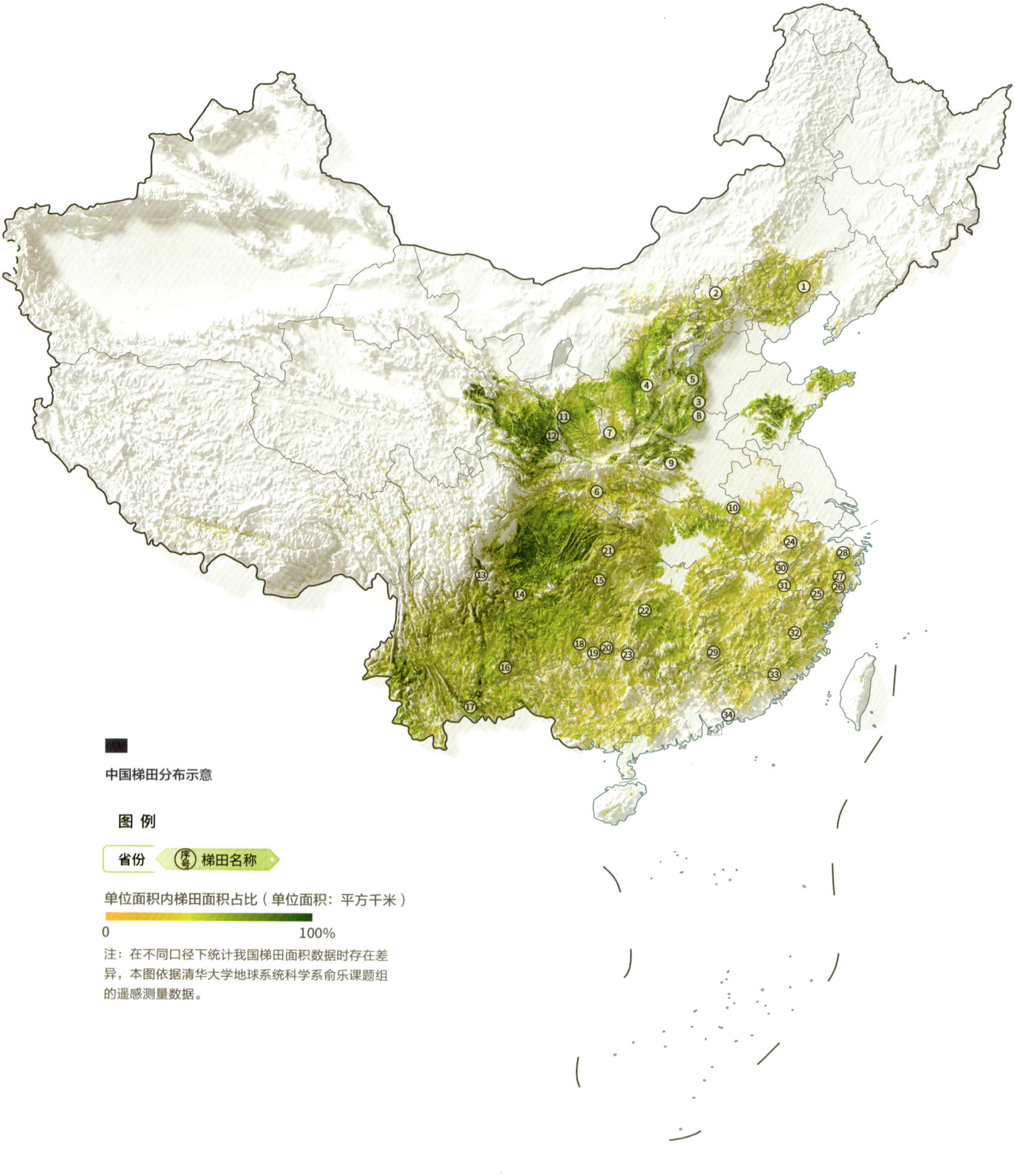

中国梯田分布示意

图 例

省份 序号 梯田名称

单位面积内梯田面积占比（单位面积：平方千米）

0 100%

注：在不同口径下统计我国梯田面积数据时存在差异，本图依据清华大学地球系统科学系俞乐课题组的遥感测量数据。

尽管梯田的踪影遍布全球，但中国千百年来的农耕智慧把梯田的建造发挥到了极致。著名的广西龙脊梯田，层级最多达 1100 余级，最大垂直落差有 860 余米，从远处眺望，密密麻麻的曲线令人震撼。而位于云南的哈尼梯田，总面积更是超过 100 万亩，层级从上至下多达 3000 余级，最大垂直落差有 2000 余米。如果人们想从山脚的梯田走到最高处的梯田，几乎相当于攀爬一次华山[1]。

我们的祖先为什么要建造如此壮观的梯田？其中隐藏着怎样的生存智慧？在我们看来，这些梯田既是绵延起伏的风景，又是重塑山地的艺术，更是无数生活在山地之中的族群奋斗上千年留下的“史册”，是改变族群命运的层层阶梯。

1. 华山是五岳之一，位于陕西省华阴市，主峰海拔为 2154.9 米。

- 浙江：㉕云和梯田；㉖永嘉茗岙梯田；㉗仙居公盂梯田；㉘上虞覆卮山梯田
- 四川：⑬甘洛普昌梯田；⑭筠连高坎梯田
- 福建：㉜尤溪联合梯田；㉝永定初溪梯田
- 辽宁：①朝阳八盘沟梯田
- 江西：㉙崇义上堡客家梯田；㉚婺源江岭梯田；㉛灵山梯田
- 云南：⑯罗平螺丝梯田；⑰元阳哈尼梯田
- 陕西：⑥凤堰古梯田；⑦宜君哭泉梯田
- 湖北：㉑恩施大峡谷梯田
- 湖南：㉒新化紫鹊界梯田
- 河南：⑧石板岩大垴梯田；⑨十八盘登山梯田；⑩固始锁口梯田
- 河北：②崇礼塞北梯田；③涉县旱作梯田
- 重庆：⑮酉阳花田梯田
- 安徽：㉔旌德兴隆梯田
- 广东：㉞惠东角峰梯田
- 贵州：⑱丹寨高要梯田；⑲从江加榜梯田；⑳肇兴堂安梯田
- 山西：④柳林梯田；⑤昔阳大寨梯田
- 宁夏：⑪固原彭阳梯田
- 广西：㉓龙脊梯田
- 甘肃：⑫庄浪梯田

壹 以山为田

早在先秦时期，中国古人就在丘陵坡地上进行农业生产。《诗经 · 小雅 · 正月》里写道："瞻彼阪田，有菀其特。"其意思是：看那山坡的田地里，庄稼苗长得多茂盛。

不过，那时的坡地种植更多是顺坡就势，并没有形成一层层的台地。到了汉朝，随着农业生产技术和生产工具水平的提升，特别是牛耕的普及，人们拥有了可以改造山地丘陵的更大力量。在黄土高原和四川盆地的坡地上，人们用农具修建出田埂、沟渠，将坡地逐渐改造为一级级的台地。由此，梯田便诞生了。

在随后的历史中，北方地区由于王朝不断的更迭，战乱频仍，北方人口被迫大量向南方迁徙。而南方地区，平原土地少，山地丘陵多，越来越多的人只能向山地进发，以山为田，梯田逐渐开始在南方大显身手。

一千多年前，北方人来到山岭遍布的古徽州地区，开垦梯田几乎是存活下去的唯一选择。在没有工程机械的时代，想要将大量的山坡改造成一级级平整的梯田，绝不是一件容易的事。最初，人们会在这些山坡上种植几茬易于生长的作物。在这个过程中，伴随几番劳作，山坡上的地面会被一点点地翻耕，逐渐变得平缓。经过数年甚至数十年的耕作，坡地逐渐变成台地。而经过数代人，甚至数十代人的耕作，台地的范围越来越大，便成了漫山遍野的梯田。在山地纵横的古徽州地区，移民们开垦出了**婺源江岭梯田**、**婺源篁岭梯田**等。

和少雨的北方相比，在多雨的南方，梯田多是水田，人们种植水稻，组成"梯田和水稻"的绝佳搭档，并逐渐成为南方重要农业景观。在徽州地区，梯田不只用来种植水稻，还栽种油菜，人们会在梯田里进行水稻和油菜轮作。每年秋季收获水稻后，人们便开始种植油菜。到了次年的三四月，油菜花开，大地金黄，漫山遍野的油菜花便成了春天最美的风景。加上粉墙黛瓦，薄雾绵绵，徽州便化身为世外桃源，吸引着一波又一波的游人。

千百年来，中国古人在南方大量开垦梯田。福建自古就有"八山一水一分田"的说法。自唐朝中期起，大量北方移民在福建尤溪县境内开荒筑田，逐渐在重峦叠嶂之中开垦出气势磅礴的登天之梯——**尤溪联合梯田**。在江西南部，由于易于耕作的平原地区已被更早到达的移民占据，晚到的客家人只能在山地之上开垦梯田。其中，位于赣州市崇义县的**上堡梯田**，面积超过 2 万亩，最高处海拔可达 1200 米，是面积最大的客家梯田。从空中俯瞰，或顺山势逐级向下，或盘旋而下，如同一个巨大的地表旋涡。

右页上左图 福建尤溪县联合梯田 / 摄影 赵必然

右页上中图 浙江台州仙居县杨丰山梯田 / 摄影 赵高翔

右页上右图 安徽旌德县兴隆镇云上梯田 / 摄影 方君尧

右页下左图 江西赣州崇义县上堡梯田 / 摄影 陈彦

右页下中图 江西婺源江岭梯田 / 摄影 陶洪

右页下右图 广东清远连山县欧家梯田 / 摄影 张向良

在江西的其他地方，以及福建、广东等地，客家人的梯田同样遍布。

例如，**江西西向梯田**、**江西遂川梯田**、**福建永定梯田**、**广东坪山梯田**、**广东五山梯田**、**广东清溪梯田**等。这些地方的经济相对富庶，除种植传统的粮食作物，茶树、桑树、桃树等经济作物也是梯田里的主角，形成茶园梯田、桑园梯田、果树梯田等景观。

众多梯田的开发也对山地中的原住民产生了影响。主要生活在浙闽山区的畲族，过去常通过放火烧荒即畲田的方式耕作。[1] 而随着梯田技术的传播，畲田逐渐被梯田替代。在浙江南部的云和县，由畲族与汉族共同开垦的**云和梯田**，在山谷中层见叠出，连绵不断，多达 700 余级。即使历经 1200 多年的时光，依旧是盛产稻谷的良田，是云雾之上壮丽的人造风景。

到了明清时期，中国古代人口数量达到顶峰，同时由于苛捐杂税、土地兼并，大量农民被迫涌入更加人迹罕至的山区。他们居住在简陋的茅棚之中，被称为“棚民”。在位于秦巴山区的陕西省汉阴县，棚民及其后代开垦出**凤堰古梯田**。这里地处中国自然地理的南北分界线，除了水田，还有种植小麦、玉米、番薯的旱地，形成水旱间作、南北兼顾的农业特色景观。

至此，梯田从北方起源，并扩散到南方山地。它们宛如一幅幅山水画卷，把原本不适宜耕种的坡地，变成了人类栖居的家园，但这些还不是中国梯田的全部。在西南山区，梯田将以更加令人震撼的面貌崛起，在面积、层级和坡度上全面升级，构筑起无与伦比的梯田王国。

1. “畲”本意是一种耕作方法，即刀耕火耘。

左页图　客家土楼和梯田 / 摄影 张炜
这里在福建省龙岩市永定区，客家人在土楼里聚族而居，在附近山地开挖梯田，发展生产。

陕西汉阴县凤堰古梯田 / 摄影 刘夙培

凤堰古梯田由清朝湖南移民移居当地后所建，始于清乾隆年间，在咸丰、同治时期进行大规模建设，是目前秦巴山区保存最完整的清朝梯田。

贰 梯田王国

在西南地区，山地面积更大，地形更为复杂，生活在此的民族也更加多样。面对人多地少的生存压力，梯田的功能被发挥到极致。

作为中国第二、三级阶梯分界线的雪峰山脉，在湖南新化县绵延不绝。这里山势陡峭，地形崎岖，苗、瑶、侗、汉等民族共同在此修筑出**紫鹊界梯田**，其坡度高达 25 度至 40 度，最大坡度超过 50 度。历经千年之后，其总面积多达 8 万亩，相当于 7000 多个标准足球场。山岭之上，大小梯田的建造因地制宜，形态万千。从空中俯瞰，有的状若鸭梨，有的如新月，还有的形似飘带…… 山岭上再复杂、再逼仄的空间，都可以被开拓为可耕作的梯田。不仅如此，梯田景观还随四季千变万化，美不胜收。

在贵州从江县月亮山腹地，侗族、苗族和壮族聚居于此，修筑出壮观的**加榜梯田**。梯田中，农民们放养鱼、鸭，稻田为鱼、鸭提供了觅食场所，鱼、鸭捕食昆虫则减少了水稻的病虫害，鱼粪、鸭粪还能促进水稻生长，从而构成了一个高效的"稻鱼鸭共生系统"。因此，当地人有意加高田埂，以提高梯田的蓄水量，养更多的鱼。

在广西桂林龙胜各族自治县，壮族、瑶族共同开拓出层级达 1100 多级的**龙脊梯田**。在崇山峻岭之上，他们几乎不放过任何一寸山地空间，依靠血肉之躯养育了一代代的子孙。层层叠叠的梯田，如潮水般占领一处处山坡和山头。每到九月或十月，金黄稻穗铺满山坡，十分壮观。

右页上图　湖南新化县紫鹊界梯田 / 摄影 柳勇
紫鹊界梯田有两千多年的开发历史，为全球重要农业文化遗产。

右页下图　贵州从江县加车梯田 / 摄影 李贵云

广西龙胜县龙脊梯田 / 摄影 邱新生

梯田是生存空间，也是诗意空间。随着季节的变化，龙脊梯田的景观也不断变换，春天水满田畴，夏日满坡披绿，金秋稻穗金黄，隆冬雪满阶梯，带来多样美的体验。

而最壮观的，莫过于位于云南元阳、绿春、红河、金平等县的**哈尼梯田**。两千多年前，西北氐羌族群的一支向南迁徙，他们最终抵达云南的哀牢山南段，逐渐成了如今的哈尼族。在这里，他们虽然终结了千年的漂泊，却不得不与其他的民族竞争，最终从平坝[1]走向了高山。他们的古歌里吟唱道：

我们哈尼人，经历了数不尽的灾难，平平的坝子虽然好，天灾人祸太多我们不能在，子子孙孙都不要到坝子安寨。

哈尼族祖先的到来，彻底改变了大山的面貌。他们选择向阳的缓坡开辟旱地，在其上种植几轮旱地作物，借此平整土地、熟化土壤。随后，在台地边缘层层堆垒泥土，形成田埂，引水入田，将旱田变成水田，哈尼梯田由此形成。梯田由峡谷爬至半山，若在山脚仰望，层层梯田直接蓝天，令人不得不称赞哈尼人的勤劳与智慧。

1. 西南地区将平坦的山间盆地称为“坝子”。

云海上的哈尼梯田 / 摄影 魏建
哈尼梯田地处哀牢山南部，规模宏大，梯级数最多可达 3000 多级。由于海拔较高，当云雾从河谷升腾而起时，处在高处的梯田就仿佛处在仙境云海。

哈尼族人相信："人的命根子是田，田的命根子是水，水的命根子是森林和树木。"

千百年来，哈尼族人以梯田为核心，打造了一个由森林、村寨、梯田与水系组成的"四素同构"循环生态系统。在这个系统里，山上种树，山下种田，山腰住人，山脚是河谷。

该系统最高处的哀牢山森林可吸纳降水，形成溪泉并向下流淌。"山有多高，水有多高"，哈尼梯田的水源就来自茂密的森林。森林之下，在海拔 800 米到 1500 米，哈尼族人建立了村寨，并通过挖沟修渠引水入村，以满足人畜所需。再往下，溪水裹挟着森林与村寨中土壤的营养物质，流入村寨下方的梯田。

为保证大小不一的梯田得到相对均衡的供水，当地人还在水沟中设置木桩，在木桩上刻出大小不同的槽口，从而实现水量合理分配，是为木刻分水。得到精心维护的梯田，水量常年充盈而饱满。再往下，流水经过层层梯田，最终在山谷底部汇入江河。炎热的河谷又将河水蒸发到空中，蒸汽汇集到高山森林，重新形成雾水，周而复始地循环。

在容易出现干旱的云南，"森林一村寨一梯田一水系"四素同构的体系，可以让哈尼梯田保持持续不断的水源供给，这是哈尼族与自然和谐相处的智慧。

凭借这样的智慧，哈尼族建造出总面积超过 100 万亩的梯田。其中的撒玛坝万亩梯田是世界上连片面积最大的梯田，梯田层级可达 3000 多级，垂直落差达 2000 多米。当你从高空俯瞰，层层叠叠的梯田一览无际，如流动的乐谱，如多彩的画盘，如变幻的宝镜，令人不得不感叹这是何等的雄伟秀丽。而随着四季的更迭，梯田更是展现出多姿的色彩。2013 年，哈尼梯田景观成功入选《世界遗产名录》，也是重要的世界农业文化遗产。

就这样，古人在西南山地创造了梯田奇迹，开垦梯田成了众多族群不约而同的生存策略。而在新的时期，梯田也将承担起新的使命。

左页图　森林之下的哈尼族村寨 / 摄影 崔永江

哈尼族有句话——"有林才有水，有水才有田，有田才有人"。水从森林中来，向下流过村庄，灌溉梯田。

叁 新的使命

在北方地区，由于植被稀少，一旦降水，山坡的土壤就会被流水冲走，导致水土流失。黄土高原的千沟万壑，就是这样形成的。新中国成立之后，如何治理黄土高原的水土流失，成为一项亟待解决的任务。

如果将坡地改造为梯田，通过梯田一层层平整的台阶和田埂就可以有效减少水土流失。于是，梯田这一起源于北方、壮大于南方的耕地形式，开始重新回到北方，承担起治理水土流失的使命，并在北方大规模扩展开来。

自 20 世纪 60 年代我国开始在黄土高原大量修建梯田，甘肃**庄浪梯田**便是新一代梯田的典范。庄浪县位于甘肃省东部，全县 90% 以上的土地是沟壑纵横的黄土地貌，水土流失严重，土壤贫瘠，耕地曾号称“三跑田”——跑水、跑土、跑肥。

经过将近 60 年的努力，庄浪县 94.5 万亩坡地被修整成了一层层平展的梯田，占全县山地面积的 91.74%。留住了土壤，留住了肥力和降水，耕地也就升级成了“温饱地”和“小康地”。加上配套的水库、水窖、淤地坝等水利设施，以及农业技术的提升，庄浪县从一片贫瘠之地，蜕变成甘肃省的蔬菜和肉产品的供应基地，也是第一个“中国梯田化模范县”。

庄浪县地形与不同坡度地面占比

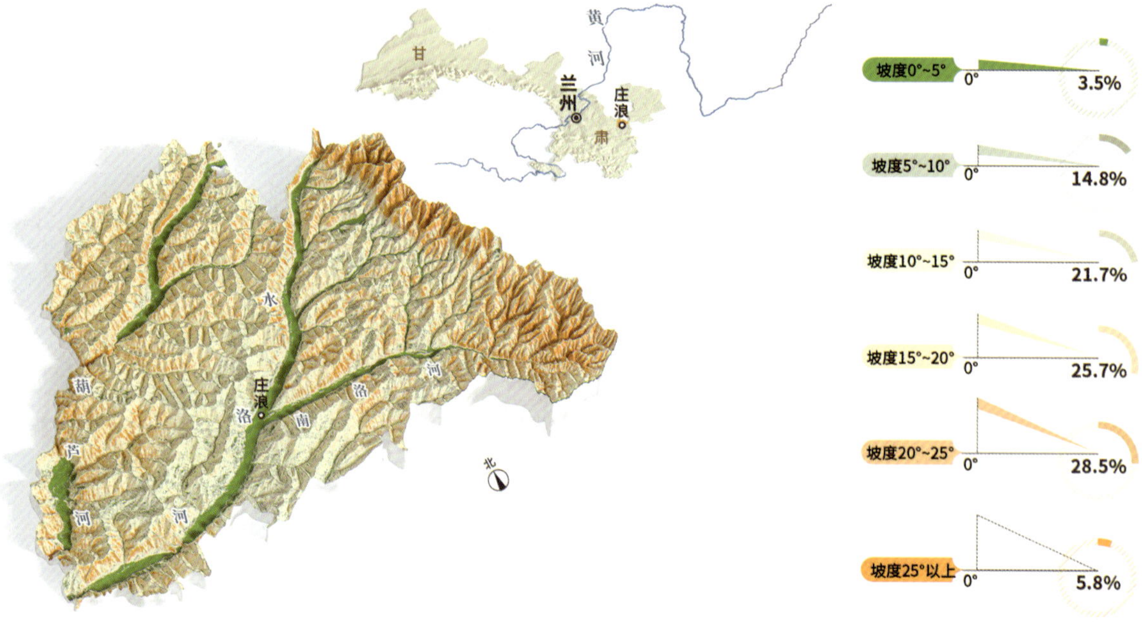

庄浪梯田 / 摄影 左雪兰

经过建设，庄浪的景观发生改变，水不跑了，望山山翠，当地跑水、跑土、跑肥的“三跑田”变成了“温饱田”“小康田”。1998 年，庄浪县成为首个“中国梯田化模范县”。

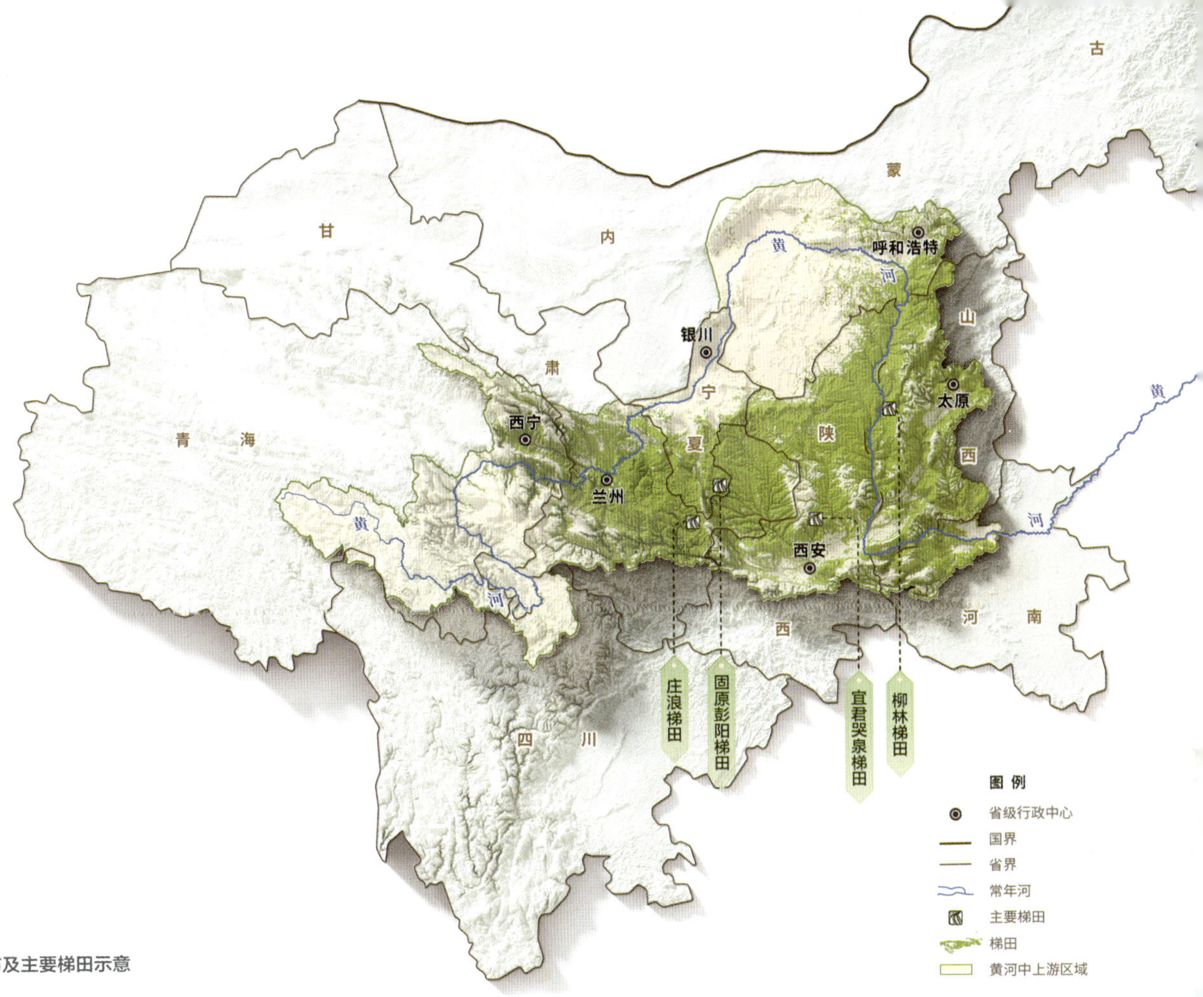

右图　黄河中上游梯田分布及主要梯田示意

左页上图　夏季的宁夏海原县梯田 / 摄影 滕洪亮

左页下图　冬雪覆盖的甘肃会宁县梯田 / 摄影 王晗

在黄河流域的其他地方，梯田发挥着和庄浪梯田类似的作用。在陕西铜川，当地人修建了**宜君梯田**。在渭南的黄土高原上，当地人修建了**蒲城梯田**……

经过几十年的努力，在梯田和其他措施的共同作用下，仅在黄土高原地区，每年便减少了约 5 亿吨泥沙的流失。如果将这些泥沙堆成高 1 米、宽 1 米的沙堤，足以绕赤道 12 圈。

梯田不仅有效地减少了北方的水土流失，还使许多荒地成为沃土。在河南林州，人们随山就势，开垦出**石板岩大垴梯田**、**西井山梯田**。在河北阳原县，人们在山坡上开垦出旱作梯田，种植当地特色作物。

邯郸涉县梯田 / 摄影 魏贺荣

该图拍摄于河北邯郸涉县王金庄村。村庄周围大山高耸，人们只能向着大山开发生存空间，一层层梯田如等高线般在山体上被雕刻出来。

随着时代的发展，梯田的命运也开始分化。梯田作为人类向大山索取的生存空间，对其适度的开发有利于人类的发展，过度的开发则会破坏环境。为了保护生态，一些梯田在今天逐渐退出历史舞台。

根据我国相关政策，“实施具备条件的 25 度以上坡耕地、严重沙化耕地和重要水源地 15~25 度坡耕地退耕还林还草”[1]，许多梯田开始由耕地还原为草地与林地。

但梯田并不会因此完全退出历史舞台。它依旧将遍布中华大地，发挥作用，让丰收连年，让绿色驻留，让大地多彩，让故乡如诗……

梯田诞生于山河之间，其成就得益于人的智慧。也正是这样“漫山皆云梯”的风景，无声地告诉一代又一代来到这里的人：他们的脚下是一个多山的国家，但这里的人民却拥有重塑山河的力量。

1. 详见国务院于 2016 年发布的《“十三五”生态环境保护规划》。

春天的湖北恩施州宣恩县木笼古村寨 / 摄影 文林

农民在千丘田里牛耕，仿佛在画中劳作，许多摄影爱好者和画家都喜欢到这里来采风创作。

4.3 古塔

从佛国到人间

中国的古建筑往往只有一两层，
少数楼阁可以达到四五层。
在无数“匍匐”于地面的古建筑之中，
唯有一种古建筑敢于向上突破，
这便是塔。

它们有的存在于繁华都市，
有的于青山环绕之间遗世独立，
有的身处丘山，意蕴悠长，
有的在雪山映衬之下，高贵而神圣。

今天，数以万计的古塔遍布中国。
它们从何而来？
又为何如此醒目、如此多样？

河南登封法王寺塔 / 摄影 刘会宾

也称舍利塔，为一座 15 层叠涩密檐式方形砖塔，始建年代说法不一，有说是唐朝时期所建，也有认为是隋朝时期建造。

壹 缘起佛国

塔，本不是中华文化的产物。它源自佛门，故乡在古代印度。在那里，它被人称作“窣堵坡”，本意为“坟墓”。它最初的身形完全不似如今这般高挑清瘦，圆滚滚的身体之中，安放着高僧坐化后的舍利等佛门圣物，接受无数信徒的朝拜。

在文明的相互交流传播中，窣堵坡跟随佛教的脚步，大致通过三条路线传入中国，并随之演化出新的名字和样貌。

第一条路线为南线。窣堵坡从印度经泰国、缅甸来到我国的云南地区，吸收了傣族文化的特点，摇身一变成为窈窕富丽的“傣族塔”。

第二条路线为中线。佛教翻越喜马拉雅山脉，与西藏本土宗教融合，演化出藏传佛教，俗称“喇嘛教”。窣堵坡也在藏传佛教文化的熏陶下，化作细颈圆腰、塔身白皙的“喇嘛塔”。

第三条路线为北线。大约在东汉时期，窣堵坡从西域进入中原，其初期被译作“浮屠”或“浮图”。而后中原人采用了梵文“佛陀”（Buddha）之发音，并以“土”字作为偏旁，表达“葬佛土冢”之意，专门造出汉字“塔”[1]。

1. “塔”字最早见于东晋葛洪的《字苑》，一般认为是魏晋南北朝佛教译经时所造的字。

左页左图　印度桑奇大塔 / 摄影 朱智勇
该塔建于公元前 3 世纪的孔雀王朝阿育王时代，是一处重要的印度佛教遗产，塔的中间是半球形覆钵，是目前保存较完好的古代窣堵坡形式佛塔。

本页左图　云南德宏勐焕大银塔 / 摄影 万瑞
一座傣式佛塔，塔高 60 多米，德宏芒市的标志之一，与芒市大金塔交相辉映。

本页右图　四川康定木雅金塔 / 摄影 罗佳馨
一座坛城式藏传佛教寺庙建筑，为纪念十世班禅大师在此灌顶布法而建。

在中原这片神奇的土地上，塔开始“野蛮生长”。有的干脆简化为椭圆形塔身，紧密无缝，被形象地称为“**蛋塔**”或“**无缝塔**”。有的如同在“蛋塔”之上加建中国式的屋顶，是为“**五轮塔**”。还有一些将原先的“窣堵坡”浓缩为“塔刹”，设置在建筑顶部，而以单层的本土建筑承接，是为“塔身”，最后以“塔基”收尾，将外来建筑与中国传统建筑恰到好处地结合在一起，神韵天成，是为“**亭阁式塔**”。

然而单层的亭阁式塔还不足以表达人们的崇敬，在虔诚的信徒心中，需要以最高贵的建筑供奉众佛。楼阁，这种传说中的神仙居所进入了人们的视野。它替换了单层亭阁所属的塔身部分，整体营造出一种挺拔、向上的态势，是为“**楼阁式塔**”。

人们登临楼阁式塔，凭栏远眺，置身高远空灵的情境，似乎离佛国净土更近一步。在中原入土为安的丧葬思想下，原先安放在塔中的舍利等，从塔的内部被转移至地下，这就诞生了模仿古代陵墓建筑的“地宫”。

塔刹、塔身、塔基、地宫各个部分组合在一起，“中国佛塔”的基本形态就此形成。

中国第一木塔从何而来？

始建于辽代的山西应县佛宫寺释迦塔（应县木塔），高达65.84米，是世界上现存最高的木结构古建，堪称“中国第一木塔”。它如何能够屹立千年？

▼ 应县木塔结构示意

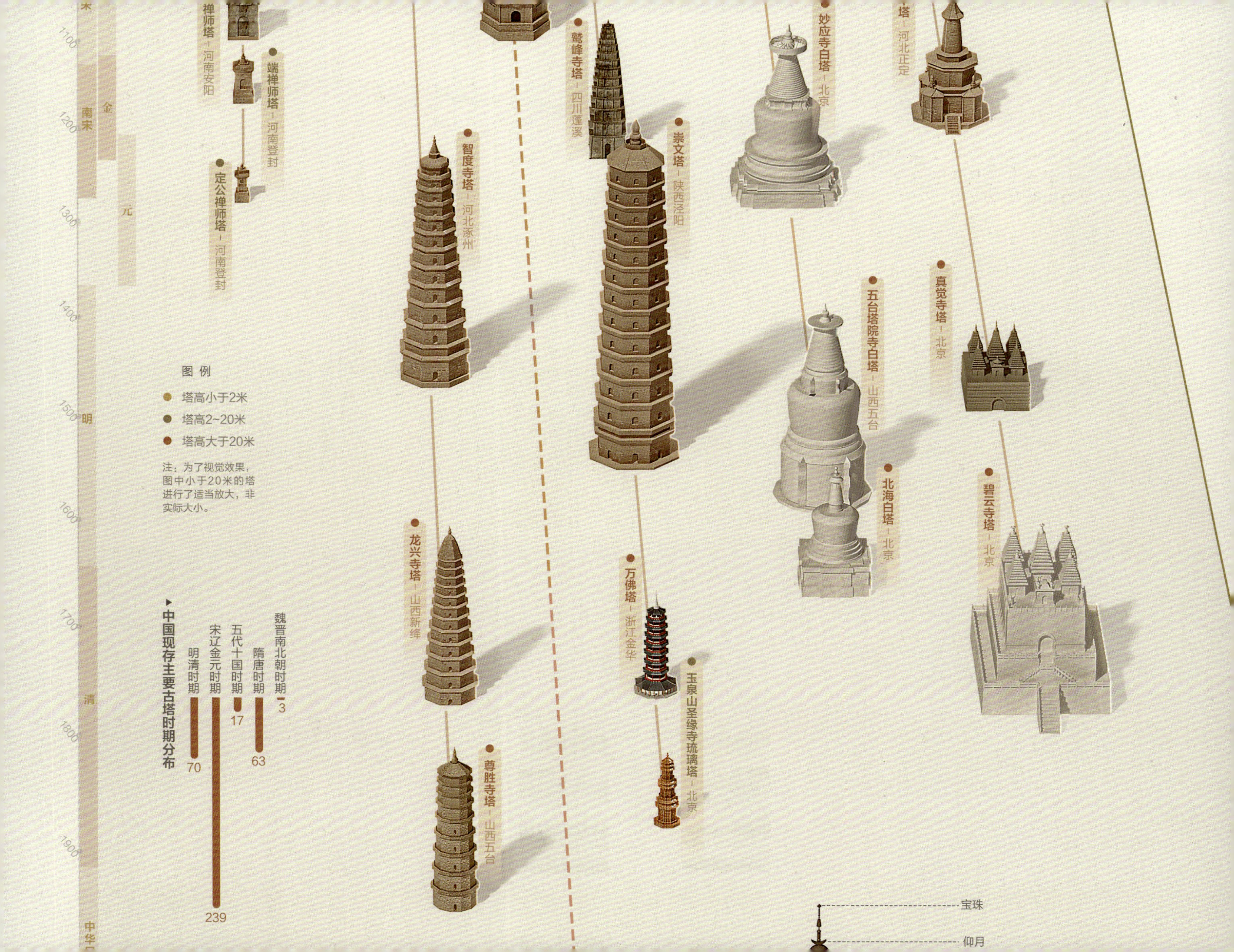

禅师塔 - 河南安阳
端禅师塔 - 河南登封
定公禅师塔 - 河南登封
智度寺塔 - 河北涿州
鹫峰寺塔 - 四川蓬溪
崇文塔 - 陕西泾阳
妙应寺白塔 - 北京
塔 - 河北正定
五台塔院寺白塔 - 山西五台
真觉寺塔 - 北京
北海白塔 - 北京
碧云寺塔 - 北京
龙兴寺塔 - 山西新绛
万佛塔 - 浙江金华
玉泉山圣缘寺琉璃塔 - 北京
尊胜寺塔 - 山西五台
宝珠
仰月
图例
塔高小于2米
塔高2~20米
塔高大于20米
注：为了视觉效果，图中小于20米的塔进行了适当放大，非实际大小。
中国现存主要古塔时期分布
魏晋南北朝时期 3
隋唐时期 63
五代十国时期 17
宋辽金元时期 239
明清时期 70
1100
1200
1300
1400
1500
1600
1700
1800
1900
宋
南宋
金
元
明
清
中华

历代中国古塔类型演变

塔，起源于古代印度，在那里被称为窣堵坡，随着佛教传入中国。在文明的交流下，源自印度的“窣堵坡”和中国的“重楼”互相结合、不断发展，形成了如今纷繁多样的中国古塔。

本图的塔主要依据梁思成先生著作《图像中国建筑史》，把中国塔分成了单层塔、多层塔、瓶形塔及金刚宝座塔四种。

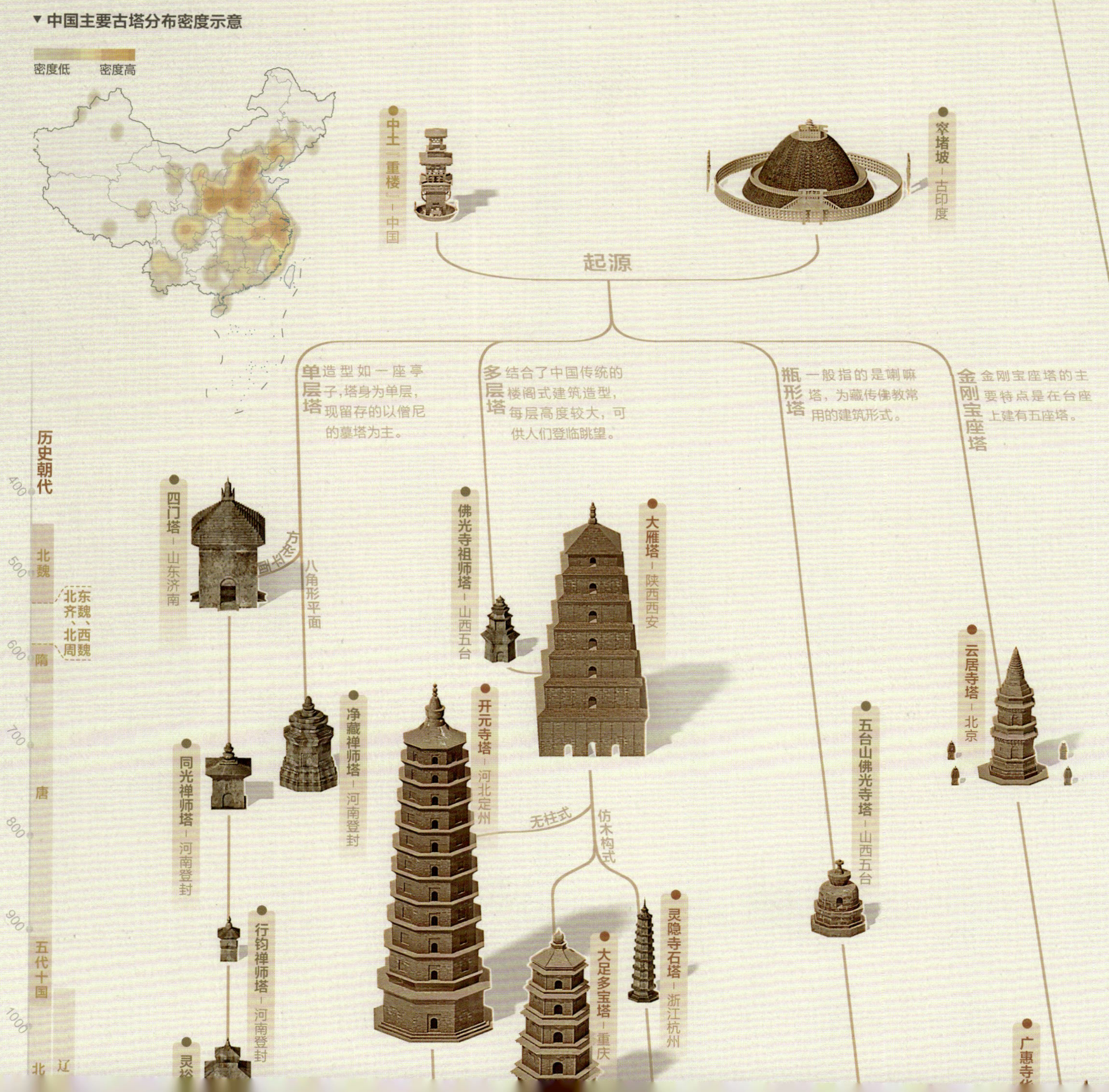

山西朔州市应县木塔 / 摄影 李文博

就在窣堵坡彻底改头换面，变身为中国塔的同时，佛教在中国大兴。趁着这一东风，佛塔开始在中国大地林立。

从东汉末年到隋唐，战争频发，民生疾苦，世人看不到安稳生活的希望，“普度众生”的佛教一经出现便俘获了众多的信众，甚至帝王将相都在此之列。因而，全国各地掀起兴修佛教建筑、佛窟造像的浪潮。

北魏首都洛阳建有 1300 多座佛塔，南朝首都建康则有 500 多座佛塔。隋朝的隋文帝先后三次发布诏令，在全国 80 多个地方建塔，其中不乏百米高塔。越华丽、越显赫的佛塔，越能表达信徒的崇敬之心。越雄奇、越伟岸的佛塔，越能体现众佛的至高无上。

然而，中国此前少有高层建筑。缺少经验和技术的中国工匠是如何解决一个又一个难题，将理想中的佛塔立于人间的呢？

左页上图　河南登封嵩山嵩岳寺塔 / 摄影 李文博
始建于北魏年间，是中国现存最早的密檐式砖塔。

左页下图　杭州六和塔 / 摄影 孙龙泽
该塔立于钱塘江畔的月轮山。北宋年间，吴越国国王钱俶为镇钱塘江江潮而建，后历代多有修建。

贰 脱胎换骨

首先是材料升级。中国建筑素以木构见长，佛塔传入中国之后，当然也多是使用木材来建造。

中国历史上有明确记载的第一座佛塔——北魏洛阳白马寺塔，以及同时代、同地点的永宁寺塔，都是典型的木塔。根据考古工作者的推断，永宁寺塔通高约 110 米，其高度已超越自由女神像，直逼胡夫金字塔。[1] 可以想见，永宁寺塔当年的身姿，是多么的挺拔巍峨。然而，易于燃烧和腐烂的木材，实在是难以成全中国佛塔所追求的高耸与永恒。在建成仅仅 18 年之后，永宁寺塔便在烈火之中轰然倒塌，令人惋惜。

为了不让悲剧重演，人们开始使用一种比木材更坚固、更耐火的材料——砖。然而，砖块不似木材那般可长可短，能弯能曲，难以制作出斗拱及飞檐翘角等特殊造型。于是工匠们发挥聪明才智，将砖块层层向外垒砌，是为“叠涩”[2]。

1. 美国纽约的自由女神像高约 93 米，位于埃及开罗的胡夫金字塔高约 146.59 米。
2. 中国古代建造砖石结构建筑时，以砖石层层向外出跳跨空的砌筑方法，常用来砌筑建筑的檐口、门窗洞口、穹隆等。

太原永祚寺宣文塔塔檐的叠涩砌法 / 摄影 陈常桢

宣文塔是永祚寺双塔之一，另一塔为文峰塔。永祚寺双塔是太原的地标，建于明朝万历年间，均为 13 级楼阁式空心砖塔。其中宣文塔的塔檐用孔雀蓝琉璃瓦砌出边沿，这种边沿就是采用叠涩方法出檐。

解决了砌筑难题，砖塔开始得到广泛普及。

古朴者如声名远播的大雁塔，庞大的体形展现出砖塔的敦厚壮美。柔美者如西湖之畔的保俶塔，塔身纤长，亭亭玉立，世人言“雷峰如老衲，保俶如美人”。

砖塔之后，出现了以整块青石雕琢的石塔。石塔大多就地取材，东南地区用花岗岩，西北地区用石灰岩，川南地区用红砂岩，中原地区用汉白玉、青白石或石灰岩。石材的使用让塔身线条更显硬朗，很多石塔形如直指天空的尖刺，造型刚劲有力。

此外还有琉璃塔、金属塔等，琉璃塔塔身的琉璃构件华丽炫目，清乾隆皇帝甚至曾以黄金打造了一座金发塔[1]。与此同时，木塔的建设逐步减少，宋朝之后基本绝迹。

1. 北京故宫博物院藏有金发塔一座，是清朝乾隆皇帝在其生母崇庆皇太后去世后下诏制作的金塔，用以盛其母生前梳落的头发，以托哀思，故称“金发塔”。

左图　西安大雁塔 / 摄影 樊哲

大雁塔是一座砖仿木结构佛塔。唐朝永徽三年（652 年），玄奘为保存从印度取回来的佛经土持修建而成。塔身最初为 5 层，现为 7 层。

右图　杭州保俶塔 / 摄影 肖奕叁

保俶塔始建时代有争议，一般认为是在北宋时期，吴越国国王钱俶被宋太祖赵匡胤召往汴京时，为祈祝钱俶平安归来而修建。

山西洪洞广胜寺飞虹塔局部 / 摄影 董晓玲

现存的飞虹塔建于明朝，是一座楼阁式琉璃砖塔。塔的平面呈八角形，共有十三级。塔身内部用青砖砌成，外部用五彩琉璃砖瓦包砌。

其次是结构升级。

砖塔兴起之后，砖石主要用于建造塔身，负责承重，塔身之内的楼板、楼梯依旧采用木材建造。从力学角度来看，木材可以加强塔身内的横向连接，强化塔身的稳固性。不过天长日久，木材构件会腐坏烂损，塔身里面因此形成“空筒”，造成塔身结构不稳，容易坍塌。如江苏江阴的兴国寺塔，塔顶已然垮塌绝迹，唯剩颓然坍圮的墙壁。

于是，工匠们在用砖石筑外墙的基础上，在塔身内也使用砖石建造中心支撑结构，加固塔身。如此一来，塔身确实稳固不少。但是佛塔内部几乎被支撑结构占满，缺少使用空间。因而，工匠们又将中心支撑结构的内部掏空，形成内外双层支撑的结构，被称为“筒中筒”。这种结构极为先进，人们沿用至今。[1]

材料与结构改进之后，塔身的高度随之飞跃。现存的古塔中，隋唐时期的一般高度为 3~8 米，而宋辽时期的高度直接飙升到 20 米左右。

---

1. 位于广州的广州国际金融中心，也称广州西塔，就采用了筒中筒的结构，外部是钢管混凝土巨型斜交网格外筒，内部是钢筋混凝土剪力墙内筒。

右页图　内蒙古巴林右旗辽庆州白塔 / 摄影 徐颖佳
该塔建于辽重熙十八年（1049 年）。塔身高约 50 米，主体刷白色，七层，是一座仿木构的砖塔。

下图　三种塔内部空间结构示意

当塔身的高度难以再向上提升时，人们便开始在视觉上下功夫，将楼阁式塔每层之间的层高缩短，多加楼层，形成屋檐密密层叠的造型，是为“密檐式塔”。

其高度虽然与楼阁式塔相当，但视觉效果更显高耸。

云南大理崇圣寺三塔 / 摄影 王长盛

图中间为大理崇圣寺千寻塔，是典型的密檐式塔，两旁为楼阁式塔 。

叁 走向人间

宋朝社会趋于稳定，经济繁荣。“四大皆空”的佛教辅助巩固政权的作用不如从前。没有了皇家的供养，佛教只能放下身段，投普罗大众所好。原先身材苗条的弥勒佛，长出了圆脸庞、大肚子，迎合世人多福多寿的期盼。原本长着小胡子的男性观音，化作女相，为善男信女排忧解难。[1]

佛塔也不再只是红尘之外、超越世俗的存在，它们在寻常巷陌里留下了真实与亲切。

走在街头，门洞之上会有过街塔，人们每经过一次，便相当于向佛行一次顶礼。井边打水时，会有井塔，每一滴水都是佛的恩赐。在江畔海边，有引航导渡之塔，“点燃八百灯龛火，指引千帆夜竞航”，它们在粼粼波光中变换着多姿的倩影。

在需要勘察敌情时，人们建起瞭望塔。在祭奠人们敬仰的先人，或纪念重大事件时，人们建起各种纪念塔。在金榜题名之后，才子们潇洒风光地在塔身刻下自己的名字，留下“雁塔题名”的佳话。而渴望科举成功和文风兴盛的人们，会在家乡建起文笔塔或文峰塔。敬惜文字的人们建起惜字塔，将有文字的纸张在塔中化为灰烬，不为凡尘所染。

受水患等灾害侵扰的人们建起风水塔，祈祷风调雨顺和生活安稳。人们还将自己的情感投射于塔，福建晋江的“姑嫂塔”象征家人的守候，如今返乡的游子在茫茫大海上寻见此塔，仍会热泪盈眶。

1. 观音最初在印度佛教中和早期传入中国时是男性形象，但在南北朝时就有了女性观音的传说和形象。大约在隋朝，这种传说已经流传很广。唐宋以后，汉地的观音像渐渐成了女性。

右页上左图　江苏镇江西津古渡昭关塔 / 摄影 李文博
该塔建于元末明初，是中国唯一一座保存完好的过街石塔。

右页上中图　广州怀圣寺光塔 / 摄影 何易成
塔身呈圆筒形，始建于唐初，是古代中国与阿拉伯交流的文化遗产。

右页上右图　福建泉州石狮姑嫂塔 / 摄影 吴俞晨
该塔始建于南宋绍兴年间，全部石筑，实际上是一座航标塔。

右页下左图　云南建水县文笔塔 / 摄影 卢文
该塔建于清朝道光年间，造型独一无二。

右页下中图　云南大理巍山县白塔 / 摄影 熊发寿
当地也称文笔塔，塔身方形九级密檐式空心砖塔。

右页下右图　湖南衡阳珠晖塔 / 摄影 李咸良
该塔建于清光绪年间，坐镇湘江、耒水交汇处，据传为镇扼水妖而建。

塔摘下了佛门的光环，走向民间，走向大众，甚至脱离佛门，不只引领世人信仰神佛，还服务于普罗大众世俗的情感和需求。

在普罗大众无穷的创造力和想象力之下，各式各样的塔在大江南北遍地开花。

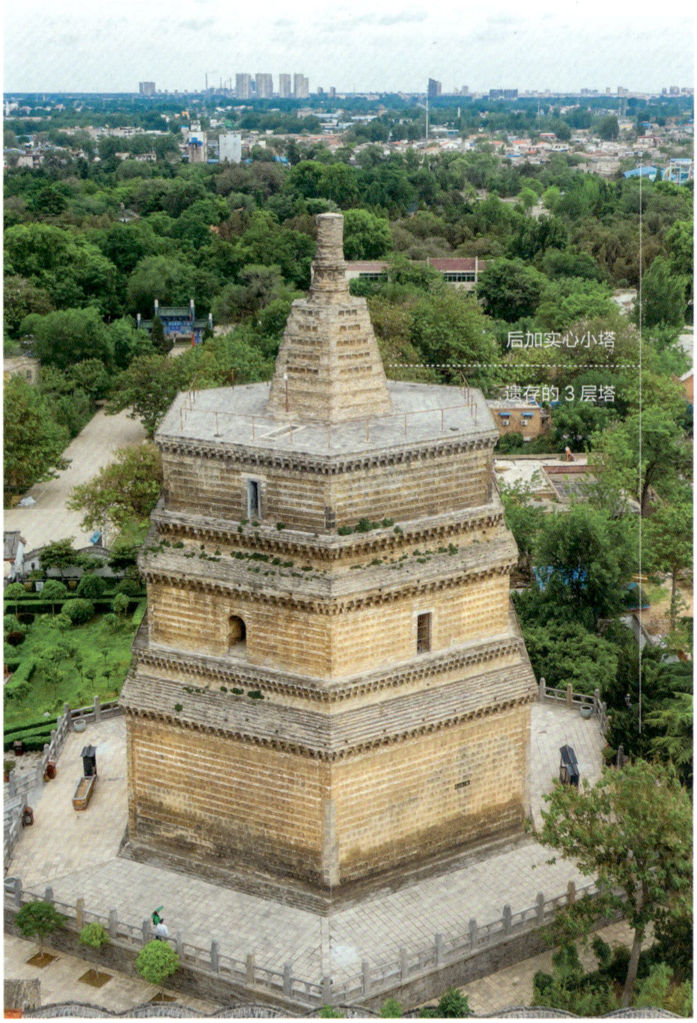

左页左图　河南开封繁（pó）塔 / 摄影 焦潇翔
该塔始建于北宋，经历数次修建，原塔只遗存 3 层，后人又在其上修建了一个实心小塔，形成了今日“塔上塔”的奇特造型。

左页右图　天津蓟州白塔 / 摄影 杨虎
该塔也称独乐寺塔，建于辽，塔身白色，高 30 余米，为喇嘛式与密檐式相结合的佛塔。

本页左图　河北正定广惠寺华塔 / 摄影 李文博
该塔始建于唐，塔的下方为 3 层亭阁式，第 4 层为花束形塔身，因其造型类似花束，也被称为华塔。

本页右图　云南普洱景迈山大金塔 / 摄影 张钊海
该塔的主塔、子塔的建筑风格极具傣族特色。

佛塔林立，其布局不只是一塔独大，还出现了双塔相伴，三塔鼎立，五塔顾盼，乃至出现了由僧人墓塔组成的塔林。

遗留至今最早的双塔，是辽宁北镇的崇兴寺双塔。其他如浙江温州江心屿双塔、江苏苏州双塔等，均为我国双塔的典范，可谓“古塔迢迢入，凌空塔影双”。

在三塔之中，尤为著名的是立于苍山洱海之间的云南大理崇圣寺三塔，以及浙江杭州西湖中的三潭印月石塔。每逢月夜，在塔内点上灯烛，月光与烛光遥相辉映，正所谓“天上月一轮，湖中影成三”。

此外，在河北承德的普陀宗乘之庙，一门之上，五塔齐聚。在青海西宁的塔尔寺，八塔一字排开，是为八宝如意塔。在宁夏青铜峡牛首山，一百零八塔在山坡列阵，气势恢宏。

而塔林有名者，有山东济南长清区灵岩寺塔林、河南登封少林寺塔林等。

右页上图　杭州西湖三潭印月石塔 / 摄影 肖奕叁

该塔传为宋朝苏东坡在杭疏浚西湖时所建，现存石塔在明朝建成。三塔远处为雷峰塔。

右页下图　少林寺塔林 / 摄影 刘会宾

少林寺塔林是我国现存规模最大、数量最多、跨越朝代最多的一处古塔群，这些佛塔多为少林寺历代僧人的舍利塔。据少林寺的官方介绍，塔林内现存有 228 座唐、五代、宋、金、元、明、清古塔。

金塔晨曦 / 摄影 杨清舜

这是位于云南德宏芒市勐焕大金塔，是芒市标志性建筑之一，建在芒市孔雀湖畔的雷牙让山顶。在晨曦之下，在云雾之中，十分神圣。

你以为这已经是全部了吗？不！

在中国这片土地上，还有状若圆球的云南瑞丽螺丝佛塔，样式罕见的伊斯兰教苏公塔，一部分没入地面的荆州万寿宝塔，依崖而建的石宝寨木塔……上至汉魏，下至明清，亿万人民的创造，在两千年的岁月沉淀中，使中国古塔变幻无穷。

中国古塔在高山上，在江河边，在诗文里，在传说中……共同构成了我们这座陆地面积 960 多万平方千米的“中国塔博物馆”。

4.4 秦始皇兵马俑

地下军团的诞生

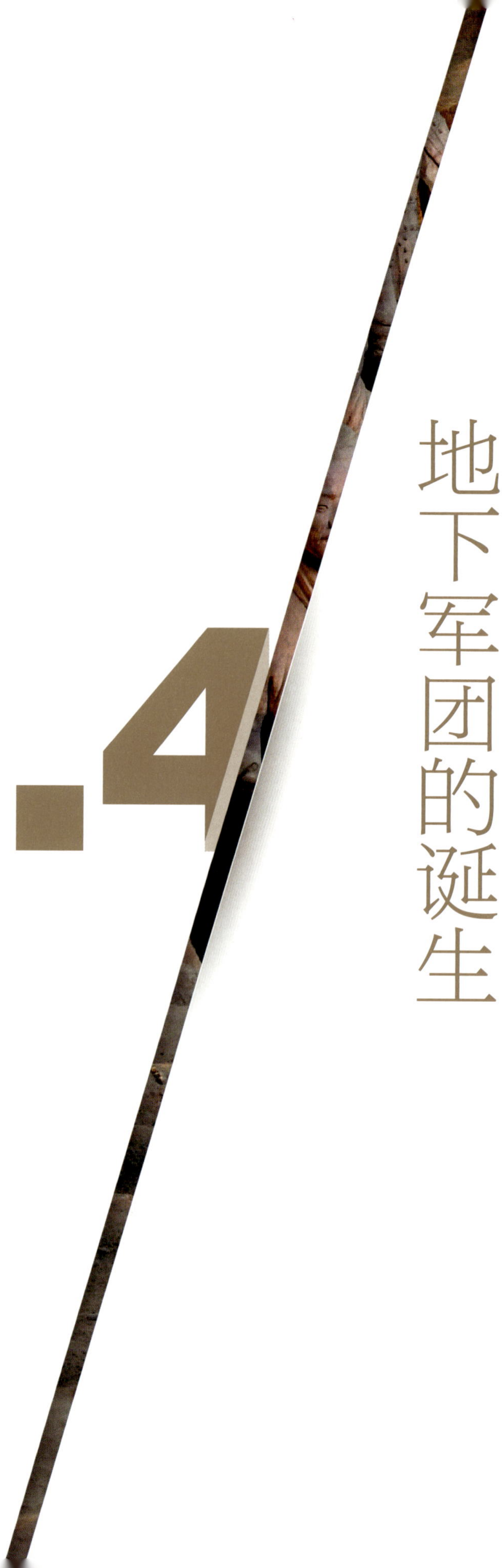

它们曾经鲜衣怒马，
却“生活”在地下世界，
被黑暗吞噬 2200 多年。
直到 1974 年的“一束光”将它们照亮，
惊艳世人。

然而曾经光彩照人的颜色，
在地下岁月的磨砺
和出土后的加速老化中，消失殆尽，
只留下由 8000 多个俑组成的土黄色军团，
人称“秦始皇兵马俑”。[1]

1. 兵马俑目前并未被完全发掘，8000 多的数量为根据俑的平均占地面积推测所得。

兵马俑一号坑主体部队 / 摄影 张天柱

一号坑是兵马俑3个坑中规模最大的，埋葬着约6000件陶俑、陶马。一号坑是一个由战车和步兵混合组成的长方形军阵，这个部队大都手持戈、矛、戟、弓等武器，战阵严密，气势恢宏。

即便散失绚丽的色彩，这些兵马俑仍然栩栩如生，鲜活千年。它们千人千面，各不相同，甚至缕缕发丝纤毫毕现。两千多年来，黄土虽然将它们掩埋，时光却未将它们遗忘。

如今，得益于考古工作者几十年的努力，我们终于可以通过三位普通秦人的视角，重现那段遥远的过往。

骑兵俑，出土于二号坑，2000 多年后依然栩栩如生 / 摄影 李文博

壹 工匠“臧”

公元前 221 年，秦灭六国。负责皇室工程营建的机构宫司空接到一纸命令，要抽调技艺精湛的工匠去参与一项新产品的研发。陶工“臧”极有可能被选中，他曾为皇室制作砖瓦，作品就覆盖在皇家宫殿的屋顶。此外，全国各地的制陶精英也被征召，包括来自今天陕西大荔县、山西夏县等地的人员，共同组成了一支顶尖的研发团队。

之所以如此大范围地征召能工巧匠，是因为他们将要开发的新产品不是服务于小官小吏，亦非普通贵族，而是刚刚一统天下，自认为“功过三皇、德高五帝”的秦始皇。这种新产品也不是凡世俗物，而是准备在秦始皇死后陪他一起进入地下世界的“人”。

用活人殉葬是古老的陋习，在商朝相当普遍，因为统治者们想要在地下世界拥有生前的一切，即“事死如事生”。但到了春秋战国时期，社会剧变，百家争鸣，活人殉葬受到猛烈抨击。于是，权贵们开始用木或陶等材质雕塑人像，以代替活人殉葬，便出现了“俑”。[1]

此时俑的体形往往远小于真人，制作简单。即便如此，人俑在孔子的眼中依然是活人殉葬的余孽。《孟子 · 梁惠王上》篇记载了孔子批判发明俑的人——“始作俑者，其无后乎！”而晚于孔子 200 多年的秦始皇，显然毫不在意孔夫子的看法，而且他还要对俑进行一次史无前例的升级，即按照真人的形象和大小制作大型俑。

1. 东汉经学家郑玄在给《礼记》作注时就指出：“俑，偶人也，有面目机发，有似于生人。”

兵马俑部分陶工名字列举 / 摄影 张天柱

秦朝工匠会在作品上留下名字，即遵循“物勒工名”制度，图中为制作兵马俑的部分陶工名字列举。其中“宫”一般认为是官署或机构名，冠在人名前，此类戳记就是告知人们某件陶俑是某机构的某人制作的。

宫臧

宫朝

得

朝

士

三庚

兵马俑“生产线”

阵容庞大的“地下军团”兵马俑，一出土便以千人千面的形象震撼世人。其制作依照着一套严格、精细的工艺流程，主要步骤为初胎制作、细节修饰、入窑焙烧和彩绘，每道工序都有不同的分工。本图以**中级军吏俑**为例进行流程展示。

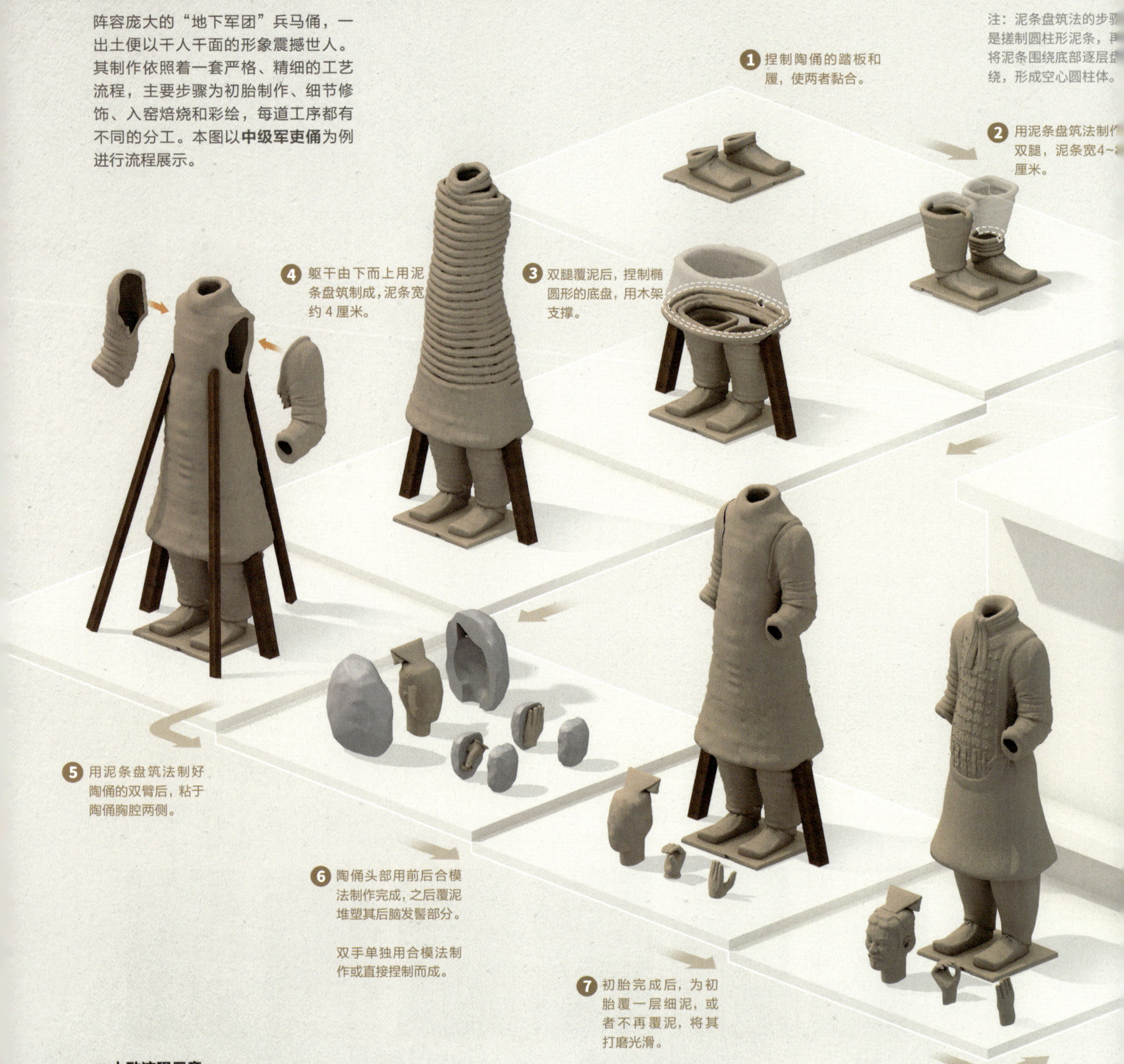

▼ **大致流程示意**

注：流程仅作示意。

9 待陶俑阴干后放入窑内焙烧。焙烧温度约为1000摄氏度，陶俑躯干有透气孔，以便让泥胎均匀受热。

10 将烧制部件拼装完整。

11 彩绘主要分两步，先对陶俑进行整体刷漆，之后进行部分上色。彩绘原料为朱砂、高岭土等矿物质，用明胶进行颜色调和。

注：中级军吏俑是秦国军队中中级指挥员的形象，在秦俑坑中数量极少，通高为190厘米。

大型俑的制造难度显然比小型俑大许多，包括“臧”在内的研发团队不知经历了多少次试制，才找到了方法。他们选取骊山北麓的黄土作为泥料，并掺入少量砂粒以增强泥料硬度，由此制成泥坯。然后经泥条盘筑、捏塑、模制等工序，自下而上制作陶俑的初胎。

初胎完成后，再用刮削、刻划、堆贴等方法进行细节雕刻，修整出头发、眉毛、胡须、眼睛、衣纹等，甚至连鞋底的细节都不放过。之后再将其放入窑炉烧制，经历约 1000 摄氏度的高温洗礼，泥人“成长”为陶人，身躯更加硬朗，形象也已接近真人。

但“臧”等工匠觉得仅做出外形还不够，此时的陶俑似乎还缺少点什么。于是它们从漆树上取得生漆，从各种矿物中获得红、蓝、绿、黄等颜料，还通过人工冶炼的方式合成紫色。繁多的色彩使俑的形象全面升级，它如同真人一般“活了起来”，一件写实风的大型人俑作品由此诞生。

我们不难想象，人们第一次见到它时是何等惊讶、震撼、欣喜。而始皇帝的野心不仅仅是制造出一件真人俑，他要无限复制这种技术，从而造出一支和他的秦军一样庞大的地下军团。

这时，士兵“喜”登场了。

右页上左图　彩绘绿面跪射俑，二号坑出土 / 摄影 肖怡宁
这件跪射俑头绾发髻，身穿战袍，外披铠甲，面部肤色呈绿色。

右页上右图　彩绘紫衣御手俑，一号坑出土 / 摄影 肖怡宁
图中紫色被称为“汉紫”，兵马俑在制作之初先刷生漆，再用矿物或植物颜料施以色彩，使兵马俑个个色彩鲜艳。

右页下左图　彩绘绿面跪射俑头部毛发细节 / 摄影 张林

右页下右图　彩绘绿面跪射俑鞋底细节 / 摄影 张林
鞋底的防滑鞋钉清晰可见。

贰 士兵“喜”

公元前 247 年，秦国都城咸阳帝王家的嬴政年满 13 岁，湖北安陆普通人家的“喜”年满 17 岁。这一年对他们来说都是人生的重要时刻，嬴政登基为王，“喜”登记户籍将要服兵役。不同的是，嬴政拥有改变他人命运的能力，而“喜”却连自己的命运都无法掌控。

按照秦国律法，男子年满 17 岁便要服兵役。[1] 在战场上每杀甲士一人，就升一级爵位，并赏赐良田、住宅，杀敌越多，赏赐越多。即便是地位低下的奴隶，只要上战场杀敌，也可以赎身为庶民，甚至加官晋爵，这便是秦的军功爵位制。对于出身普通的“喜”而言，这几乎是他改变命运的唯一途径。

“喜”在军中遇到了千千万万个与他相似的人，在军功爵位制的激励下，他们乐战、好战，成为秦国的“虎狼之师”。在秦国推行变法的商鞅就指出：“民之见战也，如饿狼之见肉。”在作战时，他们勇猛无比，一边提着刚刚斩获的人头（战绩），一边继续追杀敌人。像这样的战争，嬴政登基以来不知发动了多少次，最终横扫六国，一统天下 。

作为秦始皇最强力的支撑，这支“虎狼之师”在他死后，必须在地下继续守卫始皇帝的帝国，于是就发生了前文讲述的研发陶俑的故事。最终“臧”等制陶工匠按照现实中士兵的形象，将上到一方将领，下至普通士兵，包括步兵、骑兵、车兵等诸多兵种，一一塑造出来，数量竟多达 8000 余件。

1. 关于秦国服兵役的起始年龄，目前仍有争议。

跪射俑局部，出土于兵马俑二号坑东部 / 摄影 胡澍

这件跪射俑最传神的是他的表情，他双目凝聚于前方，炯炯有神，冷峻面庞的咄咄英气是秦（国）朝“虎狼之师”的最好诠释。

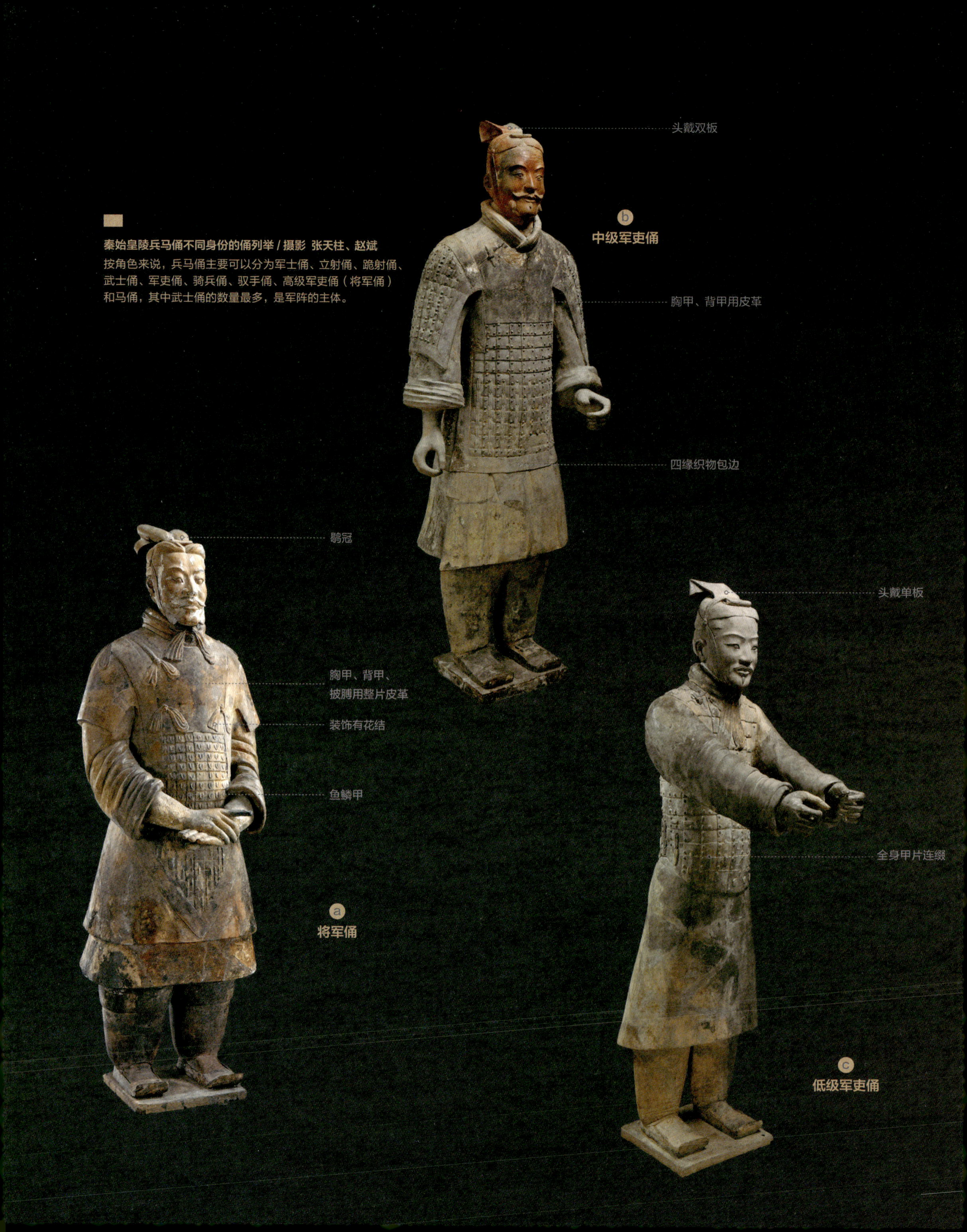

秦始皇陵兵马俑不同身份的俑列举 / 摄影 张天柱、赵斌

按角色来说，兵马俑主要可以分为军士俑、立射俑、跪射俑、武士俑、军吏俑、骑兵俑、驭手俑、高级军吏俑（将军俑）和马俑，其中武士俑的数量最多，是军阵的主体。

d 骑兵俑

f 立射俑

e 跪射俑

秦始皇还为这支军队营建了土木结构的地下军营，并按照现实世界的军阵编列，包括步兵方阵、多兵种方阵和指挥部。

其中一号军营（一号坑）为步兵方阵，由将近 6000 个兵马俑组成。方阵最前方为“敢死队”，他们不穿铠甲，行动敏捷。方阵两翼及后卫的最外侧队列，都面向外部站立，以便监视四处来敌，方阵内侧则是手持戈、戟、剑的主力部队。二号军营（二号坑）为多兵种联编部队，弩兵远距离射杀，骑兵迅捷袭击，战车兵猛冲突破，三大兵种协同作战，互为补充。三号军营（三号坑）为指挥部，将领们在这里运筹帷幄，指挥作战。

兵马俑一号坑位置

注：四号坑为未建成俑坑。

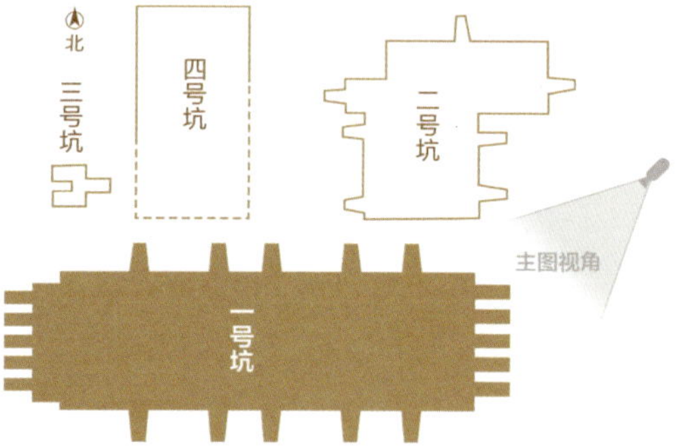

兵马俑一号坑复原示意

在目前发掘的兵马俑坑中，一号坑面积最大，其东西长 230 米，南北宽 62 米，面积相当于前后相连的两个标准足球场。

注：为方便展示，部分隔墙、立柱、枋木做了降低高度处理。

摄影图来源：摄影师 @ 张天柱

就这样，秦始皇成功打造了一支配置完整、气势恢宏的地下军团。8000 多个像“喜”一样的将士被仿制成俑，永远地守卫在秦始皇的身旁。至于他们的真名实姓，我们或许永远无法得知，但他们的形象已经永远定格在这一方天地间。

现实世界的“喜”曾 4 次被征召参战，并得以凯旋。或许因为获得军功，他回乡后被晋升为小吏，负责县里的法律事务，算是一位被上天眷顾的幸运儿。与此同时，另一个普通人将出现在秦始皇陵的营建队伍里，不过他的命运是一个悲剧。

一号坑兵马俑配备的部分武器示意 / 摄影 张天柱

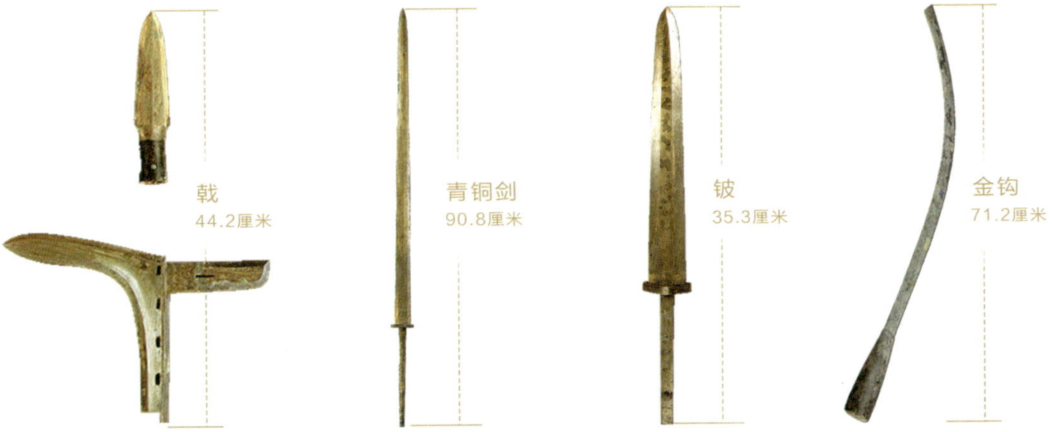

叁 修陵人“牙”

“牙”本是山东兰陵[1]的一名小官，在秦朝二十等级军功爵位制里位列第四级。他似乎并不富足，因为无力承担一次违法带来的罚款，而被押送到千里之外的关中骊山，充当一名卑微的修陵人，负责修建秦始皇的陵园。

以他的身份自然无法看到陵园的全貌，但管中窥豹，他依然可以感受到这是一个前所未见的大工程。

1. 兰陵是山东很早就有的古地名，早在战国后期，楚国便在此设置兰陵邑。1947 年，为了纪念 1933 年 7 月中国共产党领导的“苍山暴动”，兰陵更名为苍山县。到 2014 年，当地恢复了兰陵的地名。在“牙”的时代，这里叫作“兰陵”。

位于陕西临潼的秦始皇帝陵 / 摄影 张天柱
其东面是秦始皇陵兵马俑博物馆，后面是骊山。

秦始皇陵园：永生的地下帝国

千古一帝秦始皇自登上王位后，便开始着手准备自己的地下帝国。秦始皇陵规模超越前代，修建有宏伟的宫城、完备的地下军团和军事装备，还有供娱乐活动的陪葬品，它们共同形成了一个如同真实世界的超级陵园。

注：该复原图并非真实复原，仅作示意。

摄影图来源：摄影师 @ 王长春、张天柱

文官俑坑

少见的未被焚烧过的陪葬坑，共发掘与清理出12尊文官俑，给人温和儒雅的印象。据考古学家推测，可能象征秦朝主管监狱与司法的廷尉。

修陵人墓地

修建秦始皇陵的刑徒或身份低微的工人的坟墓，目前考古工作者共发现了四处修陵人墓地，共挖掘出18块有刻文的板瓦，其上刻有死者姓名、籍贯等信息。

百戏陶俑坑

共发掘与清理出11尊陶俑。出土陶俑上身赤裸（仅有两件上身穿着衣服），下身着短裙，姿态各殊，具有明显的表演性质。

动物陪葬坑
坑中有少量动物骨骼。秦始皇重视地下世界的建设，希望死后也能有动物可用于食用、娱乐。
青铜水禽坑
共清理出土青铜禽46件，其中铜鹤6件，天鹅20件。青铜禽造型逼真，活灵活现，和动物陪葬坑一样，反映出秦人“事死如事生”的观念。
陪葬墓区
1335米
1225米
兵马俑坑
秦始皇陵的陪葬坑，目前共发掘出三座坑。在二号坑与三号坑之间还有一座未建成的俑坑，可能是因秦末农民起义而被迫停工。
马厩坑
目前共掘出马厩坑93座，坑中埋有马和陶坐俑。
陪葬墓
目前共探出17座，共清理出8座，只有一座未见人骨。据考古学家推测，陪葬墓的主人可能为秦二世杀戮的秦始皇的大臣。
将军俑

文官俑，也称袖手俑，秦始皇帝陵博物院藏/摄影 张天柱

其腰间佩挂有削和砥石，当时多用竹简书写，削为书刀，简牍上写了错字时，用削划掉重写；砥石为磨刀石，打磨削用。

砥石

削

文官俑的标志

12 个真人大小的文官俑被埋入单独的坑中，它们是负责司法的廷尉，是秦始皇地下王朝的中央机构主官之一。曾身为官员的“牙”见到此景，不知会不会感慨，同为官员的自己如今怎么沦落到这般田地。

两套分别重达一吨多的铜车马也被埋入另一个坑中，象征负责皇帝出行的中央官员——太仆。如此豪华的车驾，不由得让“牙”想到秦始皇出行该有多么壮观。现实中见过此景的刘邦，就曾发出感叹：“嗟乎，大丈夫当如此也！”

前文提到的拥有 8000 多个兵马俑的兵马俑坑，以及后来发现的藏有石铠甲等军用装备的石甲胄坑，埋葬有马匹的马厩坑，共同组成了一个完备的军事系统，象征着秦王朝的军事力量。

此外，还有为帝王提供文娱服务的百戏俑坑，以及提供水禽表演的青铜水禽坑。青铜水禽坑中用至少 46 件青铜水禽，还原了一个相当令人震撼的场景：经过驯化的天鹅、仙鹤、鸿雁，在弦乐与钟鼓的引导下，于水面上翩翩起舞，为统治者提供水、禽、乐三位一体的表演。

就这样，在众多官员、兵马及各类服务机构人员的簇拥下，秦始皇的陵墓居中而建。其地上封土高度超过 50 米，封土内筑有 9 层高台，供秦始皇的灵魂登高出游。地下拥有深达 30 米的地宫，以水银为江河，模拟秦朝版图；以星宿为天文，模拟宇宙时空。

陵墓和各类陪葬坑共同形成了一个功能完备、如同真实世界的超级陵园，这就是千古一帝秦始皇想要打造的永生的地下王朝。

秦始皇陵铜车马示意 / 摄影 张天柱、李文博、孙岩

秦始皇陵铜车马一号车，出土于秦始皇陵封土西侧的一个陪葬坑里。一号车是秦始皇乘舆中的立车，伞盖下站立一御者，车上有弩、盾等武器，主要在皇帝车队中居前开道和警卫。一号车的车马总长 2 米多，由众多零部件组装而成。马头上的穗状装饰直径小于 0.5 毫米，细如发丝，可见工艺之精湛。

缰绳
与现代金属表带的结构极
为相似，可以灵活转动。
车轴

与高高在上的秦始皇相比，“牙”只是一个卑微的修陵人。

他日日夜夜地劳作，最终只是为了圆帝王的南柯一梦。繁重的劳作，加之食不果腹，“牙”最终在积劳成疾中死去。人们只是在瓦片上刻下他的身份信息，便把他匆匆埋葬。更有许多修陵人因劳作中的些许差错，就被残忍杀害，身首异处。

《史记·秦始皇本纪》记载，全国各地服徭役之人源源不断地被押送到骊山修陵，人数多达 70 万。而在公元前 210 年秦始皇驾崩前后，一批服徭役之人正从江苏徐州被押往骊山。不过他们并没有真正到达骊山，而是挣脱了捆绑手脚的枷锁，决定同命运做斗争。一部分人在途中四散逃走，另一部分人决定追随一位负责押送的官吏另谋出路。他们谁也料想不到，得益于这次反抗，不久后他们竟成为另一个时代的开创者。而这位押送人，名为刘邦。

不久，又有一批被押送戍边的人员在陈胜、吴广的带领下起义，他们发出“王侯将相，宁有种乎”的呐喊，并很快攻打到骊山脚下。

可秦始皇的地下军团无动于衷，随着抔抔黄土的覆盖消失在了人间。这一消失就是两千年，无人知晓，无人问津，直到 2200 多年后一次偶然的发现。

左页上左图　一号坑铠甲武士俑 / 摄影　赵有人

左页上右图　一号坑战袍武士俑 / 摄影　赵有人

左页下图　二号坑挖掘出土时的兵马俑 / 摄影　李文博

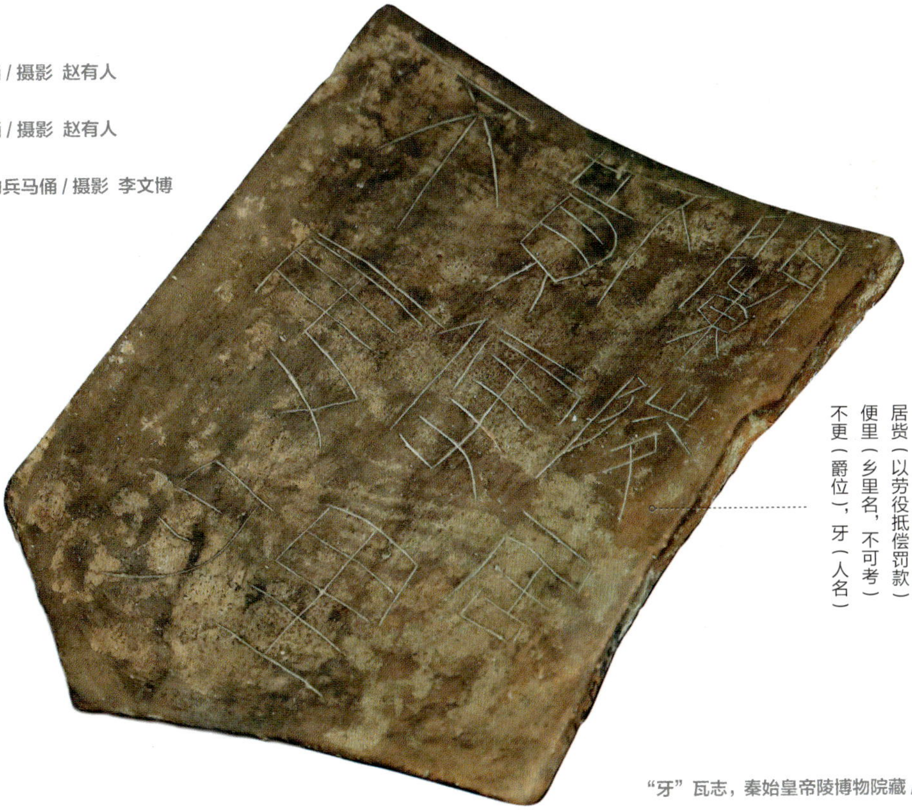

阑陵居赀便里不更牙

阑陵（地名，今山东苍山兰陵镇）
居赀（以劳役抵偿罚款）
便里（乡里名，不可考）
不更（爵位），牙（人名）

“牙”瓦志，秦始皇帝陵博物院藏 / 摄影　张林

肆 2200 多年后

1974 年，西安临潼县（今临潼区）西杨村的农民打井时，偶然发现了破碎的陶人身躯。不明所以的村民以为是神灵现身，并对它顶礼膜拜，祈求保佑自身。而事实上，这就是秦始皇陵的兵马俑。之后不久，考古人员的发掘正式拉开了兵马俑重见天日的大幕，但困难重重。

兵马俑的形象本是“鲜衣怒马”，色彩艳丽，可是历经地下两千多年的岁月，它们“皮肤”大多“老化”，幸存的色彩也是“命悬一线”。这是因为兵马俑的“皮肤”由生漆层和色彩层组成，两千多年来，其中的有机质早已老化，且习惯了潮湿、黑暗无光的地下环境。当兵马俑被发掘出来时，老化的漆层或被表面的泥土沾落，或因暴露在干燥的空气中失水、氧化等，很快开始龟裂、起翘、脱落。

考古人员随之摸索出多种发掘和保护手段。首先，在整个清理过程中，他们会在俑的表面不停地喷洒蒸馏水，以维持恰如其分的湿度。若湿度过低，彩绘层会失水脱落，湿度过高则容易产生霉变。然后，在清理表面的泥

本页左图　刚发掘出土时色彩保留较好的兵马俑 / 摄影　张天柱
本页右图　在兵马俑中首次出土的红色眼珠陶俑 / 摄影　张天柱

右页左图　考古修复中的兵马俑 / 摄影　朱福升
右页右图　兵马俑考古发掘现场 / 摄影　张天柱

土时保持警惕，防止损伤彩绘层，并使用特殊溶液对彩绘层进行加固保护。为此，考古人员还将精密的医疗器械应用到发掘中，为兵马俑“救死扶伤”。但残酷的是，色彩总有消失的一天。目前为止，还没有任何一项技术可以暂停它们的“衰老”进程。

时光夺走了兵马俑的“容颜”，大地也没有放过它们的“身躯”。

长久以来，由于覆盖的土层坍塌等，陶俑支离破碎，修复师们只能像拼图一样将其重新拼合。往往需要相当长的时间，才能让万千碎片重塑真身。以 2011 年发掘出的将军俑为例，经过了 5 年的修复，它才恢复真容。而如果想要数千件兵马俑全体重生，可能还需要上百年。

即便已经重生的兵马俑仍很脆弱，腐蚀性气体、大气气溶胶、降尘、细菌，不适宜的温度、湿度、光照等，都可能对它们造成新的伤害。以上种种限制，正是秦始皇陵中众多区域不能轻易被发掘的原因之一。

如今，兵马俑遗址已经吸引超过 1.5 亿人次参观。人们或是被其庞大的阵容震撼，或是被它们千姿百态的表情吸引。

但在这之外，我们还应看到匠人“臧”的发明创造，士兵“喜”的战场拼杀，修陵人“牙”的悲惨境遇，以及普通人组成的起义军的逆天改命。而他们背后则是千千万万个“臧”“喜”“牙”，是秦王朝下的普罗大众，是人类长河中每个时代都存在的芸芸众生。

袖手俑，也就是文官俑 / 摄影 武霞红

4.5 圆明园

不灭的理性与浪漫

你无法想象，在一把火之后，
我们失去了怎样的圆明园。[1]

它拥有 3.5 平方千米的面积，相当于 5 个故宫、
3 个英国皇家植物园的邱园、
3.5 个法国凡尔赛花园。
作为“万园之园”，它是如何做到的？

在我们看来，
那是无数匠人、无数心血，
是中华民族数千年园林智慧的结晶，
是在丈量大地的极致理性中
尽揽江湖沧海、仙界人间的极致浪漫。

1. 1860 年的英法联军和 1900 年的八国联军，相继火烧、抢掠圆明园，使圆明园遭到毁灭性破坏。

圆明园兴衰史

1700

康熙时期

康熙四十八年（1709年）：圆明园始建成，原为康熙帝给第四子胤禛（雍正）的赐园。

雍正时期

雍正三年（1725年）：圆明园格局初步建成，雍正帝将其升为离宫御苑。

1750

乾隆十年（1745年）：乾隆帝在圆明园东面修建长春园。

乾隆时期

乾隆三十四年（1769年）：圆明园东南面的春和园归入圆明园,定名为绮春园。

乾隆三十五年（1770年）：圆明园、长春园、绮春园的三园格局基本建成。

1800

嘉庆时期

嘉庆十九年（1814年）：嘉庆帝对绮春园进行大规模改建与增建，绮春园处于全盛时期。

道光时期

咸丰十年（1860年）：在第二次鸦片战争中，圆明园被英法联军焚毁。

1850

咸丰时期

同治时期

光绪时期

光绪二十二年（1896年）：慈禧太后与光绪帝对圆明园启动修复工程。

1900

光绪二十六年（1900年）：圆明园遭八国联军入侵洗劫，辉煌不复。

九州景区

九州景区是圆明园内建置最早、最核心的区域。景区以邹衍“大九州说”为蓝本，环绕着后湖的九座小岛，有着“华夏九州”的文化寓意。

圆明园景观布局复原

圆明园是汇集了众多名园胜景的清朝大型皇家园林，始建于康熙四十六年，经历代皇帝扩建、改建，在乾隆时期初步形成了由圆明园、长春园、绮春园三园组成的“圆明三园”格局，于嘉庆时期达到鼎盛。此后，道光帝及咸丰帝均未再对“圆明三园”进行大规模扩建，“圆明三园”的总体格局也因此被保留下来，直至咸丰十年被侵略者烧毁。

“圆明三园”布局示意

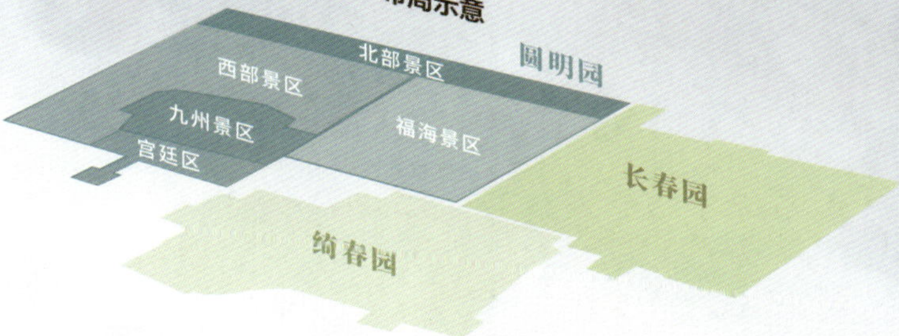

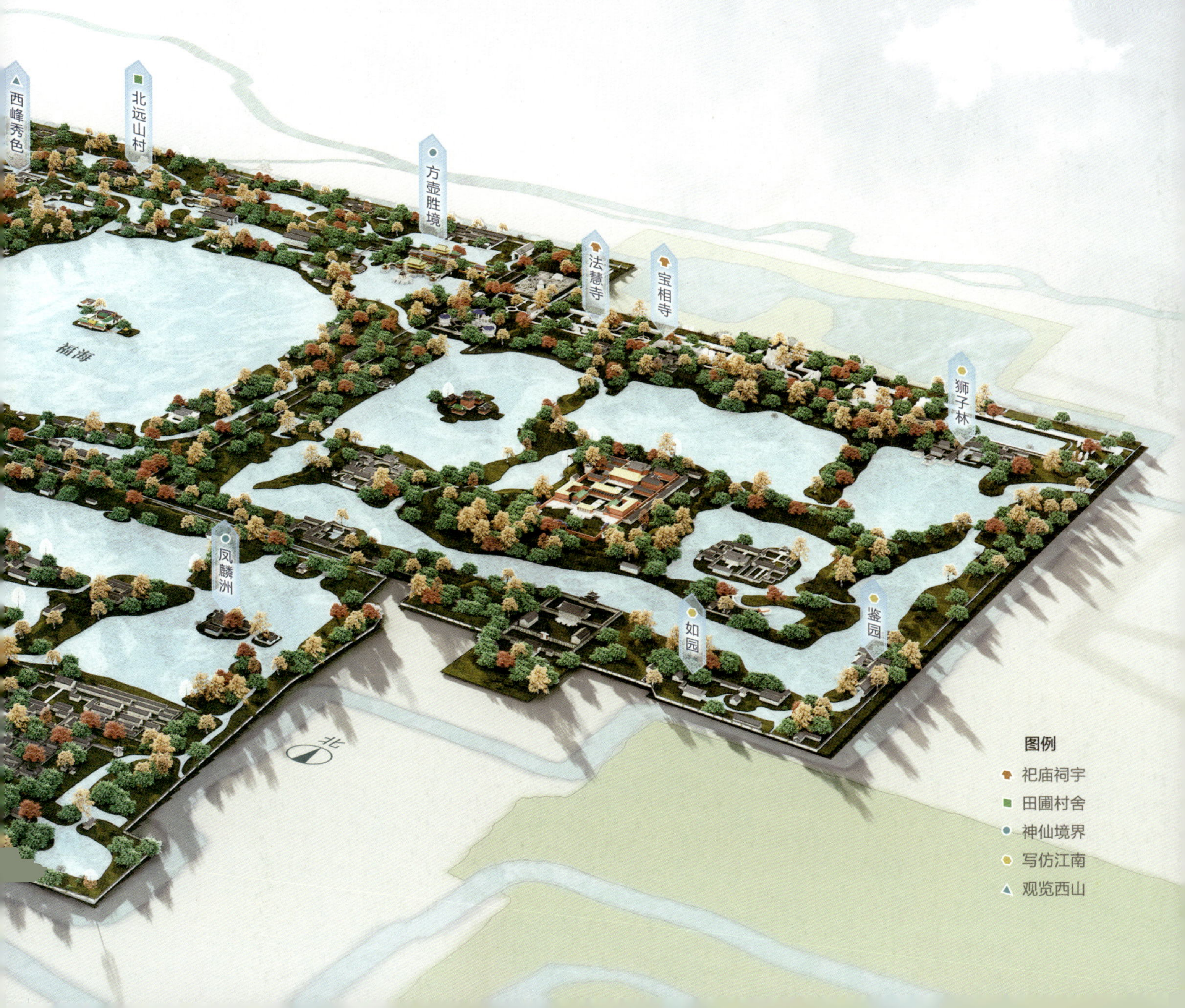

燕 山 山 脉
三山
五园
香山
静宜园
静明园
玉泉山
颐和园
万寿山
畅春园
圆明园
御马园
西花园
淑春园
清华园
近春园
春熙院
其他皇家园林
太 行 山 脉
西 小 西 山
放大区域
圆明园
福海蓬岛瑶台
直线距离约13千米
紫禁城
太和殿
清 河
小 月 河
长 河
永 定 河

壹 缘起

山川四时，明月清风，崇尚自然的中国人自古便追求天人合一。即便贵为皇帝，坐拥恢宏的紫禁城，也不甘心被宫廷高墙禁锢，依旧渴望园居生活。

北京城西北郊一处绝佳的造园区域，吸引了清朝皇帝的注意。从高空俯瞰，太行山自南而来，在北京城的西边一路蔓延，与平原相接，是为北京西山，人称“神京右臂”。西山云蒸霞蔚，山峦起伏，山间发育的泉水塑造出众多湖沼。

自清康熙年间起，清朝皇帝便开始在西山一带营建皇家园林。而始建于康熙四十八年（1709 年）的圆明园，更是其中的佼佼者。清朝皇帝不甘于将圆明园塑造成常规的园林，而是要容纳全世界。

左页图　北京西郊皇家园林分布

在中国古人心中，何为世界?

早在战国时期，阴阳学家邹衍提出，世界由被大海包围的九个大州组成。每个大州内部又分为九个小州，中国是其中的“赤县神州”。圆明园九州景区便以此为蓝本布局建造，四周湖泊代表大海，九个岛屿代表九个大州，如同将天下缩于一园之中，是全园布局的核心所在。

同时，古人认为天下山脉均发于昆仑，河流均汇聚于大海。圆明园顺应自身西高东低的地势，参照中国山川地势的布局，于西北堆砌假山象征昆仑，于东部开凿湖泊象征东海。园内水系顺势贯穿全园，并向东流入长春园、绮春园，使“圆明三园”河道水系相通。这一水系还在更大的范围内与整个北京西郊园林水系相连。

于是，园内河、湖、溪、涧、泉、沼俱备，一如“水光潋滟晴方好”，又似“江雾霏霏作雪天”；既可“犯溪烟深入”，又可“误入藕花深处”。水系萦回之中，与殿堂、朱楼、水榭、廊桥等千变万化的建筑，共同组成了一个极致浪漫的世界。

方壶胜境

—象征仙山琼阁—

本景的主体建筑是对称布置，前后三组的殿堂，上覆黄色琉璃瓦，倒影于水面上，犹如仙山的琼楼玉宇般壮观。前部的三座重檐大亭及白石崇基，呈「山」字形伸入湖中，具有东海三神山的寓意。

蓬岛瑶台

—集蓬莱山与昆仑山两大神话典故—

位于福海中央，由大小三座岛组成，岛上建筑为仙山楼阁之状，象征着神仙居住的仙境。新中国成立后，本景部分建筑和景观进行了整修，如今已成为圆明园景区重要的游览观光地。

作为「万园之园」，即便今天我们已尽可能绘制了复原长制图，其中所呈现的景点，也未到它的十分之一。

在圆明园的背后，是一个占据当时全球近1/3的人口、近1/3粮食产量、近1/3制造业产值的清王朝。但是，如此壮丽的园林，又岂是仅凭人口和财富就能成就的！

圆明园部分景点复原示意

慈云普护

—— 造境源自佛道圣地天台山 ——

整个景区三面环水，一面靠山。其名「慈云普护」和景区内所供奉的佛教观音菩萨、道教海中龙王以及关羽忠义的儒家思想，共同传达出保佑生灵、长治久安的含意。

接秀山房

—— 远眺西山秀色 ——

接秀山房，正面是一片碧波荡漾的湖泊，可远眺西山的秀美景致。每一处装饰皆精选紫檀木漆器，上面都镶嵌着金银、宝石与象牙。而这些珍贵的材料上，又经匠人细细镂刻出山水、楼阁、人物、花木、虫鸟等。

圆明园蓬岛瑶台秋色 / 摄影 张晓莲

作为皇帝长居的园囿，圆明园除了有星罗棋布的景观，还有大量的政治活动空间。宫门区分布着六部等办公机构，严整对称的朝房、层层嵌套的院落，烘托出主殿的气势，成为园内最重要的仪典和政治空间，是为“正大光明”。

依地势南北延展的殿阁前，远山近水，一片开阔。这里不仅可以骑马射箭，还可以举办游牧风格的宴会，是为“山高水长”。皇帝频繁使用的办公区域，则更重视实用性，院落规整，且与宫门距离不远，方便官员参与御前会议，是为“勤政亲贤”。

这些政治活动空间，让圆明园在千花万木和山川风月之中，成为紫禁城外的又一统治中心。[1] 而这些美景、这些浪漫，这些亭台、这些殿堂，也绝非随意为之，而是出自一种深思熟虑的极致理性。

1. 圆明园给清朝的皇帝们营造了一个诗意的空间，所以从雍正到咸丰五朝皇帝，每年都有很长一段时间生活在圆明园，驻园时间甚至超过在紫禁城的时间。

清朝皇帝平均每年驻跸圆明园时日

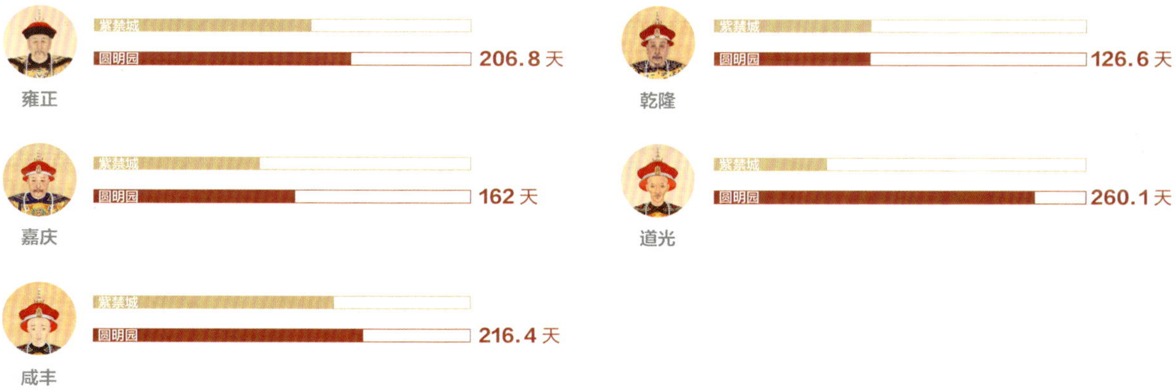

左页上图 “圆明三园”的长春园宫门 / 摄影 张晓莲

左页下图 圆明园正觉寺 / 摄影 张晓莲
正觉寺在“圆明三园”的绮春园，是“圆明三园”中的一所藏传佛教寺庙，建于清乾隆三十八年（1773 年）。

叁 极致理性

放眼整个北京西郊园林，虽形态不一，但平面规模都恰好有着相近的尺度，即约 800 清步[1]（约为今天的 1280 米）这一半径范围，这是一个可被人感知的距离。圆明园以福海的“蓬岛瑶台”为圆心，整体规模同样保持在约 800 清步的半径范围内。

然而在圆明园建设之时，玉泉山、万寿山的最佳观景位置已被附近园林占据。因此圆明园便以西山作为背景，使人们从园内的一众景区可以看到小西山[2]的最高峰——海拔 797 米的克勒峪。这才有了“西山爽气，在我襟袖”的感受。[3]

步入园中，一样有着理性的尺度控制。400 清步是园内最大水面福海的直径范围，200 清步是园内主要景点的直径范围。这样的尺度控制，使园内空间变幻有致，可观浮光跃金，可游林泉寂寥，使人乐此不疲。

在具体的景点内，看似毫无规矩的建筑，也恰好规矩地落于数个 10 丈方格内。以“九洲清晏”为例，中路宫殿区的院落宽约 2 方格，西路、东路寝宫区的院落宽约 1.5 方格，附属用房宽约 0.5 方格，共同组合成占地 21600 平方米的大型院落。在 10 丈方格的限制下，不同大小、不同形态的建筑组群，结合不同的山水形态，时而聚集，时而分散。

单个景点内的单体建筑也极具巧思。在清音阁戏楼，不仅三层戏台能同时演出，天井、地井还辅以升降装置，使演员可以在各层上下自如，实现腾云驾雾等舞台效果。

这些复杂的建筑，往往经由建筑师通过烫样模型[4]反复推敲方案，一遍遍考量施工的可能性而建成。

理性的尽头，是极致的浪漫。而浪漫的背后，也正是极致的理性。这才有了无与伦比的圆明园!

1. 清步，清朝的长度单位。《清会典》记：“以营造尺起度，5 尺为 1 步。”1 清朝营造尺 =32 厘米，1 清步 =1.6 米。
2. 香峪大梁是北京西山向北京平原突出的部分，即今北京西北六环内的部分，俗称小西山。
3. 这句出自唐朝柳宗元的《邕州马退山茅亭记》，原文不是写的北京西山，此处借其字面之意。
4. 烫样是中国古代建筑的立体模型小样，按照建筑实物比例缩小，主要用于进呈宫廷，以供审定。因为烫样主要用草纸板热压制成，故得此名。

圆明园空间格局尺度示意

圆明园的空间格局，从园林整体到单个建筑群，都采用了理性的控制，对不同尺度的运用使得圆明园景区与建筑群相互影响，远看恢宏开阔，近看变幻有致，显现出中国古代园林造景技艺的成熟。

10丈方格的运用

10丈方格即边长为10丈的方格，是圆明园建筑群空间组合的基准。10 丈方格实际尺寸为 10×10.4丈，即32×33.3米。

注：a = 800清步 = 1280米
b = 400清步 = 640米
c = 200清步 = 320米
d = 10丈 = 32米

200清步的运用

200清步折合为320米，主要运用于园内局部水系和重要景点的尺度控制。

（后湖与四周九岛的距离，控制在直径200清步的范围内，站在后湖九岛可清楚地看到对岸风景。）

400清步的运用

400清步折合为640米，主要运用于园内水体形态和重要景点距离的尺度控制。

（福海以蓬岛瑶台为中心，将尺度控制在直径400清步的范围内，恰好能展现蓬岛瑶台的秀美轮廓。）

800清步的运用

800清步是可被人感知的空间范围，折合为1280米，是西郊园林造园尺度控制的基准。

（“圆明三园”以蓬岛瑶台为圆心，尺度控制在以800清步为半径的圆内。）

从圆明园远眺玉泉山 / 摄影 李汉卿

在圆明园内移步换景，不仅可以看到园中之景，还可以欣赏园外西山，圆明园的景观层次由此丰富起来。

但是，“这个神奇的世界现在已经不见了”，“有一天，两个强盗闯入了圆明园，一个动手抢劫，一个把它付诸一炬”。[1]

大厦将倾，残存的圆明园又被大肆拆卖，大片的水系被填平成了农田。曾荣耀辉煌的正大光明殿，也一度沦为北京海淀区的垃圾总站，令人唏嘘。

1. 1860 年，英法联军在第二次鸦片战争中闯入圆明园，将之抢掠一空并付之一炬。1861 年，法国文豪维克多·雨果在给他的朋友、参加过第二次鸦片战争中英法联军行动的巴特勒大尉的信中，写下了上文引用的信件内容。在信中，雨果严厉地谴责了英法联军在圆明园犯下的罪行，两个强盗指的就是英国和法国。文中内容源自维克多·雨果《就英法联军远征中国致巴特勒大尉的信》。

那些设计者和建造者曾经丈量天地、布局咫尺，寓九州于同域，藏四季于朝暮，衔山川为丹青，执椽梁为诗赋。然而这座万园之园，已经被摧毁了，已经被抛弃了。它所凝聚的创造与想象，又怎能继续被遗忘。

为此，一代代中国学者向着过去的时间，开始了另一种远征。

圆明园西洋楼景区大水法遗址 / 摄影 刘宏成

大水法是一处喷泉景观，由欧洲传教士蒋友仁在清乾隆时期设计和建造。

肆 不灭的理性与浪漫

20 世纪 30 年代，以中国营造学社为核心，学者们在卷帙浩繁的清朝档案中披沙拣金，开始对圆明园的遗物和档案进行整理。

大量的史料文物，从样式雷 —— 一个八代担纲皇家建筑师的家族的视角，揭示了圆明园成为万园之园背后鲜为人知的故事。他们曾一步步勘探山川，探寻如何因地制宜，绘制一套套图纸，制作一个个烫样，推敲方案。

而样式雷家族所负责的不过是建造圆明园的众多工序中的一部分，远远无法涵盖石作、瓦作、画作、漆作等数十种工序。仅存的 2000 多件图档及烫样，也不过是圆明园添建、改建时所做的一部分资料，远远无法涵盖它建造的全部。

右页图　清样式雷家族的圆明园万方安和殿建筑烫样 / 摄影 黄翼
烫样上清晰地交代了建筑数量与尺寸信息，故宫博物院藏。万方安和是圆明园四十景之一，
在后湖西侧，东邻杏花春馆，今仅存遗址。

下图　建筑世家样式雷家族世系与建造建筑

建筑世家 样式雷

第一代	雷发达	
第二代	雷金玉	畅春园、**圆明园**
第三代	雷声澂	畅春园、**圆明园**
第四代	雷家玮	乾隆年间的皇家工程
	雷家玺	**圆明园**、畅春园、静明园、静宜园、承德避暑山庄、昌陵等
	雷家瑞	**圆明园**、畅春园、静明园、静宜园、承德避暑山庄、昌陵等
第五代	雷景修	**圆明园**、昌西陵、慕东陵
第六代	雷思起	**圆明园**、昌西陵、定陵、定东陵、三海等
第七代	雷廷昌	定东陵、惠陵、**圆明园**、颐和园等
第八代	雷献彩	**圆明园**、颐和园、西苑等

木板橋

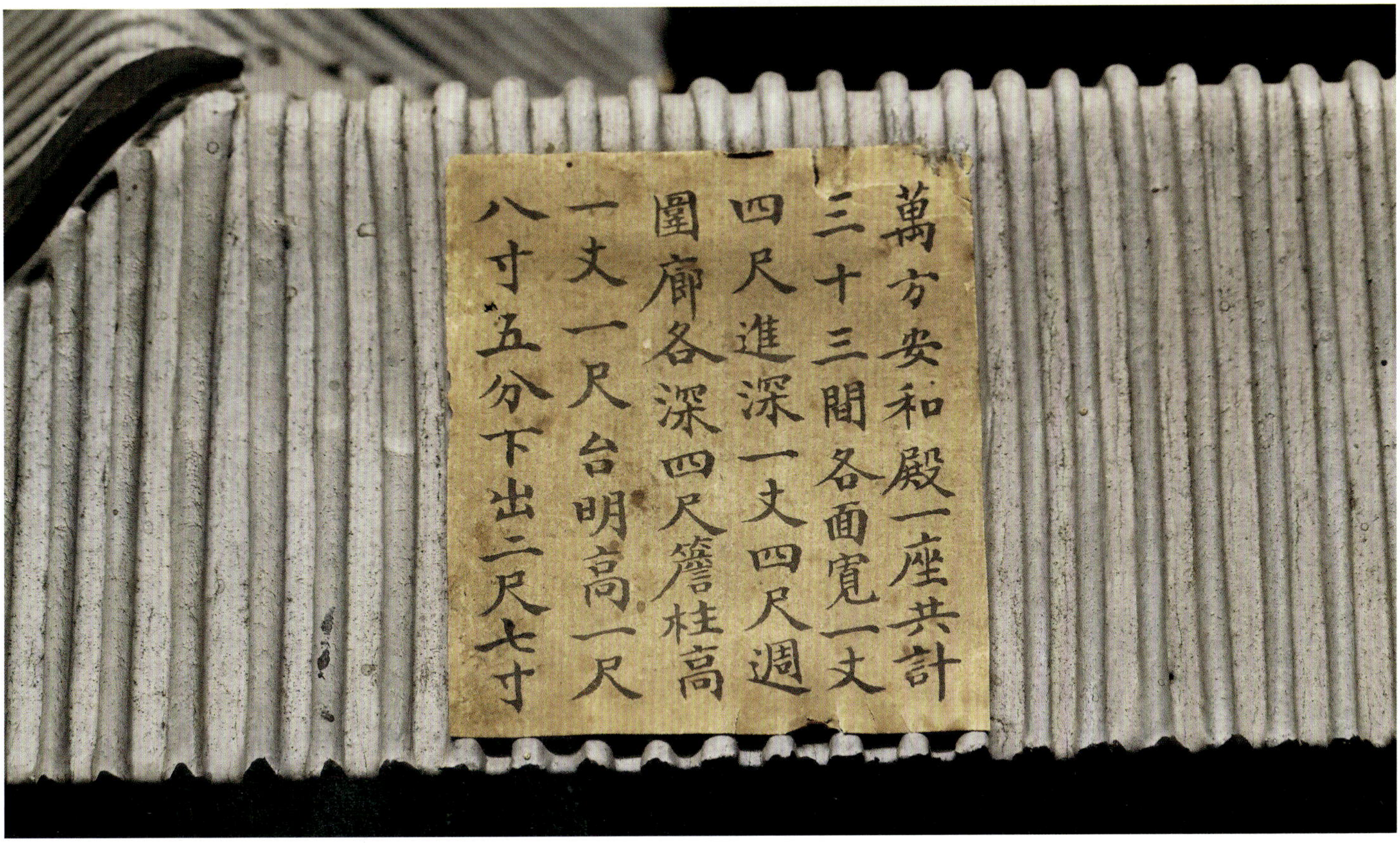
萬方安和殿一座共計
三十三間各面寬一丈
四尺進深一丈四尺週
圍廊各深四尺簷柱高
一丈一尺台明高一尺
八寸五分下出二尺七寸

自 1980 年开始，以宋庆龄为首的 1583 位名人、学者，联名发起了整修、保护圆明园遗址的倡议，成立中国圆明园学会，对圆明园进行保护，恢复了圆明园部分山形水系。1988 年，圆明园遗址被列入《第三批全国重点文物保护单位》。

2000 年进入新世纪后，圆明园作为遗址公园被进一步保护，园内居民、单位、工厂等被迁出。人们在进行考古发掘的同时，还修复了有较多建筑遗留的区域，恢复了约 10% 的古建筑。自 2009 年开始，清华大学郭黛姮教授及其团队，经过无数次翻阅、梳理、推敲，以数字化复原的方式，将圆明园重新引入公众视野。以上这些，尚未完结，也不会完结。

圆明园，这份不灭的理性与浪漫，历经无数人的创造，又经无数人的寻觅，亦将经无数人延续下去，穿透时间的长河，闪烁永恒的光芒。

圆明园蓬岛瑶台雪景 / 摄影 赵贵春

结语

文明定义了我们

身为中国人，我们都会好奇中国从哪里来。2019 年，我们曾在《这里是中国》中从地理的视角回答了这个问题——大约 6500 万年前，一场板块大碰撞，碰出一个大中国，它帮我们详解了中国自然地理的形成。

但中国的形成不仅有地球板块的力量，还有文明的力量。板块的力量奠定了中国的舞台，而中国成为中国，我们成为我们，还需要一场文明的修炼。

一万多年以来，从农业起源开始，中国先民创造了蓝色星球上最灿烂的文明之一。他们改造地表，发展农业，建设农田、城镇，建造各式建筑与古代工程，那些宏大的文明遗迹，至今在这片土地上存留和延续。他们发明文字，打造精美的青铜器、玉器，孕育出中国传统哲学、思想，乃至生活方式，这些看得见或看不见的文明元素滋养着每一代中国人，融入你我的血液。这些灿烂的中华文明，值得我们去探索，去发现，去记录。

为了养育更多人口，中国古人从北方到南方，从东南到西南，将每一寸山地空间极致利用，在山坡或山头开垦出层层叠叠的梯田，让中国成为全球梯田面积最大的国家，还是全球梯田类型最多、分布区域最广的国家。精耕细作的中国古代农业，养育了历代中国人，至今影响着中国北麦南稻的饮食格局，农业也成为中国献给世界的一份重要礼物——养育了世界很大一部分人口，为世界贡献了一半的作物。

为了居住，中国先民建起各式家园。家是每一个最普通人的生存需求，从最开始的洞穴、半地穴式房屋，到后来的窑洞、合院建筑等，中国人的家园不断升级。随着中国人在这片土地上开枝散叶，家园的种类之丰富、样式之繁多，令人叹为观止。在每一个家园里，每一代中国人重视家庭，敬奉祖先，对家族兴旺负责，这都成了我们的文化基因。

为了安全，中国先民修筑起大小城池，筑城以守民。古城由少而多，由稀而密，由小而大，不断生长，最终遍布中国大地。今天，生活在钢筋水泥的森林中，我们很难想象我们的祖先曾经创造过多少伟大的古城池。它们虽然有的早已湮灭于流沙，但还有不少倔强地留存在今天的中国大地上，清晰地诉说着它们曾经何等强大，诉说着中国古人的苦难、辉煌与智慧。

为了书写，为了交流，为了记录，中国先民发明文字，商朝的历史才不至于是传说，汉赋、唐诗、宋词才被传诵千年，中华文明的跌宕起伏、波澜壮阔才会被清晰记录。为了秩序与礼制，或为了实用，中国先民浇铸出珍贵的青铜礼器，打磨出精美的玉石器，并赋予审美和价值观，中国人的审美与思想观念由此一代代层累积淀。

……………

是的，这些都是我们的文明。因为中国先民的创造，

中国成了中国，
我们成了我们。

致敬我们的伟大文明遗产，
也致敬一代代中国人一砖一瓦的创造！

他们的创造让中华文明可见、可感、可知，
实实在在，不用质疑；

也是他们的创造，回答了

我们是谁，
我们从哪里来。

参考文献

第一部分 起源，满天星斗

1.1 良渚：5000 年前的烟雨江南

[1] 陈明辉 . 良渚时代的中国与世界 [M]. 杭州：浙江大学出版社，2019.
[2] 陈明辉 . 良渚文明手册 [M]. 杭州：浙江大学出版社，2022.
[3] 陈同滨 . 世界文化遗产“良渚古城遗址”突出普遍价值研究 [J]. 中国文化遗产，2019，(04)：55—72.
[4] 戴向明 . 文明、国家与早期中国 [J]. 南方文物，2020，(03)：14—21.
[5] 方向明 . 土筑金字塔：良渚反山王陵 [M]. 杭州：浙江大学出版社，2019.
[6] 方向明 . 王陵和祭坛：瑶山遗址 [M]. 杭州：浙江大学出版社，2022.
[7] 姬翔，宋姝，武欣 . 物华天宝：良渚古环境与古动物 [M]. 杭州：浙江大学出版社，2019.
[8] 伦福儒，刘斌，陈明辉，等 . 中国复杂社会的出现：以良渚为例 [J]. 南方文物，2018，(01)：63—68.
[9] 郎剑锋，王清刚，王宁远 . 杭州市余杭区良渚古城外围水利系统老虎岭水坝考古勘探与发掘 [J]. 考古，2021，(06)：3—14+2.
[10] 李零，刘斌，许宏，等 . 了不起的文明现场：跟着一线考古队长穿越历史 [M]. 北京：生活 · 读书 · 新知三联书店，2020.
[11] 刘斌，王宁远，陈明辉，等 . 良渚：神王之国 [J]. 中国文化遗产，2017，(03)：4—21.
[12] 刘斌，王宁远，郑云飞，等 . 2006—2013 年良渚古城考古的主要收获 [J]. 东南文化，2014，(02)：31—38+67.
[13] 刘斌 . 法器与王权：良渚文化玉器 [M]. 杭州：浙江大学出版社，2019.
[14] 刘建国，王辉 . 空间分析技术支持的良渚古城外围水利工程研究 [J]. 江汉考古，2018，(04)：111—116.
[15] 刘浴辉，孙霞，郭彩青 . 中国全新世 4.2ka BP 气候事件及其对古文明的影响 [J]. 地质科技情报，2013，32 (01)：99—106.
[16] 王宁远，刘斌 . 杭州市良渚古城外围水利系统的考古调查 [J]. 考古，2015，(01)：3—13+2.
[17] 王巍 . 中华文明探源研究主要成果及启示 [J]. 大众考古，2022，(06)：90—91.
[18] 夏勇，朱雪菲 . 图画与符号：良渚原始文字 [M]. 杭州：浙江大学出版社，2019.
[19] 袁靖，潘艳，董宁宁，等 . 良渚文化的生业经济与社会兴衰 [J]. 考古，2020，(02)：83—92.
[20] 赵晔 . 内敛与华丽：良渚陶器 [M]. 杭州：浙江大学出版社，2019.
[21] 浙江省文物考古研究所 . 反山 (上下) [M]. 北京：文物出版社，2005.
[22] 浙江省文物考古研究所 . 良渚遗址群 [M]. 北京：文物出版社，2005.
[23] 朱雪菲 . 神王之国：良渚古城遗址 [M]. 杭州：浙江大学出版社，2019.

1.2 二里头：寻找中国“第一王朝”

[1] 曹定云 . 夏代文字求证：二里头文化陶文考 [J]. 考古，2004，(12)：76—83.
[2] 常怀颖 . 夏商都邑铸铜作坊空间规划分析 [J]. 中原文物，2018，(05)：68—81.
[3] 陈国梁，许宏，赵海涛 . 河南偃师市二里头遗址墙垣和道路 2012—2013 年发掘简报 [J]. 考古，2015，(01)：40—57+2.
[4] 陈国梁 . 合与分：聚落考古视角下二里头都邑的兴衰解析 [J]. 中原文物，2019，(04)：71—80.
[5] 戴向明 . 文明、国家与早期中国 [J]. 南方文物，2020，(03)：14—21.
[6] 饭岛武次 . 二里头考古与夏王朝的真实存在 [J]. 历史研究，2020，(05)：20—27.
[7] 宫本一夫 . 二里头遗址二里头文化至二里岗文化过渡期的青铜器生产 [J]. 南方文物，2019，(02)：95—102.
[8] 韩建业 . 良渚、陶寺与二里头：早期中国文明的演进之路 [J]. 考古，2010，(11)：71—78+113.
[9] 贺俊 . 论二里头文化的宏观聚落形态 [J]. 考古学报，2022，(04)：461—484.
[10] 贺娅辉，赵海涛，刘莉，等 . 二里头贵族阶层酿酒与饮酒活动分析：来自陶器残留物的证据 [J]. 中原文物，2022，(06)：30—44.
[11] 侯卫东，贺俊，杜金鹏 . 寻夏记：二里头考古揭秘最早中国 [M]. 郑州：大象出版社，2023.
[12] 侯卫东 . 论二里头文化四期中原腹地的社会变迁 [J]. 中原文物，2020，(03)：51—56.
[13] 郎剑锋，王清刚，王宁远 . 杭州市余杭区良渚古城外围水利系统老虎岭水坝考古勘探与发掘 [J]. 考古，2021，(06)：3—14+2.
[14] 李水城 . 西北与中原早期冶铜业的区域特征及交互作用 [J]. 考古学报，2005，(03)：239—275+278.
[15] 李硕 . 翦商：殷周之变与华夏新生 [M]. 桂林：广西师范大学出版社，2022.
[16] 李志鹏 . 中原腹地龙山文化到二里头文化时期先民的肉食消费再研究 [J]. 南方文物，2021，(05)：155—166.
[17] 廉海萍，谭德睿，郑光 . 二里头遗址铸铜技术研究 [J]. 考古学报，2011，(04)：561—575+593—600.
[18] 刘斌，王宁远，陈明辉，等 . 良渚：神王之国 [J]. 中国文化遗产，2017，(03)：4—21.
[19] 刘斌，王宁远，郑云飞，等 . 2006—2013 年良渚古城考古的主要收获 [J]. 东南文化，2014，(02)：31—38+67.
[20] 刘建国，王辉 . 空间分析技术支持的良渚古城外围水利工程研究 [J]. 江汉考古，2018，(04)：111—116.
[21] 刘浴辉，孙霞，郭彩青 . 中国全新世 4.2ka BP 气候事件及其对古文明的影响 [J]. 地质科技情报，2013，32(01)：99—106.

[22] 庞小霞．二里头文化时期的东方 [J]. 华夏考古，2022，(06)：52—61.
[23] 秦小丽．二里头文化时期绿松石饰品的生产与流通 [J]. 中原文物，2022，(02)：64—74.
[24] 孙庆伟．追迹三代 [M]. 上海：上海古籍出版社，2015.
[25] 王立新．再论二里头文化渊源与族属问题 [J]. 历史研究，2020，(05)：12—19.
[26] 王宁远，刘斌．杭州市良渚古城外围水利系统的考古调查 [J]. 考古，2015，(01)：3—13+2.
[27] 王青，赵江运，赵海涛．二里头遗址新见神灵及动物形象的复原和初步认识 [J]. 考古，2020，(02)：93—101.
[28] 王巍．中华文明探源研究主要成果及启示 [J]. 大众考古，2022，(06)：90—91.
[29] 向桃初．二里头文化向南方的传播 [J]. 考古，2011，(10)：47—61+111.
[30] 许宏．东亚青铜潮：前甲骨文时代的千年变局 [M]. 北京：生活 · 读书 · 新知三联书店，2021.
[31] 许宏．二里头都邑的两次礼制大变革 [J]. 南方文物，2020，(02)：8—16.
[32] 许宏．最早的中国：二里头文明的崛起 [M]. 北京：生活 · 读书 · 新知三联书店，2021.
[33] 许宏．二里头遗址“突出普遍价值”举隅 [J]. 中国文化遗产，2022，(06)：30—36.
[34] 袁广阔．论二里头文化龙崇拜及其对夏商文化分界的意义 [J]. 郑州大学学报（哲学社会科学版），2022，55(06)：88—92.
[35] 袁靖，潘艳，董宁宁，等．良渚文化的生业经济与社会兴衰 [J]. 考古，2020，(02)：83—92.
[36] 赵海涛，许宏，陈国梁．河南偃师市二里头遗址宫殿区 1 号巨型坑的勘探与发掘 [J]. 考古，2015，(12)：18—37.
[37] 赵海涛，张飞．二里头都邑的手工业考古 [J]. 南方文物，2021，(02)：126—131.
[38] 赵海涛．二里头遗址二里头文化四期晚段遗存探析 [J]. 南方文物，2016，(04)：115—123.
[39] 赵海涛．二里头都邑聚落形态新识 [J]. 考古，2020，(08)：109—120+2.
[40] 赵海涛．营国城郭 井井有序：二里头都邑布局考古的重大进展与意义 [J]. 河北师范大学学报（哲学社会科学版），2023，46(05)：69—74.
[41] 赵志军，刘昶．偃师二里头遗址浮选结果的分析和讨论 [J]. 农业考古，2019，(06)：7—20.
[42] 中国社会科学院考古研究所．偃师二里头：1959—1978 年考古发掘报告 [M]. 北京：中国大百科全书出版社，1999.
[43] 中国社会科学院考古研究所．二里头（1999—2006）[M]. 北京：文物出版社，2014.
[44] 朱君孝，李清临．二里头晚期外来陶器因素试析 [J]. 考古学报，2007，(03)：295—312.
[45] 朱乃诚．从牙璋看夏文化向南方地区的扩散 [J]. 江汉考古，2021，(06)：144—151.

1.3 三星堆：唤醒另一个宇宙

[1] 成都文物考古研究所，成都金沙遗址博物馆．金沙遗址考古发掘资料集 [M]. 北京：科学出版社，2013.
[2] 段渝．发现三星堆 [M]. 北京：中华书局，2021.
[3] 黄剑华．从三星堆到金沙：中华文明的惊世发现 [M]. 北京：中华书局，2021.
[4] 李零，刘斌，刘瑞，等．了不起的文明现场：跟着一线考古队长穿越历史 [M]. 北京：生活 · 读书 · 新知三联书店，2020.
[5] 刘兴诗．成都平原古城群兴废与古气候问题 [J]. 四川文物，1998，(04)：34—37.
[6] 冉宏林．古蜀地区祭祀遗存初步研究 [J]. 四川文物，2022，(06)：80—97.
[7] 冉宏林，雷雨，赵昊，等．四川广汉市三星堆遗址祭祀区 [J]. 考古，2022，(07)：15—33+2.
[8] 四川广汉三星堆博物馆．遇见三星堆 [M]. 成都：巴蜀书社，2022.
[9] 四川省文物考古研究所．三星堆祭祀坑 [M]. 北京：文物出版社，1999.
[10] 孙华，黎婉欣．中国上古太阳鸟神话的起源与发展：从古蜀文化太阳崇拜相关文物说起 [J]. 南方文物，2022，(01)：1—13.
[11] 孙华，彭思宇．三星堆埋藏坑的新发现与新认识 [J]. 中华文化论坛，2022，(06)：95—116+156.
[12] 唐启翠．水与城：成都平原史前聚落形态研究综述 [J]. 华夏考古，2012，(01)：47—53+62.
[13] 王仁湘．三星堆：青铜铸成的神话 [M]. 成都：巴蜀书社，2022.
[14] 武家璧．古蜀的“神化”与三星堆祭祀坑 [J]. 四川文物，2021，(01)：84—95.
[15] 薛芃，艾江涛．追寻三星堆：探访长江流域的青铜文明 [M]. 北京：生活 · 读书 · 新知三联书店，2021.
[16] 赵殿增．三星堆神权古国研究 [J]. 四川文物，2019，(01)：83—96.

第二部分 生长，众城崛起

2.1 古城：中国人的伟大造城史

[1] 何昊．甘青宁地区汉代城址研究 [D]. 长春：吉林大学，2016.
[2] 贺业钜．中国古代城市规划史 [M]. 北京：中国建筑工业出版社，1996.
[3] 李严，张玉坤，解丹．明长城九边重镇防御体系与军事聚落 [M]. 北京：中国建筑工业出版社，2018.
[4] 刘莉，陈星灿．中国考古学：旧石器时代晚期到早期青铜时代 [M]. 北京：生活 · 读书 · 新知三联书店，2017.
[5] 杨国庆．中国古城墙 · 第 5 卷 [M]. 南京：江苏人民出版社，2017.

[6] 殷晓磊 . 宋以前中国南疆地区古城分布及形态的初步研究 [D]. 上海：上海师范大学，2011.
[7] 张驭寰 . 中国城池史 [M]. 北京：中国友谊出版公司，2015.
[8] 国家文物局 . 全国重点文物保护单位一览 [EB/OL].https://wglj.jiyuan.gov.cn/14204/15220/19023/19035/P020220808571132782535.pdf.

2.2 长安：1400 年前的梦想之城

[1] 仇鹿鸣 . 长安与河北之间：中晚唐的政治与文化 [M]. 北京：北京师范大学出版社，2018.
[2] 董莉莉 . 丝绸之路与汉王朝的强盛 [D]. 济南：山东大学，2021.
[3] 费正清，崔瑞德 . 剑桥中国史 [M]. 杨品泉，译 . 北京：中国社会科学出版社，1992.
[4] 郭建龙 . 盛世的崩塌 [M]. 成都：天地出版社，2022
[5] 郝学玲 . 唐代社会的垂直流动初探 [D]. 济南：山东师范大学，2017.
[6] 黄留珠 . 西安通史 [M]. 西安：陕西人民出版社，2016.
[7] 黄新亚 . 消逝的太阳：唐代城市生活长卷 [M]. 长沙：湖南人民出版社，2006.
[8] 李碧妍 . 危机与重构 [M]. 北京：北京师范大学出版社，2015.
[9] 梁克敏 . 唐代城市管理研究 [D]. 西安：陕西师范大学，2019.
[10] 陆威仪 . 哈佛中国史 · 世界性的帝国：唐朝 [M]. 张晓东，冯世明，译 . 北京：中信出版社，2016.
[11] 宁欣 . 从唐诗走进历史 [M]. 北京：新星出版社，2023.
[12] 妹尾达彦 . 隋唐长安与东亚比较都城史 [M]. 高兵兵，郭雪妮，黄海静，译 . 西安：西北大学出版社，2019.
[13] 妹尾达彦 . 长安的都市规划 [M]. 高兵兵，译 . 西安：三秦出版社，2021.
[14] 荣新江，辛德勇，孟宪实，等 . 唐：中国历史的黄金时代 [M]. 北京：生活 · 读书 · 新知三联书店，2021.
[15] 史念海 . 西安历史地图集 [M]. 西安：西安地图出版社，1996.
[16] 史念海 . 中国古都和文化：《河山集》八集 [M]. 北京：中华书局，1998.
[17] 王军 . 中国古都建设与自然的变迁：长安、洛阳的兴衰 [D]. 西安：西安建筑科技大学，2005.
[18] 徐连达 . 唐朝文化史 [M]. 上海：复旦大学出版社，2004.
[19] 薛平拴 . 长安商业 [M]. 西安：西安出版社，2005.
[20] 阎琦 . 唐诗与长安 [M]. 西安：西安出版社，2003.
[21] 杨鸿勋 . 唐长安大明宫含元殿复原研究报告：再论含元殿的形制 [C]// 中国建筑学会建筑史学分会 . 建筑历史与理论第六、七合辑 . 中国社会科学院考古研究所，1994: 30.
[22] 张春兰 . 唐代都城治安管理制度 [J]. 南都学坛，2010，30 (03)：39—43.
[23] 张燕 . 古都西安：长安与丝绸之路 [M]. 西安：西安出版社，2010.
[24] 张永禄 . 唐都长安 [M]. 西安：西北大学出版社，1987.
[25] 中国国家博物馆 . 文物中国史 · 隋唐时代 [M]. 太原：山西教育出版社，2003.
[26] 朱士光 . 西安的历史变迁与发展 [M]. 西安：西安出版社，2003
[27] 朱贤枚 . 中国历代人口统计 [J]. 南昌大学学报 (人文社会科学版)，1982，(03)：80—99.

2.3 徽州：山河与故人

[1] 安徽省徽州地区地方志编纂委员会 . 徽州地区简志 [M]. 合肥：黄山书社，1989.
[2] 段进，等 . 世界文化遗产宏村古村落空间解析 [M]. 南京：东南大学出版社，2006.
[3] 李传玺 . 徽州古村落 [M]. 合肥：安徽科学技术出版社，2015.
[4] 陆林，凌善金，焦华富 . 徽州村落 [M]. 合肥：安徽人民出版社，2005.
[5] 单德启 . 安徽民居 [M]. 北京：中国建筑工业出版社，2009.
[6] 中国地理百科丛书编委会 . 徽州地 [M]. 广州：世界图书出版广东有限公司，2016.
[7] 朱永春 . 徽州建筑 [M]. 合肥：安徽人民出版社，2005.

2.4 南京：永不离场的金陵

[1] 董国强，李之荣 . 南京通史 · 共和国卷 [M]. 南京：南京出版社，2015.
[2] 范金民，杨国庆，万朝林，等 . 南京通史 · 明代卷 [M]. 南京：南京出版社，2012.
[3] 贺云翱 . 六朝瓦当与六朝都城 [M]. 北京：文物出版社，2005.
[4] 胡阿祥，李天石，卢海鸣 . 南京通史 · 六朝卷 [M]. 南京：南京出版社，2009.
[5] 胡阿祥 . 华夏正统与城市兴衰 : 古都南京的历史特质 [J]. 南京社会科学，2013(12)：141—148.
[6] 李天石 . 南京通史 · 隋唐五代宋元卷 [M]. 南京：南京出版社，2016.
[7] 南京市地方志编纂委员会办公室 . 南京简志 [M]. 南京：南京出版社，2014.
[8] 苏则民 . 南京城市规划史 · 第 2 版 [M]. 北京：中国建筑工业出版社，2016.
[9] 汪晓茜 . 南京历代经典建筑 [M]. 南京：南京出版社，2018.

[10] 王毅．南京城市空间营造研究 [D]. 武汉：武汉大学，2015.
[11] 武廷海．六朝建康规画 [M]. 北京：清华大学出版社，2011.
[12] 夏维中，张铁宝，王刚，等．南京通史 · 清代卷 [M]. 南京：南京出版社，2014.
[13] 徐宁．南京历代名著 [M]. 南京：南京出版社，2016.
[14] 薛冰．读南京 [M]. 南京：南京出版社，2017.
[15] 薛冰．南京城市史 [M]. 南京：江苏凤凰文艺出版社，2022.
[16] 杨颖奇，经盛鸿，孙宅巍，等．南京通史 · 民国卷 [M]. 南京：南京出版社，2011.
[17] 姚亦锋．南京城市地理变迁及现代景观 [M]. 南京：南京大学出版社，2006.

2.5 丽江：碰撞地带的创造

[1] 郭大烈，和志武．纳西族史 [M]. 成都：四川民族出版社，1994.
[2] 和仕勇．世界文化遗产丽江古城志 [M]. 昆明：云南人民出版社，2011.
[3] 木仕华．中华民族全书 · 中国纳西族 [M]. 银川：宁夏人民出版社，2016.
[4] 王鲁民，吕诗佳．建构丽江 秩序 · 形态 · 方法 [M]. 北京：生活 · 读书 · 新知三联书店，2013.
[5] 杨世瑜．丽江地景 · 丽江旅游地质文化 [M]. 北京：冶金工业出版社，2018.
[6] 余嘉华．云南文库 · 学术名家文丛 · 木氏土司与丽江 [M]. 昆明：云南人民出版社，云南大学出版社，2014.
[7] 朱良文，王贺．丽江古城环境风貌保护整治手册 [M]. 昆明：云南科技出版社，2009.
[8] 朱良文．丽江古城与纳西族民居 · 第 2 版 [M]. 昆明：云南科学技术出版社，2005.

第三部分 互动，融合交流

3.1 长城：碰出一个大中华

[1] 曹象明．明长城沿线军事堡寨的演化及其保护与利用模式：以山西省为例 [M]. 北京：中国建筑工业出版社，2015.
[2] 陈海燕，李孝聪，陈军．中国长城志 [M]. 南京 : 江苏凤凰科技出版社，2016.
[3] 帝都绘工作室．长城绘 [M]. 北京：北京联合出版公司，2019.
[4] 董进．大明衣冠图志 [M]. 北京：北京大学出版社，2016.
[5] 黄永美．西汉长城若干问题研究 [D]. 西安：西北大学，2014.
[6] 贾亿宝．明清山西民间长城信仰与长城记忆 [J]. 史志学刊，2018(02)：29—35.
[7] 李严，张玉坤，解丹．明长城九边重镇防御体系与军事聚落 [M]. 北京：中国建筑工业出版社，2018.
[8] 刘永华．中国古代军戎服饰 [M]. 北京：清华大学出版社，2013.
[9] 宋高安．金山岭长城军事防御体系研究及其体验性景观设计 [D]. 石家庄：石家庄铁道大学，2023.
[10] 王明珂．华夏边缘：历史记忆与族群认同 [M]. 杭州：浙江人民出版社，2013.
[11] 中国文化遗产研究院，全国政协文化文史和学习委员会．长城画传 [M]. 南京：江苏凤凰科学技术出版社，2023.

3.2 京杭大运河：永不停歇的南北动脉

[1] 蔡蕃．京杭大运河水利工程 [M]. 北京：电子工业出版社，2014.
[2] 冯超．漕运、水利与地方财政 [D]. 西宁：青海师范大学，2014.
[3] 黄仁宇．明代的漕运 [M]. 张皓，张升，译．北京：九州出版社，2019.
[4] 江太新，苏金玉．漕运史话 [M]. 北京：社会科学文献出版社，2011.
[5] 金诗灿．清代河官与河政研究 [M]. 武汉：武汉大学出版社，2016.
[6] 李文治，江太新．清代漕运 [M]. 北京：中华书局，1995.
[7] 袁飞．困境中的挣扎：嘉庆朝政治与漕运治理研究 [M]. 北京：中国社会科学出版社，2019.
[8] 邹逸麟．舟楫往来通南北：中国大运河 [M]. 南京：江苏凤凰科学技术出版社，2018.

3.3 莫高窟：一片沙石，万千美好

[1] 敦煌研究院．敦煌石窟艺术全集 [M]. 上海：同济大学出版社，2015.
[2] 樊锦诗，赵声良．灿烂佛宫 · 敦煌莫高窟考古大发现 [M]. 杭州：浙江文艺出版社，2004.
[3] 范鹏．曹氏归义军初期敦煌洞窟营建中折射出的价值观：以莫高窟第 98 窟为例 [J]. 敦煌研究，2016(02)：1—7.
[4] 孔令梅．敦煌大族与佛教 [D]. 兰州：兰州大学，2011.
[5] 李国，沙武田．莫高窟第 156 窟营建史再探 [J]. 敦煌研究，2017(05)：49—56.
[6] 马德．敦煌的世族与莫高窟 [J]. 敦煌学辑刊，1995(02)：41—47.
[7] 马德．敦煌工匠与敦煌石窟 [J]. 上海视觉，2018(01)：25—30.

[8] 马德 . 敦煌历史上社会力量对莫高窟的贡献及意义 [C]// 中国文物保护基金会，光明日报社 . 社会力量参与文物保护论坛文集 . 敦煌研究院，2016：12.
[9] 马世长 . 中国佛教石窟的类型和形制特征：以龟兹和敦煌为中心 [J]. 敦煌研究，2006(06)：43—53.
[10] 荣新江 . 敦煌学十八讲 [M]. 北京：北京大学出版社，2001.
[11] 荣新江 . 归义军史研究：唐宋时代敦煌历史考索 [M]. 上海：上海古籍出版社，2015.
[12] 沙武田 . 一幅珍贵的唐长安夜间乐舞图：以莫高窟第 220 窟药师经变乐舞图中灯为中心的解读 [J]. 敦煌研究，2015(05)：34—44.
[13] 施萍婷 . 敦煌经变画 [J]. 敦煌研究，2011(05)：1—13.
[14] 巫鸿 . 空间的敦煌：走近莫高窟 [M]. 北京：生活 · 读书 · 新知三联书店，2022.
[15] 杨富学，路虹 . 甘州回鹘天公主再考 [J]. 石河子大学学报（哲学社会科学版），2019，33(01)：91—101.
[16] 杨际平，郭锋，张和平 . 五一十世纪敦煌的家庭与家族关系 [M]. 长沙：岳麓书社，1997.
[17] 杨明 . 佛教伦理及其中国化发展 [J]. 伦理学研究，2010，(06)：71—76.
[18] 张景峰 . 敦煌阴氏与莫高窟研究 [D]. 兰州：兰州大学，2018.
[19] 赵声良 . 敦煌石窟艺术简史 [M]. 北京：中国青年出版社，2015.
[20] 郑炳林，李军 . 敦煌历史地理 [M]. 兰州：甘肃教育出版社，2013.

3.4 泉州：所有神的眷顾，都是人的奋斗

[1] 陈桂炳 . 泉州学概论 [M]. 长春：吉林大学出版社，2015.
[2] 丁毓玲 . 闽商发展史 · 泉州卷 [M]. 厦门：厦门大学出版社，2016.
[3] 福建省泉州海外交通史博物馆 . 泉州湾宋代海船发掘与研究（修订版）[M]. 北京：海洋出版社，2017.
[4] 顾煌杰 . 闽南沿海地区传统民居平面格局研究 [D]. 厦门：华侨大学，2019.
[5] 郭利民 . 中国古代史地图集 [M]. 北京：星球地图出版社，2017.
[6] 贺琛 . 水密隔舱海船文化遗产研究 [D]. 北京：中央民族大学，2012.
[7] 李大伟 . 宋元泉州与印度洋文明 [M]. 北京：商务印书馆，2015.
[8] 普塔克 . 海上丝绸之路 [M]. 史敏岳，译 . 北京：中国友谊出版公司，2019.
[9] 泉州市地方志编纂委员会 . 泉州市志 [M]. 北京：中国社会科学出版社，2000.
[10] 苏基朗 . 刺桐梦华录：近世前期闽南的市场经济（946—1368）[M]. 李润强，译 . 杭州：浙江大学出版社，2012.
[11] 王冠倬 . 中国古船图谱（修订版）[M]. 北京 : 生活 · 读书 · 新知三联书店，2011.
[12] 徐晓望 . 福建文明史 [M]. 北京：中国书籍出版社，2017.
[13] 杨小川 . 闽系红砖建筑概论 [J]. 南方文物，2016，(01)：277—281.
[14] 章巽 . 中国航海科技史 [M]. 北京：海洋出版社，1991.
[15] 周焜民 . 泉州古城踏勘 [M]. 厦门: 厦门大学出版社，2007.

3.5“南海 I 号”：800 年前的海底盲盒

[1] 曹家齐 . 宋代交通管理制度研究 [M]. 郑州：河南大学出版社，2002.
[2] 国家文物局水下文化遗产保护中心，广东省文物考古研究所，广东省博物馆，等 . 南海 I 号沉船考古报告之二：2014—2015 年调查（上）[M]. 北京：文物出版社，2018.
[3] 国家文物局水下文化遗产保护中心，广东省文物考古研究所，广东省博物馆，等 . 南海 I 号沉船考古报告之二：2014—2015 年调查（下）[M]. 北京：文物出版社，2018.
[4] 黄纯艳 . 宋代海外贸易 [M]. 北京：社会科学文献出版社，2003.
[5] 李零，刘斌，刘瑞，等 . 了不起的文明现场：跟着一线考古队长穿越历史 [M]. 北京 : 生活 · 读书 · 新知三联书店，2020.
[6] 刘淼，胡舒扬 . 沉船、瓷器与海上丝绸之路 [M]. 北京：社会科学文献出版社，2016.
[7] 宋建忠 . 水下考古与中国行动 [J]. 文物天地，2022，(05)：113—117.
[8] 孙键 . 南海沉船与宋代瓷器外销 [J]. 中国文化遗产，2007，(04)：32—45.
[9] 王元林，肖达顺 .“南海 I 号”宋代沉船 2014 年的发掘 [J]. 考古，2016，(12)：56—83+2.
[10] 席龙飞 . 中国古代造船史 [M]. 武汉：武汉大学出版社，2015.
[11] 席龙飞 . 中国三大船型中的福船 [J]. 国家航海，2020，(01)：118—129.
[12] 杨睿 .“南海 I 号”南宋沉船若干问题考辨 [J]. 博物院，2018，(02)：27—32.
[13] 姚传玉 . 宋代市舶司与陶瓷外销 [D]. 景德镇：景德镇陶瓷学院，2011.
[14] 叶道阳 .“南海 I 号”沉船反映的宋代海上生活辨析 [J]. 中国文化遗产，2019，(04)：99—104.

第四部分 创造，沧海遗珍

4.1 民居：200 亿中国人的家

[1] 陈志华，李秋香 . 中国乡土建筑初探 [M]. 北京：清华大学出版社，2012.
[2] 顾煌杰 . 闽南沿海地区传统民居平面格局研究 [D]. 厦门：华侨大学，2019.
[3] 侯继尧，王军 . 中国窑洞 [M]. 郑州：河南科学技术出版社，1999.
[4] 黄汉民，陈立慕 . 福建土楼建筑 [M]. 福州：福建科学技术出版社，2012.
[5] 贾珺 . 北京四合院 [M]. 北京：清华大学出版社，2009.
[6] 陆元鼎，杨谷生 . 中国民居建筑（上）[M]. 广州：华南理工大学出版社，2003.
[7] 陆元鼎，杨谷生 . 中国民居建筑（下）[M]. 广州：华南理工大学出版社，2003.
[8] 陆元鼎，杨谷生 . 中国民居建筑（中）[M]. 广州：华南理工大学出版社，2003.
[9] 马炳坚 . 北京四合院建筑 [M]. 天津：天津大学出版社，1999.
[10] 马立博 . 中国环境史 · 从史前到现代 [M]. 关永强，高丽洁，译 . 北京：中国人民大学出版社，2015.
[11] 孙大章 . 中国民居研究 [M]. 北京：中国建筑工业出版社，2004.
[12] 王其钧 . 图解中国民居 [M]. 北京：中国电力出版社，2008.
[13] 杨大禹，朱良文 . 云南民居 [M]. 北京：中国建筑工业出版社，2009.
[14] 张崇礼 . 白族传统民居建筑 [M]. 昆明：云南民族出版社，2007.

4.2 梯田：漫山皆云梯

[1] Cao B , Yu L , Naipal V , et al. A 30 m terrace mapping in China using Landsat 8 imagery and digital elevation model based on the Google Earth Engine[J].*Earth System Science Data,* 2021(5).
[2] 曾雄生 . 唐宋时期的畲田与畲田民族的历史走向 [J]. 古今农业，2005，(04)：30—41.
[3] 陈桃金，刘维，赖格英，等 . 江西崇义客家梯田的起源与演变研究 [J]. 江西科学，2017, 35(02)：213—218+257.
[4] 程志立 . 庄浪梯田化建设与黄土丘陵地区生态建设的启示 [J]. 农业与技术，2014，34 (06)：176—178.
[5] 红河哈尼族彝族自治州旅游发展委员会 . 千年哈尼梯田 [M]. 昆明：云南人民出版社，2015.
[6] 贾志宏，袁莉 . 庄浪梯田产业道路建设发展综述 [J]. 中国农业信息，2012，(21)：101.
[7] 焦雯珺，闵庆文 . 紫鹊界梯田 : 山地自流灌溉系统的典型代表 [J]. 中国投资，2018，(23)：82—84.
[8] 角媛梅，杨有洁，胡文英，等 . 哈尼梯田景观空间格局与美学特征分析 [J]. 地理研究，2006，(04)：624—632+756.
[9] 李根蟠 . 中国古代农业 [M]. 北京：商务印书馆，1998.
[10] 李含琳 . 我国山地农村实施梯田改造升级工程的可行性分析：以甘肃省的情况分析为基础 [J]. 天水行政学院学报，2016，17(04)：3—6.
[11] 倪根金 . 梁家勉农史文集 [M]. 北京：中国农业出版社，2002.
[12] 梁淑巧 . 艰苦奋战三十年 庄浪坡地变梯田 [J]. 中国水土保持，1997，(02)：12—13.
[13] 刘伟，康健 . 近七十年来明清棚民研究的回顾与反思 [J]. 农业考古，2018，(01)：83—93.
[14] 刘兴林 . 先秦两汉农业与乡村聚落的考古学研究 [M]. 北京：文物出版社，2017.
[15] 马岑晔 . 哈尼族梯田灌溉管理系统探析 [J]. 红河学院学报，2009，7 (03)：1—4.
[16] 马立博 . 中国环境史 · 从史前到现代 [M]. 关永强，高丽洁，译 . 北京：中国人民大学出版社，2015.
[17] 闵庆文，田密 . 云南红河哈尼稻作梯田系统 [M]. 北京：中国农业出版社，2015.
[18] 《首届哈尼梯田大会论文集》委会 . 首届哈尼梯田大会（中国 · 红河）论文集 [M]. 昆明：云南人民出版社，2012.
[19] 王志刚，何煜，王红 . 庄浪县梯田深层次开发的思考 [J]. 中国水土保持，2009，(10)：51—52.
[20] 韦妮妮 . 景观型农业文化遗产保护性旅游开发探究：以广西龙胜龙脊梯田为例 [J]. 农业农村部管理干部学院学报，2019，(03)：73—78.
[21] 姚云峰，王礼先 . 我国梯田的形成与发展 [J]. 中国水土保持，1991，(06)：56—58.

4.3 古塔：从佛国到人间

[1] 常青 . 中国古塔的艺术历程 [M]. 西安：陕西人民美术出版社，1998.
[2] 戴孝军 . 中国古塔及其审美文化特征 [M]. 武汉：武汉大学出版社，2018.
[3] 梁思成 . 图像中国建筑史 [M]. 北京：生活 · 读书 · 新知三联书店，2023.
[4] 万幼楠 . 塔 [M]. 北京：中国建筑工业出版社，2015.
[5] 徐华铛 . 中国古塔造型 [M]. 北京：中国林业出版社，2007.
[6] 张驭寰 . 中国佛塔史 [M]. 北京：科学出版社，2006.

4.4 秦始皇兵马俑：地下军团的诞生

[1] 段清波 . 秦始皇帝陵园考古研究 [M]. 北京：北京大学出版社，2011.

[2] 段清波．秦陵：尘封的帝国 [M]. 北京：中国民主法制出版社，2018.
[3] 兰德省．彩绘秦俑清理方法实践 [J]. 文物科技研究，2004，2(00)：107—112.
[4] 秦始皇兵马俑博物馆．秦始皇帝陵园二号兵马俑坑发掘报告 [M]. 北京：科学出版社，2009.
[5] 秦始皇兵马俑博物馆，陕西省考古研究所．秦始皇陵铜车马发掘报告 [M]. 北京：文物出版社，1998.
[6] 秦俑坑考古队．秦始皇陵东侧第三号兵马俑坑清理简报 [J]. 文物，1979(12)：1—12+98.
[7] 陕西省考古研究所，临潼县文物工作队．秦陵徭役刑徒墓 [M]. 西安：陕西旅游出版社，1992.
[8] 陕西省考古研究所，始皇陵秦俑坑考古发掘队．秦始皇陵兵马俑坑一号坑发掘报告 1974—1984（上下）[M]. 北京：文物出版社，1988.
[9] 陕西省考古研究院，秦始皇兵马俑博物馆．秦始皇帝陵园考古报告（1999）[M]. 北京：科学出版社，2000.
[10] 陕西省考古研究院，秦始皇兵马俑博物馆．秦始皇帝陵园考古报告（2000）[M]. 北京：文物出版社，2006.
[11] 陕西省考古研究院，秦始皇兵马俑博物馆．秦始皇帝陵园考古报告（2001—2003）[M]. 北京：文物出版社，2007.
[12] 袁仲一．秦兵马俑的考古发现与研究 [M]. 北京：文物出版社，2014.

4.5 圆明园：不灭的理性与浪漫

[1] Re-relic 编委会．数字化视野下的圆明园：研究与保护国际论坛 · 论文集 [M]. 上海：中西书局，2010.
[2] 高建文．邹衍“大九州”神话宇宙观生成考 [J]. 民俗研究，2016，(06)：81—89+158—159.
[3] 郭黛姮，贺艳．深藏记忆遗产中的圆明园：样式房图档研究 1 [M]. 上海：上海远东出版社，2016.
[4] 郭黛姮，贺艳．深藏记忆遗产中的圆明园：样式房图档研究 2 [M]. 上海：上海远东出版社，2016.
[5] 郭黛姮，贺艳．深藏记忆遗产中的圆明园：样式房图档研究 3 [M]. 上海：上海远东出版社，2016.
[6] 郭黛姮，贺艳．深藏记忆遗产中的圆明园：样式房图档研究 4 [M]. 上海：上海远东出版社，2016.
[7] 郭黛姮．远逝的辉煌：圆明园建筑园林研究与保护 [M]. 上海：上海科学技术出版社，2009.
[8] 贾珺．圆明园造园艺术探微 [M]. 北京：中国建筑工业出版社，2015.
[9] 蒋哲，刘畅．故宫博物院藏九洲清晏殿烫样解读 [J]. 故宫博物院院刊，2019，(09)：38—53+109.
[10] 王其亨，Li Yingchun. 清代样式雷建筑图档中的平格研究：中国传统建筑设计理念与方法的经典范例 [J]. 建筑遗产，2016，(01)：24—33.
[11] 王其亨．华夏意匠的世界记忆：样式雷设计理念和方法评介：纪念样式雷建筑图档入藏国家图书馆 90 周年 [J]. 建筑学报，2020，(08)：92—99.
[12] 杨来运．圆明园宗教建筑简说 [C]// 中国紫禁城学会．中国紫禁城学会论文集第八辑（上）. 北京：故宫出版社，2012：59.
[13] 张凤梧．样式雷圆明园档综合研究 [D]. 天津：天津大学，2010.
[14] 张杰，熊玮．清代皇家园林规划设计控制的量化研究：以圆明三园、清漪园为例 [J]. 世界建筑，2004，(11)：90—95.
[15] 张杰．中国古代空间文化溯源 [M]. 北京：清华大学出版社，2012.
[16] 中国圆明园学会．圆明园四十景图咏 [M]. 北京：中国建筑工业出版社，1985.
[17] 周维权．中国古典园林史 [M]. 北京：清华大学出版社，1990.